Slope Engineering for Roads

公路边坡工程

付宏渊　编著

内 容 提 要

本书共分八章,内容包括概述、公路边坡工程地质勘察、公路土质边坡稳定性分析、公路岩质边坡稳定性分析、公路边坡工程设计、公路边坡工程加固与防护技术、公路边坡工程监测及预警技术、公路边坡工程工后评估与养护管理。

本书可供从事公路工程科研、设计与施工的技术人员参考,亦可供高等院校相关专业师生教学参考。

图书在版编目(CIP)数据

公路边坡工程/付宏渊编著. —北京:人民交通出版社股份有限公司,2017.5

ISBN 978-7-114-13502-6

Ⅰ.①公… Ⅱ.①付… Ⅲ.①边坡—道路工程 Ⅳ.①U416.1

中国版本图书馆 CIP 数据核字(2016)第 284919 号

书　　名: 公路边坡工程
著 作 者: 付宏渊
责任编辑: 刘永超　王景景
出版发行: 人民交通出版社股份有限公司
地　　址: (100011)北京市朝阳区安定门外外馆斜街 3 号
网　　址: http://www.ccpress.com.cn
销售电话: (010)59757973
总 经 销: 人民交通出版社股份有限公司发行部
经　　销: 各地新华书店
印　　刷: 北京鑫正大印刷有限公司
开　　本: 787×960　1/16
印　　张: 17.25
字　　数: 296 千
版　　次: 2017 年 5 月　第 1 版
印　　次: 2017 年 5 月　第 1 次印刷
书　　号: ISBN 978-7-114-13502-6
定　　价: 80.00 元

前　言

在交通、建筑、水利、矿山等土木工程项目的建设过程中，常常会遇到或形成大量的边坡工程。边坡工程已经成为上述各类土木工程项目的重要组成部分。特别是近年来公路建设大力推进，形成的大量高陡边坡改变了原有地形地貌，扰动了应力场，导致公路边坡失稳时有发生，给国家和人民生命财产安全带来了严重损失，引起了社会广泛的关注。

边坡稳定性问题是土木工程行业亟须解决的问题，具有形式多样性与影响因素复杂性的典型特征。从20世纪80年代开始，国内对公路边坡的稳定性开展了大量的研究工作，取得了丰硕的科研成果，有些科研成果已经被成功地运用到边坡工程的设计及施工中。在我国交通行业快速发展过程中，如何将现有的研究成果与我国公路边坡工程实际特点相结合，建立适宜于复杂环境下的边坡稳定性分析及评价方法，开发公路边坡新型加固及防护技术，拓宽边坡治理的途径，探索边坡稳定性实时监控的新方法与新技术，是广大公路工程从业人员面临的重要任务。

本书从地质勘察、室内试验、理论分析、数值模拟、现场监控等方面对公路边坡稳定性分析方法、设计理论、治理技术等方面进行了全面的阐述。本书分为八章，第一章概述，简要介绍公路边坡工程研究现状、基本理论及处治方法；第二章介绍公路边坡工程地质勘察的基本要求及主要方法；第三章阐述公路土质边坡滑移类型及特征、稳定性分析方法、参数取值、可靠性分析方面的内容；第四章阐述各种公路岩质边坡稳定性分析方法；第五章从工程设计角度，阐述支挡工程设计、边坡生态防护设计、动态设计等方面的内容；第六章介绍公路边坡工程加固与防护施工技术；第七章阐述公路边坡工程监测及预警技术的基本理论及方法；第八章介绍公路边坡工程运营期安全性的评价方法及养护管理技术。

全书由长沙理工大学组织编著。第一章由付宏渊教授、曾铃博士撰写；第二章由胡庆国研究员级高工、何忠明副教授撰写；第三章由蒋中明教授、曾铃博士撰写；第四章由王桂尧教授撰写；第五章由贺跃光教授、刘建华副教授撰写；第六章由付宏渊教授、贺炜副教授撰写；第七章由郭云开教授、唐利民博士和邢学敏博士撰写；第八章由闻德保教授、方薇博士撰写。全书由付宏渊教授统稿。

本书获现代公路交通基础设施先进建养技术协同创新中心和长沙理工大学出版资助。

由于笔者理论水平和实践经验有限，书中难免有欠缺、不妥甚至错误之处，恳请各位专家、学者和广大读者批评指正。

编　者

2016 年 12 月

目　　录

第一章　概　　述

第一节　引　　言

近20年来，我国高等级公路里程日益增多，截至2015年底，我国高速公路通车里程12.3万公里，覆盖全国90%以上的具有20万以上人口的城镇，计划到2020年高速公路通车里程达到15万公里；二级及以上公路里程达到65万公里，农村公路总里程达到390万公里，基本建成以高速公路为骨架的国家干线公路网。众所周知，我国2/3以上的国土面积为山区及丘陵地带，高速公路建设将产生越来越多的高边坡，初步统计发现，近年来我国高边坡公路正以每年2000～5000km的速度递增，仅重庆市近10年来公路沿线形成的高边坡累计长度便达500km。公路边坡长期与短期、整体与局部地质安全已经是我国公路建设及养护中亟待解决的重大关键技术问题。

边坡是指地表面一切具有倾向临空面的地质体，是广泛分布于地表的一种地貌景观。边坡工程是由于工程行为而人工开挖或填筑的斜坡，坡体中滑面是新形成的，开挖或填筑前没有变形与滑动的迹象，是岩土工程的重要组成部分。边坡的工作状况直接或间接地影响着工程建筑物的稳定和安全，尤其是公路边坡工程，直接危及道路运营车辆的安全性。而滑坡多指斜坡上的岩体或土体在自然因素或人为因素影响下沿带或面滑动的地质现象。

公路边坡工程，是指在公路建设中由于路堤填筑或开挖过程形成的填方路堤边坡和挖方路堑边坡，是公路的重要组成部分，要求公路边坡工程在使用年限内具有足够的安全储备和满足既定的功能要求。长期以来，公路边坡工程在地质勘察、理论研究、加固技术、长期稳定性、养护技术等方面仍然是公路修筑中的常见课题，其具有涉及面广、工程量大、影响面大的特点，其稳定性问题成为严重阻碍和制约公路，特别是山区高等级公路进一步发展的主要因素之一。

边坡工程的变形破坏机理与稳定性分析是岩土力学及工程地质学的一个经典研究方向，也是国民经济建设中经常涉及的环境岩土工程问题。国内外学者针对这一问题开展了大量的研究工作，从技术层面看，其发展大致可分为4个阶段：

(1)20 世纪 80 年代以前,我国公路建设主要以低等级为主,深挖高填施工较少,工程建设投资不大,边坡支挡工程不作为道路建设的主体工程,在工程建设中常常被忽视,多处于一种被动治理的状态。但国内外众多的岩土及地质科研工作者经过多年的科研积累,仍取得了丰硕的研究成果,提出了如条分法、极限平衡理论、边坡整体稳定性分析法为代表的稳定性分析方法;运用岩石力学基本原理初步建立了斜坡及边坡演化的力学机制;建立了边坡黄金分割预报法、正交多项式最佳逼近法等。

(2)20 世纪 80 年代,随着数理等学科的突破性发展和科学计算水平的提高及普及,学科的相互交叉与渗透使得边坡稳定性的计算、预测预报有了很大的发展,逐步形成了时空预测的信息量法、灰色系统预测等定量和半定量的分析方法、可靠性分析方法;同时,将数值模拟与传统极限平衡分析法、Sarma 法、条分法等相结合,推动了解析方法的发展。

(3)20 世纪 90 年代,分形理论、突变理论、耗散结构理论、混沌理论、神经网络、流形元等非线性方法被大量引入边坡研究中,使边坡研究进入智能化时代。随着 3S(地理信息系统、遥感系统和全球卫星定位系统)技术的发展和普及,其被越来越多地应用到边坡工程治理的各个环节中,为边坡工程的防治与预测预报提供了新的观测手段。

(4)进入 21 世纪以来,边坡研究进入多学科耦合研究与智能预测、安全预报并重的综合研究阶段,注重成果的实用性、时效性,研究成果体现在边坡变形破坏机理与稳定性分析、边坡安全评价、边坡监测预警、边坡防治及养护技术等方面。

经过几十年的发展,我国在边坡稳定性的分析理论及工程技术方面已经取得了较好的成绩。但在许多问题上仍需要进行深入研究。如在边坡稳定性评价方面,尚未结合公路边坡量多面广、地质条件复杂多变、形成时间短等突出特点,建立相对系统完善的方法;在边坡加固处治防护技术方面,已开发的方法在技术上还不够完善,难以推广应用,且现有技术尚不能适应更多复杂的边坡条件,需要进一步发展新的技术。

第二节　公路边坡工程分类及特征

一、公路边坡分类

公路边坡的分类方法很多,目前并没有一个统一的标准,常见的有按照边坡的成因、坡体材料、高度、坡度、稳定性、断面形式及坡体结构等进行划分。

1. 按边坡成因分类

按照边坡的成因,公路边坡可分为自然边坡和人工边坡两种。

自然边坡——是自然地质作用而形成具有一定斜度的地面的边坡。按照地质作用可细分为剥蚀边坡、侵蚀边坡与堆积边坡。

人工边坡——是由于施工开挖或填筑而形成的边坡。如公路工程中常见的填筑边坡及挖方边坡。填筑边坡是经过压实形成的边坡,如路堤边坡、渠堤边坡等;而挖方边坡是指由于开挖而形成的边坡,如路堑边坡、露天矿边坡等。

需要弄清楚的是,因工程行为而引发山体大规模滑坡的称为工程滑坡,而非人工边坡。

2. 按构成边坡的坡体材料分类

按照构成边坡的坡体材料,可将边坡分为土质边坡、岩质边坡、岩土混合边坡。

土质边坡——整个边坡均由土体构成。按土体种类又可分为黏性土边坡、黄土边坡、膨胀土边坡、坡积土边坡等。

岩质边坡——整个边坡均由岩体构成。按岩体的强度可分为硬岩边坡、软岩边坡和风化岩边坡等;按岩体结构可分为整体状边坡、块状边坡、层状边坡、碎裂状边坡、散体状边坡。

岩土混合边坡——边坡下部为岩层,上部为土层,即所谓的二元结构边坡。

3. 按边坡的高度分类

按边坡的高度,可将边坡分为一级边坡和高边坡。

一般边坡——岩质边坡总高度在30m以下,土质边坡总高度在20m以下。

高边坡——岩质边坡总高度大于30m,土质边坡总高度大于20m。

土质边坡由于强度的原因,保持不了较高的高度,多处于20m以下,但黄土边坡因为特殊的结构特征,可保持较高的高度。岩质边坡由于地层结构的复杂性,比土质边坡更为复杂。由于岩体强度较高,常可保持较高陡的边坡,所以高边坡多是岩质边坡。

4. 按边坡的坡度分类

按照边坡的坡度,可将边坡分为缓坡、中等坡、陡坡、急坡、倒坡。具体分类见表1-1。

按边坡坡度大小分类 表1-1

种类	缓坡	中等坡	陡坡	急坡	倒坡
坡度	<15°	15°~30°	30°~60°	60°~90°	>90°

5. 按边坡稳定性分类

按照边坡的稳定程度,可将边坡分为稳定边坡、基本稳定边坡、欠稳定边坡。这种分类方法一般根据边坡的稳定性系数的大小进行划分,但无严格的规定。

6. 按边坡的断面形式分类

典型边坡的构成要素包括坡底、坡高、坡趾、坡面、坡角、坡肩、坡顶。边坡基本组成要素如图 1-1 所示。

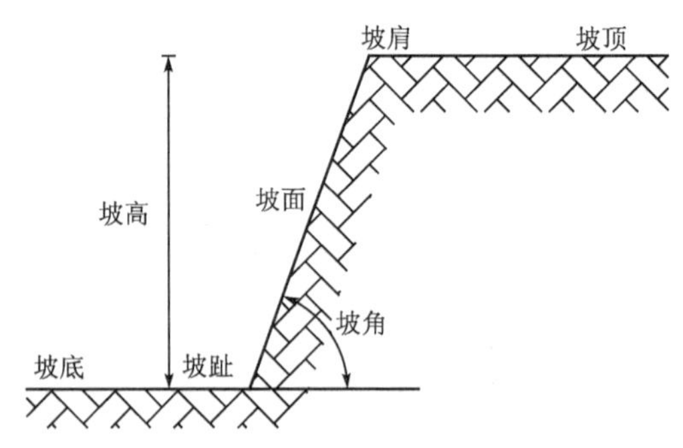

图 1-1 边坡基本组成要素

根据边坡的断面形式,可将边坡分为直立式边坡、倾斜式边坡和台阶式边坡,如图 1-2 所示。当边坡较复杂时,常出现由这三种断面形式构成的复合形式边坡。

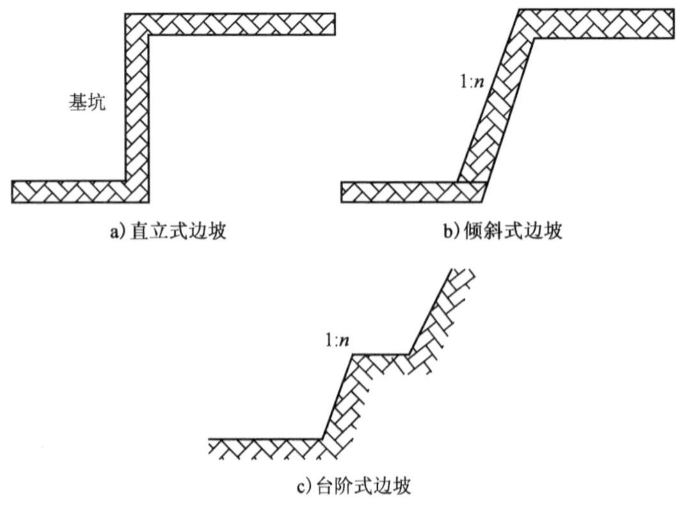

图 1-2 边坡断面形式

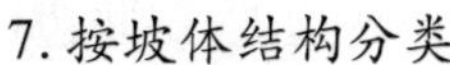

7. 按坡体结构分类

按照坡体结构特征,可将边坡分为土质边坡、近水平层状边坡、顺倾层状边坡、反倾层状边坡、块状岩体边坡、碎裂状岩体边坡等。

除上述分类方法外,公路边坡还可根据使用年限和工程类别进行分类。按照使用年限,可将边坡分为临时边坡和永久边坡,一般将使用年限不超过两年的边坡称为临时边坡,永久边坡是指工作年限超过两年的边坡;按照工程类别,可将边坡分为路堑边坡、路堤边坡等。

二、公路边坡特征

边坡稳定性问题一直是矿山、水利、公路运输、岩隧等工程领域研究的重点和难点,公路边坡与矿山、冶金、水利水电等行业的边坡有本质区别,由于其自身的特征以及周围环境的干扰,解决这一问题必须从边坡本身结构特征和影响边坡稳定的主要影响因素两方面入手。

1. 公路边坡自然特征

公路边坡的形成过程是将天然坡体改造成为路基或路堑边坡的施工过程,天然坡体的地形地貌特征、地质结构、构造特征等自然属性在很大程度上决定了公路边坡的稳定性。天然坡体由于其岩土性质、地质构造、坡面积水、地下水分布和供给程度的不同,加之地质营力作用,导致边坡坡面出现了不同的形态,有直线形、凸形、凹形、台阶状形等,坡体的高度和坡度也大不相同;由于所处的地域气候条件、降雨状况不同,致使坡面冲沟发育和分布密度、植被覆盖状况等各不相同,这些都是边坡工程设计、施工的参考条件和基础。高度大且坡度陡的边坡必须设置防护支挡工程才能确保安全稳定,由于坡面受到雨水冲刷作用的威胁,必要时必须设置坡面防护工程。受地下水不利影响较大的边坡,必须实施排水工程才能确保稳定。

对于公路土质边坡而言,由于其土体强度相对岩石较低,边坡发生失稳的可能性较大。对于由多种土层构成的边坡,即使主要的构成成分为类似于黄土的结构特征,当其内部具有沿着某一层面分布的软弱结构面时,且该结构面具有隔水的作用,边坡仍然极易沿着此结构面发生滑移破坏。

由于地层结构的复杂性,岩质边坡相对于土质边坡来说更为复杂,主要有以下几个原因:

(1)由于构成岩质边坡的岩石强度较高,能够承受陡峭边坡的上部荷载,因此一般在高度上相对土质边坡更高。

(2)由于岩质边坡按结构分类可分为整体状边坡、块状边坡、层状边坡、碎裂状边坡、散体状边坡,可见岩质边坡稳定性受岩体结构影响巨大。具体而言,岩质边坡稳定性受到岩石种类及其构造结构面,特别是软弱结构面在坡体上的分布位置、产状、组合及其与边坡走向、倾向和倾角之间关系的影响显著。当软弱结构面或其组合面(线)倾向临空面,倾角缓于边坡角而大于面间摩擦角时容易失稳破坏。当上覆硬岩、下伏软岩强度较低或受水软化时也易发生失稳变形。

(3)岩质边坡的稳定性还受控于其风化破碎程度,同种岩层风化程度不同,所能保持的边坡高度和坡度也不同,如坚硬的花岗岩可保持高陡的边坡,但其风化壳则不能保持高陡边坡。此外,不同岩层的差异风化也影响边坡的稳定性。

(4)地下水对岩质边坡的稳定性有重要影响,特别是对软岩边坡的岩石强度影响更大。地下水的分布、水量、水力坡度及其变化,以及自然斜坡的汇水条件都对边坡稳定性有重要影响。

边坡设计时必须考虑岩体的强度、构造面、风化程度、地下水情况等来设计不同的坡形、坡率和相应的加固、防护和排水设施,才能保持边坡的稳定。

2. 边坡的滑面特征及坡体特征

根据边坡的定义,边坡在开挖或填筑前是稳定的,不具有滑动面,即使坡体中存在软弱土层或软弱结构面,也不能视为滑面,这是边坡与滑坡之间的本质区别。滑坡能够根据现场钻探等手段确定滑动面的位置及其滑坡的稳定性,但由于边坡在滑移前不存在滑移面,因此边坡的稳定性只能通过技术手段对其进行分析才能确定。根据边坡在滑移前稳定的特征,认为边坡在开挖或者填筑前是不具有滑移或滑移趋势的,故在边坡滑移前不会出现坡体变形和滑移的迹象。然而,边坡在开挖或填筑后,由于原有结构受到扰动、应力平衡状态受到破坏,坡体可能出现变形与滑动迹象,甚至出现边坡失稳。从边坡滑移规模上来看,由于边坡是由工程开挖或填筑引起的滑动,因此受工程规模的控制,一般常见的公路边坡与滑坡相比通常较小。值得注意的是,由于工程开挖引发的大规模山体滑坡,如古滑坡复活等,一般称为工程滑坡,不再列入边坡的范畴之内。

3. 边坡的施工特征

岩土工程的一个特点是与施工过程密切相关,即使设计合理,如果施工过程不当,也会导致岩土失稳坍塌,造成工程失败。为了减少边坡工程事故,边坡的开挖或填筑、支护等施工程序,必须科学地规划。通常只有十分稳定的坡体允许在不支护情况下开挖;对比较稳定的坡体采取开挖一段、支护一段的办法。施工过程采用逆作法,即从上向下进行。对很不稳定的坡体需要边开挖边支护,支护紧跟开挖或在开挖前就预先进行支护。坡体施工过程有时要求进行实时监测以便对施工过程的安全性做出及时预报。

第三节 公路边坡的破坏形式及稳定性主要影响因素

广义上来说,边坡的破坏形式有崩塌、坍塌、滑塌、倾倒、错落、落石等,但对于公路边坡而言,常见的并具有一定规模的边坡破坏形式有崩塌、坍塌、滑塌、错落四种。

影响公路边坡稳定性的因素很多,根据作用在边坡内外部上的因素进行分类,可分为内在因素和外部因素。内在因素包括组成边坡的岩土物理力学及其化学性质、地质构造、岩土体结构、地应力、水的作用等。外部因素包括工程荷载条件、振动、边坡形态的改造、气象条件、植物作用等。研究分析影响边坡稳定性的影响因素,特别是影响边坡变形破坏的主要因素,是边坡稳定性分析和防护的一项重要任务。

第四节 公路边坡工程处治及长期稳定性控制技术

边坡稳定性的评价一直是边坡工程的一项主要内容,也是边坡工程设计和施工的基础。随着水利水电、公路、铁路及矿业等基础建设的发展,全国各地的工程活动越来越多,先后有许许多多学者致力于边坡稳定性评价方法的研究。边坡稳定性的评价主要经历了定性分析、定量分析和定性定量综合分析三个阶段。近年来,也有一些新方法和新理论运用于边坡稳定性研究中。因此,选择正确合理的评价方法,关系到边坡稳定性评价的准确程度,对边坡工程的设计与施工具有重要意义。在公路边坡工程稳定性评价中,常用的边坡分析方法有定性分析法、定量分析法、不确定性分析法等。

公路边坡工程的设计是工程治理的前提,需满足极限设计、荷载效应、设计计算、信息化设计、综合治理五大原则。极限设计原则需要解决边坡稳定与工程造价之间的合理性问题;荷载效应原则需要考虑边坡稳定性分析中存在的多种荷载,并需要在设计中将多种荷载效应按照最不利原则进行组合;设计计算原则是指在设计中尽可能地将支挡结构本身及周围建筑物的影响进行计算分析,并根据分析结果采取有效的控制措施;信息化设计原则需要根据施工中反馈的信息和监控资料不断校核、补充和完善设计;综合治理原则的思想是依据具体情况实施多措施综合治理。

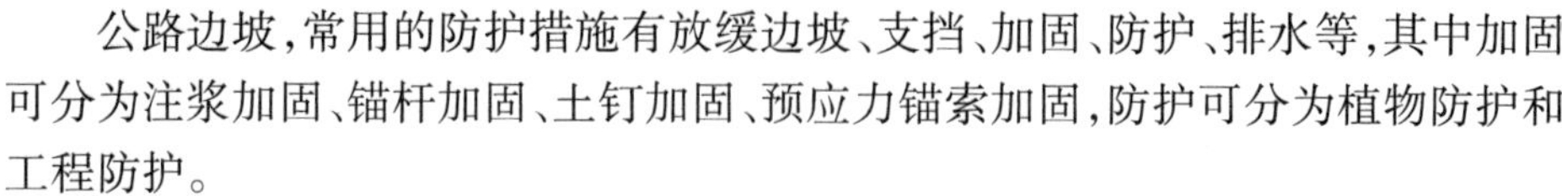

公路边坡，常用的防护措施有放缓边坡、支挡、加固、防护、排水等，其中加固可分为注浆加固、锚杆加固、土钉加固、预应力锚索加固，防护可分为植物防护和工程防护。

公路边坡的变形监测是稳定性控制的必要措施，传统的变形监测方法多采用人工法和仪器法两种。近年来，为了适应公路边坡工程的发展，避免传统变形监测方法的弊端，出现了许多边坡变形监测的新方法、新技术。如GPS、高精度测量机器人系统、TDR系统、纤维—玻璃质钻孔伸长仪等。在实际选择监测方法时需充分考虑多种监测手段的有机结合，做到优势互补、互相检核，从而获得最佳的监测效果。

与公路边坡变形监测相适应的则是边坡失稳预警技术的开发，后者是在前者的基础上进一步发展而来，主要分为空间预警与时间预警。目前使用较多的边坡稳定性空间预警方法主要有：稳定性预测法、人工神经网络法、信息模型法、灾变模型预测法。而时间预警方法常用的有以下几种：斋腾法、灰色理论模型预测法、时间序列模型预测法、统计回归模型预测法、非线性动力学模型预测法、多参数预报法等。

第五节　交通建设新时期公路边坡发展的新方向

一、公路边坡稳定性研究的发展方向

边坡稳定性研究由来已久，早期的边坡研究是仅以土体为研究对象的，采用以材料力学和简单的均质弹性、弹塑性理论为基础的半经验半理论性质的研究方法，并把此方法用于岩质边坡的稳定性研究，但由于力学机理的粗浅和假设的不合理，其计算结果与实际情况差别较大。而后极限平衡理论得到了广泛使用，该方法具有模型简单、计算公式简捷、可以解决各种复杂剖面形状、能考虑各种加载形式的优点。现阶段，随着计算机技术的发展，很多数值计算方法都应用到边坡稳定性分析中。目前，数值分析方法有两种发展趋势：一是有限元法的发展，从平面有限元到三维有限元，从弹性有限元到弹塑性有限元，使有限元法分析结果更能反映边坡实际；二是大量新型数值计算方法的应用，如边界元法、离散元法、拉格朗日元法等，这些数值方法的应用，必将促进边坡稳定性研究的发展。

边坡稳定性分析方法取得了很大的成就，但在以下几个方面还有待进一步完善，将是以后研究的重点。

(1)进一步进行边坡稳定性分析试验研究。

(2)完善确定性分析方法,特别是复合法。

(3)大力发展边坡稳定性分析的随机方法和模糊方法。

二、公路边坡治理技术的发展方向

边坡治理是一项技术复杂、施工困难的灾害防治工程。近年来,随着高速公路建设事业的迅速发展,以及大型重点工程项目的日益增多,边坡治理面临的问题也越来越突出。

在过去很长一段时间,重力式挡土墙是我国岩土工程中广泛采用的主要支挡结构,这种支挡结构形式简单,设计一般采用库仑土压力理论。随后为了适应工程建设的需要,出现了我国独创的衡重式挡土墙,随后又出现了卸荷板式挡土墙。随着经济发展,建设项目增多,对道路和环境景观美化要求的提高,以及施工技术和标准化程度的提高,结构受力更合理、外形更美观、边坡坡度易调可变的挡土墙,如人字形挡土墙、单元式及格栅式拼装挡土墙、带 U 形流水边沟单元化低挡土墙,特别是表面装饰美化挡土墙,将会得到迅速发展。

锚固技术由于良好的边坡治理效果和耐久性而被广泛地应用于高陡边坡的防护,其主要的锚固形式有:锚杆墙板及锚杆肋柱墙板、锚杆灌注桩、锚杆喷网,及小锚杆钢丝网喷浆、锚索加固护坡和预应力锚索抗滑桩等。岩土工程的发展必将促使岩土锚固理论及技术迈上一个新的台阶。

第二章　公路边坡工程地质勘察

公路边坡工程地质勘察是公路边坡工程设计的前提。通过公路边坡工程地质勘察,应查明边坡范围各岩土层分布特征,提供设计所需的物理力学指标值;查明边坡范围不良地质作用及特殊性岩土的分布范围、性质,评价其对本工程的危害程度;查明场地的水文地质特征,判别水、土对各工程建筑材料的腐蚀性,为边坡设计提供必需的工程地质依据。

第一节　公路边坡工程地质勘察基本要求

一、公路边坡工程特点

公路边坡与建筑、水电、矿山等工程边坡相比,具有以下特点:

(1)公路为带状工程,沿线边坡的高度、延伸长度等变化较大,因而对边坡勘察的要求和评价精度不同。

(2)作为线状工程的公路,沿线边坡的地形地貌、地质构造、工程地质条件和水文地质条件变化大,因而所采用的勘察方法、手段和评价重点不同。

(3)公路边坡稳定性要求较高,既要保证边坡的整体稳定,又要处治边坡的局部失稳,同一边坡的治理可能采取多种方法,因而边坡的勘察和评价必须与治理方案一致。

(4)公路边坡岩土体特性可能变化较大,同一边坡可能由残积层、全风化层、强风化层、中风化层、微风化层等不同岩性的岩土层构成,因而在勘察和评价时必须区别对待。

二、勘察目的与任务

公路边坡工程地质勘察的目的在于查清边坡所在地段的地形地貌、地质构造、地层岩性、地层结构、水文地质条件、气象水文及人类活动等作用因素,调查边坡及附近自然斜坡的稳定状况,对公路边坡稳定性做出评判的同时预测因工程活动引起的边坡稳定性变化的趋势,确定公路边坡的最优开挖坡形和坡度;对潜在不稳定边坡的整治与加固措施提出建议；提供边坡治理设计所需要的岩土物理力学指标。

有支挡工程的公路边坡，查清支挡工程的地层岩性、地质构造、工程地质条件、水文地质条件、纵向与横向地质条件差异，提供设计所需要的岩土物理力学指标及承载力参数。

对于一般性边坡，编制路基边坡工程地质评价表，对边坡的岩土特征进行阐述，对边坡的工程地质条件进行评价，对边坡治理方案提出建议；对于挖方高度超过 20m 的土质边坡、挖方高度超过 30m 的岩质边坡或有特殊设计要求的边坡，需进行专门的勘察和评价；对于特殊情况下的高陡边坡或大型滑坡，必要时开展专门研究工作。

公路边坡工程地质勘察工作主要包括以下内容：

(1)边坡工程勘察工作大纲。

(2)边坡水文地质、工程地质综合调绘。

(3)边坡工程勘探。

(4)边坡岩土试验。

(5)边坡的稳定性分析与评价。

(6)边坡工程勘察报告。

公路边坡工程地质勘察的具体任务如下：

(1)收集公路边坡所在区域的地质资料和图件，包括地形图、地质图、地震资料、照片等。

(2)收集公路边坡所在地的气象、水文资料及已有勘察资料和人类工程活动资料，特别是已有边坡的变形类型、规模、部位、发生时间、危害情况及采取的治理措施和效果等。

(3)编制勘察工作大纲，通过调查测绘、勘探、原位测试、室内试验等综合方法查清：

①边坡所在地段气象、水文条件。

②边坡所在地段地貌形态、发育阶段和微地貌特征。

③构成边坡岩土层的种类、成因、结构、分布和特性，当有软弱层时，应着重查明其性状和分布，在覆盖层地区，应查明其厚度及下伏基岩面的形态及坡度。

④岩质边坡结构面的类型、产状、间距、延伸性、张开度、充填及胶结情况、组合关系以及主要结构面的产状与坡面的关系等。

⑤地下水的类型、水位、水量、水压、补给和动态变化，岩土体的透水性以及

地下水的出露情况。

⑥岩土体的物理力学性质和软弱结构面的抗剪强度。

(4)综合已有的和勘察获得的相关资料,完成工作区 1:500 ~ 1:1000 的工程地质平面图(立面图)和 1:200 ~ 1:500 的工程地质横剖面图,必要时绘出纵断面图。结合公路边坡的位置、走向、开挖深度、宽度、坡形、坡率等评价其稳定性、可能的变形类型和规模,提出设计和加固方案建议,完成勘察报告和图件,为设计提供依据。

三、勘察工作大纲

公路边坡工程地质勘察外业工作之前,应在收集已有资料和现场踏勘的基础上,编制公路边坡工程地质勘察工作大纲,指导整个勘察工作,其内容包括:

(1)任务来源、目的及技术要求。

(2)公路边坡地段的地理位置、社会经济概况及交通情况。

(3)公路边坡勘察执行的标准、采用的技术方案、主要技术手段和勘察工作量。

(4)公路边坡勘察人员组成。

(5)公路边坡勘察主要仪器和机具设备。

(6)公路边坡工程地质勘察进度安排和工作流程。

(7)公路边坡工程地质勘察报告的主要内容和附件。

(8)公路边坡勘察经费概算。

四、勘察阶段划分及主要内容

公路边坡工程地质勘察阶段一般划分为可行性研究阶段勘察、初步设计阶段勘察、施工图设计阶段勘察及施工阶段勘察,具体勘察内容见表 2-1。

公路边坡工程地质勘察阶段划分及主要内容　　表 2-1

勘察阶段	一般要求	勘探手段
可行性研究阶段勘察	以收集资料、地面调研为主,包括区域地质环境的调查和公路边坡工程涉及范围内的周边环境详细情况调查	结合局部地质测绘和少量探槽进行
初步设计阶段勘察	初步查明公路边坡场地的地形地貌、地质构造、地层岩性、岩(土)体结构、空间几何特征、水文地质条件,初步评价边坡稳定性,为边坡设计提供基本物理力学参数	以水文地质、工程地质调绘为主,布设适宜的勘探线,采取钻探、物探、槽井洞探的方式初步查明边坡场地工程地质条件,并对岩土体进行适当取样,测试岩土体的物理、水理与力学性质指标

续上表

勘察阶段	一般要求	勘探手段
施工图设计阶段勘察	结合前期勘察阶段成果，重点查明岩(土)体结构、空间几何特征和体积、水文地质条件，进行边坡稳定性评价和推力计算(必要时)，对人工开挖边坡提出最优边坡开挖坡度，对可能失稳的边坡提出防护处理措施，提供边坡设计需要的岩土物理力学参数	针对需要进一步查明具体工程设计部位的地质情况，采用补充钻探、物探、槽井洞探等勘察方法；取样进行物理力学参数试验，提供边坡设计需要的物理力学参数；并辅以工程地质修测方法
施工阶段勘察	施工阶段勘察应配合施工开挖进行地质编录，重大地质变化时应进行补充勘探来核对、补充设计阶段的勘察资料，编制施工前后地质变化对比图，进行施工安全预报，必要时修正或者重新设计边坡并提出处理措施	可采用观察、素描、实测、摄影、录像等手段编录和测绘施工揭露的地质现象，对揭露的软弱岩层、破碎带及软弱结构面宜进行复核性岩土物理力学参数测试

第二节　公路边坡工程地质测绘

一、基本原则

工程地质测绘是公路边坡工程地质勘察的基础工作，一般在勘察的初期阶段进行，实质上是利用地质学、工程地质理论对地面的地质现象进行观察和描述，分析其性质和规律，并推断地下地质情况，为勘探和测试工作等其他勘察方法提供相关依据。在地形地貌复杂的场地，必须进行工程地质测绘工作；而对于相对平坦、地质条件简单而狭小的场地，则可以利用地质调查工作代替地质测绘。

根据公路边坡的岩土成分，可将边坡分为岩质边坡和土质边坡，岩质边坡稳定性主控因素是岩体的结构面，土质边坡稳定性主控因素是土的强度，同时地下水的活动是影响边坡稳定性的重要因素。开展边坡工程地质测绘时应根据岩土体边坡具体情况有所侧重。测绘范围应适当扩大到可能对边坡稳定有影响的地段。

公路边坡工程地质测绘具有如下特点：

(1)公路边坡工程地质测绘是对地质对象的研究，是围绕边坡工程具体要求进行的。对边坡工程安全、经济和正常使用有影响的不良地质现象，应详细研究其分布、规模、形成机理、影响因素，定性、定量分析其对边坡工程的影响，预测其发展演化规律，提出治理对策和建议。

（2）公路边坡工程地质测绘要求精度较高。对一些地质现象的观察描述，除了定性阐述其成因和性质外，还要测定必要的定量指标，如岩土体的物理力学参数、节理裂隙的产状和密度等。所以在测绘过程中，需要配合一定的勘探、取样和试验工作，携带简单的勘探和试验仪器。

（3）为了满足公路边坡工程设计和施工的需要，公路边坡工程地质测绘经常采用大比例尺专门性测绘。各种地质现象的观测点需借助经纬仪、水准仪等精密仪器测定其位置和高程，标注于地形图上，并保证必要的准确性。

二、边坡工程地质测绘方法

公路边坡工程地质测绘一般采用普遍适用的工程地质调查测绘方法，根据边坡工程的特点，其特殊要求如下：

（1）地质测绘范围顺边坡走向应超出边坡范围100～200m，以便于地质条件的对比。垂直边坡走向上（即横断面上）向上应达到稳定地层，向下应达到侵蚀基准面，以便预测可能发生的变形发展深度。

（2）充分利用当地河岸、沟岸和山坡上的基岩露头及人工开挖面，调查稳定地层的岩性和产状、构造分布及其与临空面、开挖面之间的关系。

（3）调查由整体到局部、由宏观到微观，面、线、点相结合步步深入，先在整体上掌握整个坡体的结构、构造格局和稳定性，再分段、分层调查各个局部的不同特征，以及已有的和潜在的变形类型和范围，逐一做出评价。

公路边坡工程地质测绘工作，具体应根据边坡工程设计要求，在搜集并分析测绘区已有的地形地质资料、确定比例尺范围及工作内容的基础上进行，一般采用线路穿越法、界线追踪法、地质点测绘法、野外实测地质剖面法等。此外，遥感技术在小比例尺工程地质测绘中也得到了普遍的应用。工程地质观测点的布置与测量点密度以达到最佳调查测绘效果为准。对于与边坡有关的重要地质现象，应有足够的调查点控制，如软弱层（带）点、地面变形点、泉水出露等等。

三、边坡地质测绘内容

1. 自然斜坡特性调查

自然斜坡特性调查主要是调查自然斜坡的坡形、坡率和坡高，如直线坡、凹形坡、台阶形坡，每一坡段的高度、坡度及横向展布长度。它们的形成与不同岩性的地层分布、性质和风化程度有什么内在联系，硬岩层常形成陡坡和陡崖，甚至是峡谷,软岩则形成缓坡和宽谷,硬岩峡谷段多出现危岩、崩塌和落石,软岩宽谷段则多滑坡。

在山坡形态调查时还应区分出不同岩土类型的稳定坡、不稳定坡和极限稳定坡。

稳定坡表现为坡面平直、形态圆顺,无坡度突变处的陡坎;岩性较单一或为均匀互层;无不良重力地质现象出现,坡面冲沟分布较均匀且顺直。

不稳定坡表现为坡面凹凸不平,有台坎、平台,但分布不规律。若有滑坡则表现出滑坡的特有地貌特征;若有崩塌落石则山坡上部有崩塌遗迹,坡脚或坡面有块石堆积;若有坍塌则表现为多处上陷下突的不顺特征。坡面冲沟分布不均匀且不顺直,沟岸常不稳定,有坍塌及堆积,甚至有堵沟现象。坡面树木不竖直,有东倒西歪现象,或有"马刀树""醉汉林"分布。如江肇高速公路 K36 +480 ~ K36 +580 左侧边坡,原为古滑坡,坡面存在凹凸不平、双沟同源等现象,在公路修建开挖时导致古滑坡复活。

极限稳定坡是居于稳定与不稳定坡之间的一种过渡状态,当山坡的平均坡率达到或接近岩土的最大休止角时即处于极限稳定状态。外貌上表现为坡面基本平顺,有少量或局部不平顺,有少量裂缝出现,无大变形迹象。它表明只要再受到自然或人为的作用,就会发生变形。

2. 岩土体性质调查

地层岩性是构成斜坡的物质基础,岩土的成因和性质决定了其能保持的稳定坡率和高度。因而公路边坡岩土体性质的调查应重点查清公路边坡范围的地质构造、地层岩性、成因、地层结构、分布范围,评价各地层的稳定性情况和可能的自稳坡度、坡高等。如岳临高速公路(长沙至湘潭段)K157 +050 ~ K157 +300 右侧三级高边坡,受断层影响,断层带内的类土质边坡在施工时出现塌滑,断层带两侧牵引褶皱边坡出现较大的变形,而远离断层带的正常地层边坡则较稳定。

岩层层面和不同成因、不同时代岩层的接触面(如坡积与洪积接触面,风化界面,整合面与不整合面)是坡体结构的软弱面,它们的产状常常影响边坡的稳定。因而应查清岩土体存在的各种层面和接触面,并测量其产状、分析其与坡面的组合关系,评判其对公路边坡稳定性的影响。如岳临高速公路(长沙至湘潭段)K172 +400 ~ K172 +600 右侧五级高边坡由于存在一条逆冲断层带,导致该处边坡在施工时出现裂缝和大变形。

3. 坡体结构调查

结构面是控制岩质边坡稳定性的主要因素之一,因而应查清公路边坡岩土体存在的各种结构面，查清各种结构面的产状、性质、密度、延伸长度、结构面间的充填物及含水状况，分析各结构面的配套关系、切割关系及其与边坡倾向的关系，评判各类结构面及其组合对公路边坡稳定性的影响。同时，还应调查测绘、分析各种小构造及其与结构面的相互切割、配套关系。如常吉高速公路 K196 + 720 ~ K197 + 630 滑坡（朱雀洞特大滑坡）为受泥质粉砂岩中多层泥岩夹层控制的顺层滑坡。

坡体结构是指坡体内岩、土体、结构面的分布和排列顺序、位置、产状及其与临空面（边坡开挖面）之间的关系，它是边坡稳定或失稳变形的地质基础。在上述地质调查的基础上，应分析边坡所在坡体结构类型，从而可预测边坡开挖后可能出现的变形类型和发生的部位。如京港澳高速公路 K1941 + 000 ~ K1941 + 440（京珠高速公路粤北段 K98 + 395 ~ K98 + 900）左侧高边坡在煤层和地下水的共同作用下，公路运营近 20 年后仍存在蠕滑现象。

坡体结构类型可划分为类均质体结构、近水平层状结构、顺倾层状结构、反倾层状结构、斜交层状结构、碎裂状结构、块状结构，各类型特征见表 2-2。

坡体结构类型表 表 2-2

坡体结构类型	结构特点	变形类型
类均质体结构	边坡土体为均质结构，无明显软弱夹层，如黏土、黄土、堆积土、残积土等，其可能的变形类型为坍塌及沿弧形滑面的滑坡	坍塌、溜坍，沿弧形面滑动
近水平层状结构	产状近水平（倾角小于 10°）的岩层、半成岩地层或土层	土层坍塌，滑动；硬岩崩塌，挤出性滑动，切层滑动
顺倾层状结构	土层、堆积层、岩层层面倾向临空面，或岩层中存在倾向坡面的节理面，倾角大于 10°，常有软夹层，有渗水	最易发生顺层牵引式滑坡，具多层、多级特点
反倾层状结构	岩层面倾向与坡面倾向相反，稳定性较好，但存在受节理面控制的崩塌。当岩体受构造破碎或下伏软岩时会形成切层滑坡。软质岩层倾角较陡时，易发生倾倒变形	一般较稳定，有切层滑坡和倾倒及 V 形槽崩滑
斜交层状结构	岩层面倾向与坡面倾向间夹角小于 35°，常受层面和节理面两者控制发生滑坡和崩塌	层面和节理面控制的滑坡和崩塌
碎裂状结构	大断层破碎带或多条断层交汇处，岩体十分破碎，又存在倾向临空面的次级小断层	坍塌，沿软弱带滑坡
块状结构	厚层大，为块状结构的岩体，强度高，但节理发育，有时有外倾小断层	沿节理面崩塌或沿构造面滑坡

4. 水文地质调绘

水是边坡失稳变形的重要因素。水文地质调绘除调查边坡汇水条件外，更应重视地下水出露情况的调查，包括地下水露头（泉水、湿地）位置、形态（线状、点状、是否承压）、流量、水温、水质等，并分析地下水对边坡稳定性的影响。地下水呈线状出露处，其下的隔水层常是岩性软弱、遇水软化、容易发生变形的部位。

第三节　公路边坡工程地质勘探

一、勘探方法分类

1. 钻探

钻探是公路边坡工程地质勘探的最主要手段。钻探是利用一定的设备和工具，在人力或动力的带动下旋转切割或冲击凿碎岩石，形成一个直径较小而深度较大的圆形钻孔。在公路边坡工程地质勘察过程中，钻探是一种最常用的勘探手段。与坑探、物探比较，钻探不受地形、地质条件的限制，能直接观察岩芯和取样，勘探精度较高；能现场进行原位测试（地应力测量等）和监测工作，发挥综合效益；勘探的深度大，效率高，因此不同的勘察阶段，不同环境和工程地质条件，一般都会采用钻探这种勘探手段。

工程钻探的特殊要求如下：

(1)土层钻探应能划分、鉴定土层，准确判定分层深度，正确鉴别土层的天然结构、密度和湿度状态。因此，要求钻进深度和分层深度误差范围应为0.05m，非连续取芯钻进的回次应控制在1m以内，连续取芯进尺应控制在2m以内；某些特殊土类要采取特殊的转进方式；地下水位以上土层钻进应采取干钻，必须使用冲洗液时应采取双层岩芯管钻进。

(2)岩芯采取率要求较高。对岩层钻探时，一般岩石岩芯采取率不低于80%，破碎岩石不低于65%。当需要确定岩石质量指标RQD值时，应采用N型双层岩芯管钻进，孔径为75mm，采取的岩芯直径为54mm。

(3)钻孔水文地质观测和试验也是工程钻探的重要内容，可了解岩土的含水性，发现含水层并确定其水位（水头）和涌水量大小，掌握各含水层之间的水力联系，测定岩（土）体的渗透系数。为了保证取得准确的水文地质参数，必须采取干钻或清水钻进。

2. 坑探工程

坑探工程是用人工或机械掘进的方式来探明地表以下浅部的工程地质条件和水文地质条件的勘探方法，也叫掘进工程或井巷工程。与钻探相比，其优点为：勘察人员能直接观察到地质结构，且便于描述；可不受限制地从中采取原状岩土样，并现场进行大型原位测试，尤其对研究断层破碎带、软弱泥化夹层和滑动面(带)的空间分布特点及其工程性质等，更具有重要意义。坑探工程的缺点：使用时往往受到自然地质条件的限制，勘探周期较长；尤其是重型坑探工程不可轻易采用。

公路边坡工程地质勘探中坑探工程有：探槽、试坑、浅井、竖井(斜井)、平洞和石门(平巷)，如图 2-1 所示。其中前三种为轻型坑探工程，比较常用；后三种为重型坑探工程，在一般公路边坡勘察设计中应用较少。不同坑探工程的特点及适用条件见表 2-3。

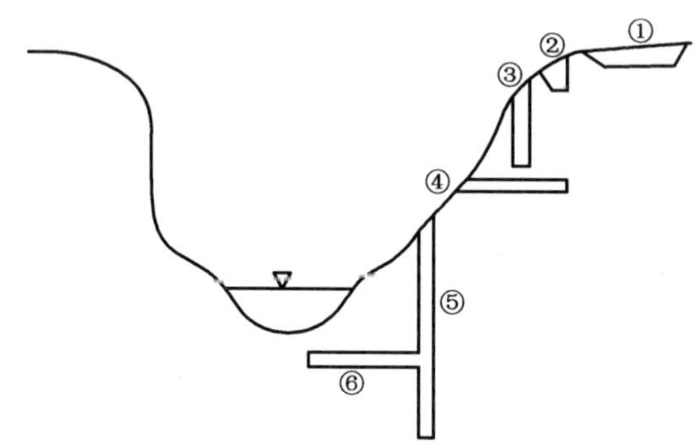

图 2-1 工程勘察常用的坑探类型示意图
①-探槽；②-试坑；③-浅井；④-平洞；⑤-竖井；⑥-石门

各种坑探工程特点及适用条件 表 2-3

类 型	特 点	用 途
探槽	在地表垂直岩层或构造线挖掘成深度不大的(小于 3～5m)长条形槽子	剥除地表覆土，揭露基岩，揭露地下水埋深，划分地层岩性，研究断层破碎带；探查残坡积层的厚度和物质结构
试坑	从地表向下，铅直的、深度小于 3～5m 的长方形或圆形小坑	确定覆盖层，揭露基岩、风化层的岩性及厚度，取原状样，进行荷载试验、渗水试验等

续上表

类　型	特　点	用　途
浅井	从地表向下，铅直的、深度小于5～15m的方形或圆形井	确定覆盖层及风化层的岩性和厚度，作荷载试验，取原状土样
竖井（斜井）	形状与浅井同，但深度超过15m，有时需支护	了解覆盖层厚度及性质、风化壳分带、软弱夹层分布、断层破碎带、岩溶发育情况、滑坡体结构面和滑动面等，布置在地形平缓、岩层倾角较缓的地段
平洞	在地面有出口的水平坑道，深度较大，适用于较陡的基岩边坡，有时需支护	调查斜坡地质结构，查明河谷地段地层岩性、软弱夹层、破碎带、卸荷裂隙、风化岩层等，还可取样、作岩体原位试验或进行岩体波速测试以及地应力测量等
石门（平巷）	不出露地面而与竖井相连的水平坑道，石门垂直岩层走向，平巷平行岩层走向	了解河底地质结构，做试验等

展示图是坑探工程编录的主要内容，也是坑探工程所需提交的主要成果资料。所谓展示图，就是沿坑探工程的壁、底面所编制的地质断面图，按一定的制图方法将三维空间的图形展开在平面上，其比例尺视坑探工程的规模、形状以及地质条件的复杂程度而定，一般采用1∶25～1∶100。

3. 地球物理勘探

物探是根据地层导电性、弹性、磁性、密度、放射性等方面存在着差异，利用专门的仪器探测地层中异常的分布及变化特征，从而推断地下岩土的埋藏深度、厚度、性质，判定其地质构造、水文地质条件及各种物理地质现象的勘探方法。它是钻探的重要补充，可以查明整个边坡体内的地层分布、埋藏断层和构造破碎带的位置、风化界线和过湿带的分布。虽精度不高，但造价低、速度快，可减少钻孔数量。物探线一般沿地形等高线布设以减少地形影响，其探测深度应大于钻探深度。物探方法种类很多，表2-4所列为物探分类及其在工程地质勘察中的应用。公路边坡勘察时物探一般采用电测深法和地震法，前者有利于查清地层和地下水分布，后者能较准确划分地层界线，两者可结合使用。

物探分类及其工程中的应用　　表 2-4

<table>
<tr><th>类别</th><th colspan="2">方法名称</th><th>适用范围</th></tr>
<tr><td rowspan="5">直流电法</td><td rowspan="2">电阻率法</td><td>电剖面法</td><td>寻找追踪断层破碎带和岩溶范围,探查基岩起伏和含水层,探查滑坡体等</td></tr>
<tr><td>电测深法</td><td>探测基岩埋深和风化层厚度,探测地下水和岩溶发育范围</td></tr>
<tr><td colspan="2">充电法</td><td>测量地下水流向,追索暗河和冲水裂隙带,探测废弃金属管道和电缆</td></tr>
<tr><td colspan="2">自然电场法</td><td>测量地下水流向和补给关系,寻找河床和水库渗漏点</td></tr>
<tr><td colspan="2">激发极化法</td><td>寻找地下水和含水岩溶</td></tr>
<tr><td rowspan="3">交流电法</td><td colspan="2">电磁法</td><td>大小比例尺工程地质、水文地质填图</td></tr>
<tr><td colspan="2">无线电波透视法</td><td>调查岩溶,追索断层破碎带</td></tr>
<tr><td colspan="2">甚低频法</td><td>寻找基岩破碎带</td></tr>
<tr><td rowspan="4">地震勘探</td><td colspan="2">折射波法</td><td>工程地质分层,探测基岩埋深和起伏变化,查明含水层埋深和厚度,追索断层破碎带,圈定大型滑坡体厚度和范围,风化壳分带</td></tr>
<tr><td colspan="2">反射波法</td><td>工程地质分层</td></tr>
<tr><td colspan="2">波速测量</td><td>测定地基土动弹性力学参数</td></tr>
<tr><td colspan="2">地脉动测量</td><td>研究地震场地稳定性与建筑物共振破坏,划分场地类型</td></tr>
<tr><td rowspan="2">磁法勘探</td><td colspan="2">区域磁测</td><td>圈定第四系覆盖层下侵入岩界限和裂隙带、接触带</td></tr>
<tr><td colspan="2">微磁测</td><td>工程地质分区,圈定含铁磁性沉积物的岩溶</td></tr>
<tr><td colspan="3">重力勘探</td><td>探查地下空洞</td></tr>
<tr><td rowspan="2">声波测量</td><td colspan="2">声幅测量</td><td>探查硐室工程岩石松动圈范围,研究岩体完整性以及动弹性力学参数</td></tr>
<tr><td colspan="2">声呐法</td><td>河床断面测量</td></tr>
<tr><td rowspan="2">放射性勘探</td><td colspan="2">γ 径迹法</td><td>寻找地下水和岩石裂隙</td></tr>
<tr><td colspan="2">地面放射性测量</td><td>区域性工程地质填图</td></tr>
<tr><td rowspan="3">测井</td><td colspan="2">电法测井</td><td>确定含水层位置,划分咸淡水界限,调查溶洞和裂隙破碎带</td></tr>
<tr><td colspan="2">放射性测井</td><td>调查地层孔隙度和确定含水层位置</td></tr>
<tr><td colspan="2">声波测井</td><td>确定断层破碎带和溶洞位置,进行风化壳分带,工程岩体分类</td></tr>
</table>

二、勘探布设原则

在地面调查测绘后尚不易查明的情况,如地层埋藏情况,风化界线、埋藏构造、软弱面和潜在滑动面的形状和埋深,地下水的含水层、隔水层等,需通过勘探予以查明。一般勘探采用地球物理勘探，坑、槽、洞探和钻探相结合的综合勘探方法，并应首先考虑采用速度快、花钱少的物探和坑、槽探，以减少钻探数量。

1. 勘探线、点的布置

勘探线的多少应根据勘察阶段的不同而有区别，可行性研究阶段以地面调查为主，一般不安排勘探；初步设计勘察阶段必须布置少量勘探，一般一段边坡布置1～2条勘探线，有滑坡时，每一滑坡主轴线应布置一条勘探线；施工图阶段则应每30～50m布置一条勘探线，并应有拟设工程位置的勘探断面。

勘探线上勘探点的密度，物探点间距为10～20m，钻探和坑、槽探点间距为30～50m，一条线上不能少于3个勘探点。

2. 勘探深度

勘探深度取决于地面调查后推测的需要查明的地质界限的深度及可能发生变形的深度，一般应比以上深度加深5～10m。此外，至少应有一孔深度达到当地最低基准面（河沟底或路基面）以下5～10m，一方面是防止遗漏最深的破坏面，另一方面是为设置加固工程查清基础情况的需要。

钻探点在横断面上的布置如图2-2所示。在拟定边坡的坡脚应有控制性钻孔，其深度应达路基面以下8～10m，一方面控制坡脚软弱地层的分布，另一方面为坡脚支挡工程（如桩）提供基础资料。边坡中部的钻孔，其深度达路基面高程即可。边坡顶部钻孔只要控制地层及深于推断破坏面以下3～5m即可满足要求。只有当整个路基有滑动可能时，才在边坡另一侧布置钻孔。有特殊要求时可适当增加钻孔。

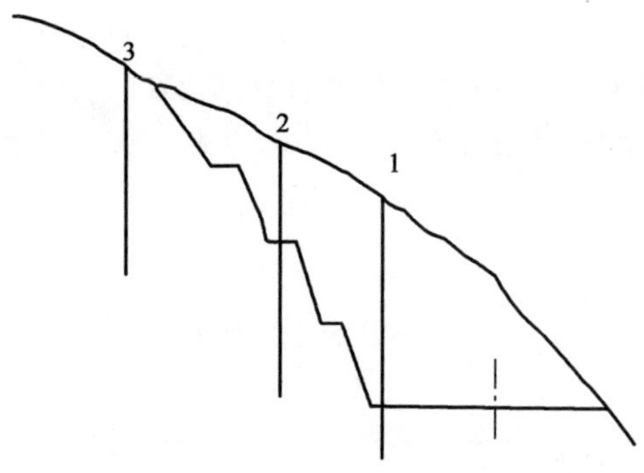

图2-2　钻探点的布设示意图

1、2、3-钻孔编号

勘探深度一般要达到中风化和微风化岩层内3～5m，必须揭露覆盖层和强风化层的厚度，因为这是容易发生变形的地层。当遇到岩堆或厚层堆积体，整个

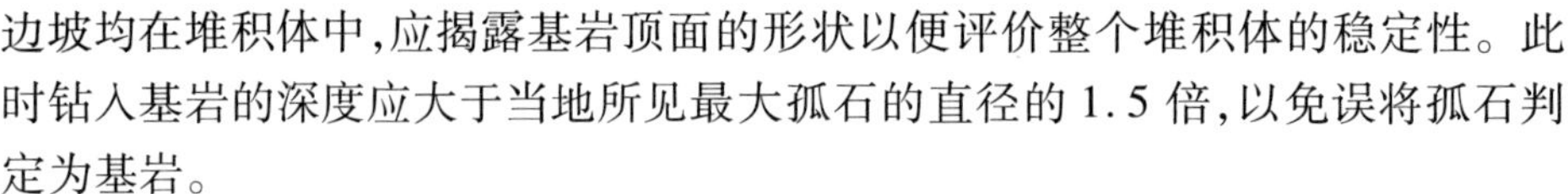

边坡均在堆积体中，应揭露基岩顶面的形状以便评价整个堆积体的稳定性。此时钻入基岩的深度应大于当地所见最大孤石的直径的1.5倍，以免误将孤石判定为基岩。

三、勘探取样

在钻进过程中，为了研究岩(土)体的工程性质，必须采取岩土样进行室内试验与分析。坚硬的岩石可以利用岩芯，但其中的软弱夹层和断层破碎带取样时，必须采取特殊措施。为了取得原状土样，需配备取土器，尽量不使土样受到扰动。

1. 土样的质量等级

土样的质量实质上是土样的扰动问题。土样扰动表现在原位应力状态、含水率、结构和组成成分等方面的变化，它们产生于取样之前、取样之中以及取样之后直至试样制备的全过程之中。实际上，完全不扰动的真正原状土样是无法取得的。有的学者从实用观点出发，提出对"不扰动土样"或"原状土样"的基本质量要求是：

(1)没有结构扰动。

(2)没有含水率和孔隙比的变化。

(3)没有物理成分和化学成分的改变。

由于不同试验项目对土样扰动程度有不同的控制要求，因此许多国家的规范或手册中都根据不同的试验要求来划分土样质量级别。《岩土工程勘察规范》(GB 50021—2001)(2009版)参照国外的经验，对土样质量等级作了四级划分，并明确规定各级土样需进行的试验项目(表2-5)。其中Ⅰ、Ⅱ级土样相当于原状土样，但Ⅰ级土样比Ⅱ级土样有更高的要求。表2-5中对四级土样扰动程度的区分只是定性的和相对的，没有严格的定量标准。公路边坡工程勘察时可以借鉴使用。

土样质量等级划分　　表2-5

级　别	扰动程度	试验内容
Ⅰ	不扰动	土类定名、含水率、密度、压缩变形、抗剪强度
Ⅱ	轻微扰动	土类定名、含水率、密度
Ⅲ	显著扰动	土类定名、含水率
Ⅳ	完全扰动	土类定名

2. 钻孔取土器及其适用条件

取土器是影响土样质量的重要因素，所以勘察部门应注重取土器的设计、制造。对取土器的基本要求是：尽可能使土样不受或少受扰动；能顺利切入土层中，并取出土样；结构简单且使用方便。

取土器的取土质量，首先取决于取样管的几何尺寸和形状。目前国内外钻孔取土器有贯入式和回转式两大类，其尺寸、规格不尽相同。取土器基本技术参数：取样管直径(D)、面积比(C_a)、内间隙比(C_i)、外间隙比(C_0)、取样管长度(L)、刃口角度(α)。常用取土器有贯入式取土器和回转式取土器。

3. 钻孔取样的操作

土样质量的优劣，不仅取决于取土器具，还取决于取样全过程的各项操作是否恰当。钻孔取样操作过程中的钻进、取样及土样的封装和储存等方面必须符合相关的规范规程。

四、勘探现场编录

工程地质编录是用文字、图件、影像、表格等形式，把公路边坡开挖过程中所观测到的地质现象，采样、分析以及综合研究的结果，系统、客观地加以反映。工程地质编录方法简单、易于操作，对开挖后的地基岩体能够进行及时、准确、全面、直接地观察和测绘。能够为各种边坡工程的支护设计提供参数，为施工指明重点，做到有的放矢，加固薄弱地段。从而起到在不影响工程质量的前提下节省资金、提高效率的作用。公路边坡工程一般使用钻探工程地质编录。

在钻孔工程地质编录中，岩芯鉴定工作是一个关键。一般来说，在什么岩层中钻探，就应该取出什么岩芯，但由于地质环境有异、钻进方法不同，所取岩芯在外貌上会有变化，为正确鉴定岩芯，排除由于各种变化可能带来的种种假象，地质人员必须做到：掌握施钻地带的地质情况，如地质构造、岩层性质、成分、分化程度、各层之间的接触关系、岩层的耐钻性能等；注意区别操作过程中由于施钻方法不同对岩芯可能引起的变化，如干钻、水钻、钻头的差异，有无管套等；充分考虑岩层岩芯的相互关系，认真分析对比，不可孤立、片面地作出结论。岩芯鉴定的基本内容，是记述岩芯的岩石学特征、节理裂隙发育情况、有无断层及地层方面的特征等，最后编制钻孔岩芯柱状图。

第四节　公路边坡勘察试验

一、原位试验

1. 岩体变形试验

岩体变形试验可分为承压板法试验、狭缝试验以及钻孔变形试验等，它们的基本原理相同。承压板法一般是在预先挖好的平洞中进行，用千斤顶施压，通过有足够刚性的承压板将压力传递到岩体上，测量岩体变形，按弹性理论计算岩体变形模量。

2. 岩体强度试验

该试验可分为岩体本身的抗剪强度试验、岩体沿软弱结构面的抗剪强度试验和混凝土与岩体胶结面的抗剪强度试验三类。一般在平洞内用两个千斤顶采用平推法进行。

3. 岩体的应力测试

岩体应力是高地应力地区边坡稳定性分析以及工程设计的重要参数。常用的应力测量方法主要有：应力解除法、应力恢复法和水压致裂法等，其理论基础是弹性力学。因此，岩体应力测量均视岩体为均质体、连续、各向同性的线弹性介质。

4. 岩石强度简易测试

(1)点荷载试验。在现场测定不规则岩石的强度时，通常是将试件置于两个球状加荷器之间，施加集中荷载直至破坏，据此求得岩石点荷载强度指数。此试验方法简便，可对不规则的试样进行试验，无须岩样加工，对于难以取样和无法进行岩样加工的软岩和严重风化的岩石，更能显出其优越性。

(2)岩体回弹锤击试验。根据刚性材料的抗压强度与冲击回弹高度在一定条件下存在着某种函数关系的原理，利用岩体受冲击后的反作用，使弹性锤回跳的数值即为回弹值(R)。此值越大，表明岩体越富弹性，越坚硬；反之，说明岩体软弱，强度低。

5. 土体动力触探试验

动力触探试验可以归为两大类，即圆锥动力触探试验和标准贯入试验，前者根据所用穿心锤的重量可分为轻型、重型及超重型动力触探试验。一般将圆锥动力触探试验简称为动力触探或动探，将标准贯入试验简称为标贯。标贯试验适用于砂土、粉土和黏土等细颗粒土层。

二、室内岩土力学参数试验

工程地质室内试验一般由专职试验人员在试验室内完成，室内试验通常包括土工试验、岩石试验和岩土水化学试验，常做的试验项目包括以下三种：

1. 岩块物理力学性质试验

试验内容包括：岩块物理力学性质试验（含水率、吸水率、颗粒密度、块体密度、膨胀性、崩解性、冻融等）；岩块力学性质试验（单轴压缩变形、单轴抗压强度、直剪强度、抗拉强度、点荷载强度等）岩石磨片鉴定，岩块声波、岩体声波探测等。

2. 土的物理力学性质试验

试验内容包括：天然密度、天然含水量、颗粒分析、相对密度、击实、渗透、固结、压缩、剪切等。

3. 岩、土、水化学分析试验

试验内容包括：水质分析、岩石矿物化学分析、岩石硫酸盐及硫化物含量、砂砾石骨料硫酸盐及硫化物含量、土有机质含量、土烧失量、土水溶盐含量、土 pH 值、土化学分析、土黏土矿物成分分析等。

关于岩土的试验内容，公路土质边坡与岩质边坡有所不同。土质边坡主要包括各类土的天然重度、饱水重度、天然含水量、饱和含水量、液限、塑限、塑性指数、颗粒组成，以及天然和饱和状态下的黏聚力和内摩擦角。对具有膨胀性的土应测定其自由膨胀率和膨胀力，对具有湿陷性的黄土则应测试其湿陷系数和等级。

对岩质边坡实践证明，其失稳破坏主要受构造结构面和软弱岩层（或夹层）控制，因此其试验内容除岩层的重度外主要是测定结构面和软弱岩层的强度参数。应对岩土层和软弱层采集试样进行物理力学性能试验，土的抗剪强度指标宜采用三轴试验和现场试验获取。三轴剪切试验的最高围压和直剪试验的最大法向压力的选择，应与试样在坡体中的实际受力情况相近。每层岩土主要指标的试样数量为：土层不少于 6 件，岩石抗压强度不少于 9 件。岩体和结构面的抗剪强度宜采用现场试验确定。对有特殊要求的岩质边坡宜做岩体流变试验。对大型边坡，必要时可进行岩体应力测试、波速测试、动力测试、孔隙水压力测试和模型试验。

正确确定岩土和结构面的强度指标是边坡稳定分析和边坡设计成败的关

键。尤其应注意以下四点：

(1)岩土强度室内试验的应力条件应尽量与自然条件下岩土体的受力条件一致。

(2)对控制性的软弱结构面，宜进行原位剪切试验，因室内试验成果的可靠性较差，对软土可采用十字板剪切试验。

(3)实测是重要的，但更要强调结合当地经验，并宜根据现场坡角采用反分析验证。

(4)岩土性质有时有“蠕变”，强度可能随时间而降低，对于永久性边坡应予注意。

第五节　公路边坡工程地质勘察报告

勘察报告是公路边坡工程地质勘察的总结性文件，一般由文字报告和所附图表组成。此项工作是在公路边坡工程地质勘察过程中所形成的各种原始资料编录的基础上进行的。为了保证勘察报告的质量，原始资料必须真实、系统、完整。因此，对公路边坡工程分析所需依据的一切原始资料，均应及时整编和检查。

一、报告的基本内容

公路边坡工程地质勘察报告包括以下九个方面内容：

(1)任务来源及技术要求。包括边坡背景材料、勘察目的、业主委托及对勘察的技术要求、所采用的技术手段及完成的工作量等。

(2)边坡勘察区的地理位置、自然环境、气象水文特征。包括位置与交通状况、气象、水文、社会经济概况。

(3)边坡勘察区地质环境。包括当地一定区域的地形地貌、地层岩性、地质构造与地震，边坡的地形形态、植被、冲沟，地层岩性及分布位置和风化程度，主要构造裂面的产状、分布及其与临空面之间的关系，水文地质特征。

(4)边坡坡体结构特征。包括坡体结构类型和特征，可能发生的变形类型和破坏部位及破坏模式。

(5)边坡的变形特征。根据已经发生的自然斜坡和开挖边坡的变形，描述其类型、规模、分布的位置和范围、变形发生的条件和原因、变形历史过程和危害性。

(6)自然和人为作用因素，特别要找出主要作用因素。

(7)边坡稳定性评价。采用工程地质综合分析与力学计算评价边坡的整体和局部稳定性,划分稳定边坡、欠稳定边坡和不稳定边坡。

(8)建议的预防、防护和加固措施。

(9)结论与建议。

二、报告应附的图表

勘察报告应附必要的图表,主要包括以下五个方面内容:

(1)斜坡工程地质图。

(2)工程地质柱状图、剖面图或立体投影图。

(3)室内试验和原位测试成果图表。

(4)岩土利用、整治、改造方案的有关图表。

(5)岩土工程计算简图及计算成果图表。

三、单项报告

除上述综合岩土工程勘察报告外,也可根据任务要求提交单项报告,主要包括以下内容:

(1)岩土工程测试报告。

(2)岩土工程检测或监测报告。

(3)岩土工程事故调查与分析报告。

(4)岩土利用、整治或改造方案报告。

(5)专门岩土工程问题的技术咨询报告。

最后需要指出的是,勘察报告的内容可根据岩土工程勘察等级酌情简化或加强。

第三章　公路土质边坡稳定性分析

边坡工程中土质边坡大量存在，常常由于边坡的开挖导致其整体或局部的失稳。在越来越重视经济节约与环境保护的今天，如何使土质边坡既能保证经济节约，又能稳定美观，成为建设者面临的新问题。此外，由于土质边坡受降雨、地震、工程施工扰动等方面的影响明显，其稳定性影响因素复杂多变。因此，选择准确的分析方法对土质边坡稳定性进行分析成为土质边坡治理的前提条件。

第一节　土质边坡的分类和分级

边坡形成于不同的地质环境，处于不同的工程部位，并具有不同的形式和特征。根据研究目的和研究对象的不同，边坡分类的方式和方法各不相同。边坡分类的目的是为工程服务，主要侧重于边坡工程的设计与处理。边坡与滑坡分类是对其认识的基础，多年来，国内外进行了广泛的研究，按照不同的分类指标，有多种分类方法，说明了分类问题的重要性和复杂性。

一、土质边坡分类

1. 土质边坡分类的目的和原则

1）分类的目的

（1）为工程实践服务，指导边坡的勘测、设计和治理。

（2）反映边坡的主要工程地质特征，指导边坡的勘察、分析和评价。

（3）有针对性地布置边坡监测。

（4）预测边坡的发展趋势。

2）分类的一般原则

（1）应能反映边坡的岩土性质、物质组成、成因类型、形成过程及形成特点。

（2）应考虑边坡的存在时间及施工过程中的影响因素。

（3）应能表示地层岩性、岩土结构及其与边坡的关系等。

（4）应注重边坡的稳定状态、变形机制、特征、发展阶段及破坏趋势。

（5）应包含边坡的坡度和坡高。

2. 土质边坡的一般分类

土质边坡分类需考虑众多因素，分类的方法也较为复杂。根据边坡成因、岩性、运行时间、浸水、高程和稳定性等因素，边坡的分类见表3-1。

土质边坡一般性分类表　　表3-1

分类依据	分类名称	分类特征说明
土体性质	黏性土边坡	以黏性土为主组成的边坡
	砂性土边坡	以砂性土为主，结构较疏松，黏聚力低
	黄土边坡	以粉粒为主，质地均一的边坡
	软土边坡	以淤泥、泥炭、淤泥质土等抗剪强度极低的土为主，塑流变形较大的边坡
	膨胀土边坡	富含蒙脱石等易膨胀矿物，内摩擦角很小，干湿效应明显的边坡
	碎石土边坡	由坚硬岩石碎块和砂土颗粒或砾质土组成的边坡
	岩土混合边坡	上部为土层，下部为岩层，即所谓的二元结构的边坡
土层结构	类均质土边坡	由均质土体组成的边坡
	水平层状结构边坡	由近水平层状土体构成的边坡
	内斜层结构边坡	土层面倾向坡体内方向的边坡，也称反倾层状边坡
	外斜层结构边坡	土层面倾向坡体临空面方向的边坡，也称顺倾层状边坡
成因类型	自然边坡	未经人工改造的边坡
	人工边坡	人工开挖或堆积形成的边坡
	工程影响边坡	受工程影响改造的边坡
存在时间	永久边坡	工程寿命期内需保持稳定和有限变形的边坡
	临时边坡	施工期需保持稳定和有限变形的边坡
浸水程度	水上边坡	地面水体以上的边坡
	水下边坡	地面水体以下的边坡
土质边坡高度	高边坡	坡高 >20m
	中边坡	坡高 >15 ~ ≤20m
	低边坡	坡高≤15m
边坡坡度	缓坡	边坡坡度≤10°
	斜坡	边坡坡度 >10° ~ ≤30°
	陡坡	边坡坡度 >30° ~ ≤45°
	峻坡	边坡坡度 >45° ~ ≤60°
	悬崖	边坡坡度 >60° ~ ≤90°

3. 土质边坡的稳定性分类

1)边坡稳定性分类

根据边坡的稳定状态,可将边坡分为稳定边坡、基本稳定边坡、欠稳定边坡,见表3-2。

边坡的稳定状态分类 表3-2

分类依据	分类名称	分类特征说明
稳定状态	稳定边坡	已经或未经处理能保持稳定和有限变形的边坡
	基本稳定边坡	有明确不稳定因素存在的但暂时稳定的边坡
	欠稳定边坡	有变形或蠕变迹象的边坡

2)土质边坡变形阶段划分

边坡的变形破坏有其发生发展阶段,不同的变形阶段具有不同稳定状态,则对应不同的力学参数。因此,研究边坡变形破坏阶段,对于边坡的稳定分析、力学参数取值、稳定性预测及其治理措施具有重要的意义。

初始稳定边坡:边坡形成以来,除浅表层卸荷回弹外,没有经受明显变形的边坡。在控制其整体性稳定的结构面上,剪应力尚未超过其比例极限强度。

初始变形边坡:沿控制性结构面开始有变形迹象的边坡,表明整体上剪应力已经超过比例极限。该结构面上部主滑段剪应力应已超过屈服值强度。抗滑段的剪应力已经接近或到达屈服强度。

大变形边坡:沿控制性结构面发生大变形的边坡,该结构面上主滑段的剪应力已经到达或超过峰值强度,抗滑段的剪应力已经接近或到达峰值强度。

二次变形边坡:沿控制性结构面已经发生过破坏,现在又发生变形的边坡,该结构面(或滑面)剪应力已经接近或到达残余值强度。

蠕滑边坡:沿控制性结构面长期蠕滑的边坡,该结构面(或滑面)的剪应力已经接近或到达长期强度。

当对边坡控制性结构面的强度进行反演时,应按边坡的不同临界稳定状态确定其力学参数的性质。

二、土质滑坡的类型

1. 土质边坡的破坏形式

土质边坡的主要破坏形式为滑坡,常见的还有崩塌、坍塌、滑塌、错落、倾倒等。

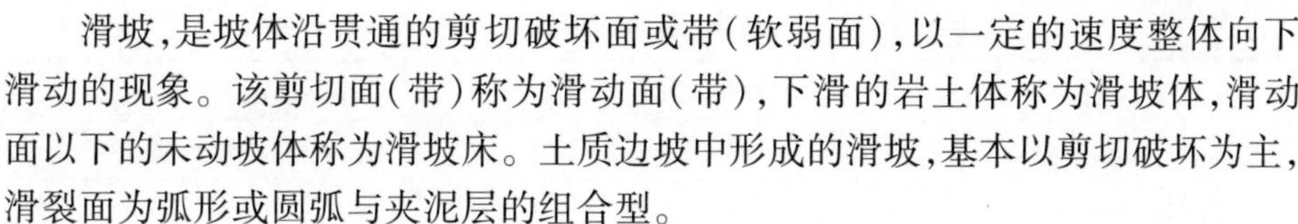

滑坡，是坡体沿贯通的剪切破坏面或带（软弱面），以一定的速度整体向下滑动的现象。该剪切面（带）称为滑动面（带），下滑的岩土体称为滑坡体，滑动面以下的未动坡体称为滑坡床。土质边坡中形成的滑坡，基本以剪切破坏为主，滑裂面为弧形或圆弧与夹泥层的组合型。

崩塌，是土质边坡上的土体在重力和其他外力作用下，突然向下崩落的现象。

坍塌，是土层、堆积层或风化破碎岩层边坡，由于岩土体中水的作用、河流冲刷等，坡体土层逐层塌落的现象。这种现象较为普遍，一直塌落至边坡达到自稳。膨胀土体边坡由于不断受到胀缩交替作用，强度大幅降低，甚至坡度达到1∶5时仍会坍塌。

滑塌，是土质边坡在重力和其他外力作用下，沿坡体内新形成的滑面整体向下以水平位移为主的现象。

错落，是土质陡边坡因坡脚受冲刷或人工开挖和振动，下伏软弱层不足以承受上部土体压力而被压缩，引起坡体以垂直下错为主的变形现象。

倾倒，是陡边坡土体在卸荷回弹和其他外力作用下，绕其底部某点向临空方向倾斜、倒塌的现象。它可以转化为崩塌或塌滑，也可以停止在倾倒变形阶段。

关于边坡的变形类型，表3-3按边坡土体的种类及运动形式提出的分类，被国际上广泛应用。

边坡运动的简要分类　　　表3-3

<table>
<tr><th colspan="3" rowspan="2">运动形式</th><th colspan="2">土质类型</th></tr>
<tr><th>粗粒为主</th><th>细粒为主</th></tr>
<tr><td colspan="3">崩塌类</td><td>碎屑崩落</td><td>土崩落</td></tr>
<tr><td colspan="3">倾倒类</td><td>碎屑倾倒</td><td>土倾倒</td></tr>
<tr><td rowspan="3">滑动类</td><td>旋转滑动</td><td rowspan="2">一单元</td><td>碎屑转动滑塌</td><td>土转动滑塌</td></tr>
<tr><td rowspan="2">平移滑动</td><td>碎屑块体滑塌</td><td>土块体滑塌</td></tr>
<tr><td>多单元</td><td>碎屑滑塌</td><td>土滑塌</td></tr>
<tr><td colspan="3">侧向扩展</td><td>碎屑扩展</td><td>土扩展</td></tr>
<tr><td colspan="3">流动类</td><td>泥石流（土石蠕动）</td><td>泥流（土蠕动）</td></tr>
<tr><td colspan="3">复合移动类</td><td colspan="2">两个或两个以上主要运动形式的组合</td></tr>
</table>

为了边坡变形的加固和治理，按照边坡变形（规模）、运动特征和物质种类，将其分为坡面变形、边坡变形（变形在人工边坡范围内）和坡体变形（变形超越人工边坡范围）三个大类，见表3-4。

边坡变形的分类 表 3-4

变形深度 H	运 动 特 征	物 质 种 类
坡面变形($H \leqslant 2$m)	剥落	软岩剥落,土层剥落
	落石	岩块崩落
	坡面溜坍	堆积层溜坍,风化岩屑溜坍
边坡变形(2m < H < 10m)	坍塌	堆积层坍塌,破碎岩层坍塌
	边坡滑塌	土层滑塌,风化破碎岩石滑塌
	小型崩塌	土崩塌,岩石崩塌
坡体变形($H \geqslant 10$m)	崩塌	土体崩塌
	滑塌	岩体滑塌,土体滑塌
	错落	破碎岩体下错
	倾倒	陡倾层状岩体倾倒

2. 土质滑坡的分类

与边坡分类一样,按照不同的分类指标,土质滑坡有多种分类。

1)滑坡体物质组成分类

按滑坡体物质组成分类是使用最普遍的一种分类,能直观反映滑体的物质组成和滑面(滑带)特征。可将其分为黏性土滑坡、黄土滑坡、膨胀土滑坡、堆积土(崩积、坡积、洪积、冲积、冰碛等)滑坡和堆填土(包括堤坝堆填土和弃渣堆积)滑坡。

这里有两种过渡类型,一种是半成岩地层的滑坡;另一种是上覆巨厚层土体连同下伏基岩一起滑动的滑坡。

2)滑坡受力状态分类

按滑坡体的受力状态分为牵引式(后退式)滑坡和推移式(前进式)滑坡两种基本形式。这种分类形象、简单、实用,在宏观上表现了边坡变形受力及发展方向。

牵引式滑坡是具有滑动条件的边坡,由于受河流、海浪侵蚀或人工开挖,削弱了坡脚的支撑力,边坡下部的第一块滑体沿潜在滑动面先行滑动,边坡中上部的第二、第三等块滑体因失去支撑而跟着滑动,因此,也称为后退式滑坡。治理此类滑坡时应及时采取措施稳定第一块滑体,第二、第三等块滑体将不会发生。

推移式滑坡是具有滑动条件的边坡,主要受上部崩塌堆积或人工堆填加载而引起边坡整体向下滑动,一般不会带动上部坡体发生大规模滑动。

3）滑坡变形机制分类

根据滑坡变形机制提出了蠕滑—拉裂、滑移—压致拉裂、弯曲—拉裂、塑流—拉裂和滑移—弯曲 5 种基本组合模式。表明了边坡演化过程中内部应力状态的调整轨迹、途径和现象，反映了边坡的变形破坏机制。其中适应土质边坡的有蠕滑—拉裂、滑移—压致拉裂、塑流—拉裂。

蠕滑—拉裂一般发生在均质土坡中，坡体中可能发展为破坏面的潜在剪切面，受最大剪应力分布状况控制，该面以上实际为一自地表向下递减的剪切蠕变带。

滑移—压致拉裂一般发生在黄土塬边坡中，平缓滑移面沿层面发育，陡倾拉裂面沿黄土中的垂直裂隙发展而成。

塑流—拉裂是下伏软土在上覆土体压力下产生塑性流动并向临空方向挤出，导致上覆较坚硬的土层拉裂、解体和不均匀沉陷。多见于以软弱层（带）为其基座的软弱基座型边坡中。地下水对软弱基座的软化或溶蚀、潜蚀作用，是促进这类边坡变形破坏的主要因素。

4）滑坡发生的时代分类

根据滑坡发生的时代分为古滑坡、老滑坡和新滑坡。古滑坡指全新世以前发生的滑坡。老滑坡指全新世以来发生的滑坡。新滑坡指目前正在活动的滑坡，或新发生的滑坡。

5）滑坡体厚度分类

根据滑坡体的厚度，可将滑坡体分为浅层滑坡（<6m）、中层滑坡（6～20m）、厚层滑坡（20～50m）、巨厚层滑坡（>50m）。按滑坡体积的大小分为小型、中型、大型和巨型滑坡。

三、边坡分级及稳定安全系数

1. 边坡安全级别划分

根据《公路路基设计规范》（JTG D30—2015），公路路堑边坡按其公路的等级，划分边坡安全级别。边坡分级见表 3-5。

边坡分级　　表 3-5

边坡级别	公路等级	边坡级别	公路等级
Ⅰ级	高速公路、一级公路	Ⅱ级	二级及二级以下公路

2. 稳定安全系数定义

安全系数是表征边坡抗滑稳定程度的指标,是抗滑力与滑动力之比,严格说是假定岩土体沿特定滑面达到极限平衡状态时,抗剪强度参数应缩减的倍数,即强度储备安全系数。

1952 年毕肖普提出了著名的适用于圆弧滑动面的"简化毕肖普法"。在这一方法中,边坡稳定安全系数的定义为:土坡某一滑裂面上抗剪强度指标按同一比例降低为 c/F_{s1} 和 $\tan\varphi/F_{s1}$,则土体将沿着此滑裂面达到极限平衡状态,即

$$\tau = c' + \sigma\tan\varphi' \tag{3-1}$$

式中,$c' = c'/F_{s1}$,$\tan\varphi' = \tan\varphi/F_{s1}$。

根据极限平衡法的概念,安全系数表达式为

$$F_{s1} = \frac{\int_0^l (c + \sigma\tan\varphi)\,\mathrm{d}t}{\int_0^l \tau\,\mathrm{d}l} \tag{3-2}$$

将强度指标的储备作为安全系数定义的方法是经过多年来的实践被国际工程界广泛承认的一种方法。这种做法只是降低抗滑力,而不改变下滑力。同时,强度折减法也比较符合工程实际情况,许多边(滑)坡的发生常常是由于外界因素引起岩土体强度降低而导致岩土体滑坡。

3. 公路边坡稳定安全系数的规定

根据公路工程边坡的计算工况,《公路路基设计规范》(JTG D30—2015)规定了不同级别的设计安全系数,见表 3-6。

公路边坡设计安全系数 表 3-6

公路等级	路堑边坡稳定安全系数		公路等级	路堑边坡稳定安全系数	
高速公路、一级公路	正常工况	1.20 ~ 1.30	二级及二级以下公路	正常工况	1.15 ~ 1.25
	非正常工况 Ⅰ	1.10 ~ 1.20		非正常工况 Ⅰ	1.05 ~ 1.15
	非正常工况 Ⅱ	1.05 ~ 1.10		非正常工况 Ⅱ	1.02 ~ 1.05

第二节 土质边坡的荷载及其组合

土质边坡的荷载主要有土体的自重、地下水荷载、加固力、地震力等。

一、土体自重

土体的自重作用在所有土质边坡中,自重力始终垂直向下,在抗滑力和滑动

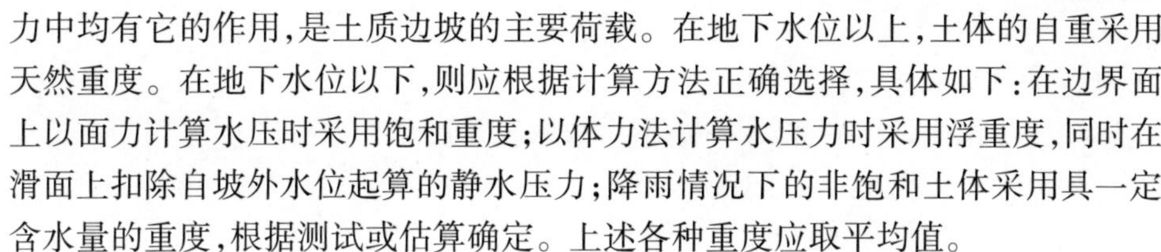

力中均有它的作用，是土质边坡的主要荷载。在地下水位以上，土体的自重采用天然重度。在地下水位以下，则应根据计算方法正确选择，具体如下：在边界面上以面力计算水压时采用饱和重度；以体力法计算水压力时采用浮重度，同时在滑面上扣除自坡外水位起算的静水压力；降雨情况下的非饱和土体采用具一定含水量的重度，根据测试或估算确定。上述各种重度应取平均值。

边坡坡体上的构筑物，包括加固治理结构物，应作为坡体自重计。

二、地下水荷载

1. 孔隙水压力

有效应力原理认为：饱和土体中任何一点的总应力 σ 由有效应力 σ' 和孔隙水压力 u 共同承担。即

$$\sigma = \sigma' + u \tag{3-3}$$

其中有效应力 σ' 是通过土粒间的接触面传递的应力，它对土体的强度和变形特性起控制作用，是土力学中最重要的一个参数。从严格的理论上讲，土力学中的所有力学分析只有使用有效应力计算才是正确合理的。

2. 动水压力

对于有地下水渗流的水下岩土体，当采用体力法以浮重度计算时，应考虑渗透水压力作用，在地下水位以下边坡部分，其动水压力值 P_{wi} 按下式计算

$$P_{wi} = \gamma_w - V_i J_i \tag{3-4}$$

式中：γ_w——水的重度（kN/m^3）；

V_i——第 i 计算条块单位宽度土体的水下体积（m^3/m）；

J_i——第 i 计算条块地下水平均水力坡降。

三、地震荷载

在地震基本烈度为 7 度和 7 度以上的地区，应计算地震作用力的影响。目前对边坡的地震作用一般采用拟静力法进行分析，只考虑滑动方向的水平地震力作用。

拟静力法将大小和方向都随时间变化的地震惯性力看作是一个不随时间变化的静力荷载施加于边坡体上，然后用各种稳定计算方法，给出边坡在地震作用下的安全系数。在确定地震作用的等效静力时，一般是先定义地震系数，然后定义地震等效力等于地震系数与边坡重力的乘积。

其基本计算公式如下：

$$F = K_H mg \tag{3-5}$$

式中：F——水平地震作用力；

K_H——水平地震系数，水平地震系数见表3-7；

m——土体质量；

g——重力加速度。

水平地震系数表 表3-7

抗震设防烈度	6(0.05g)	7(0.10g)	7(0.15g)	8(0.20g)	8(0.30g)	9(0.40g)
小震	0.04	0.08	0.12	0.16	0.24	0.32
中震	0.12	0.23	0.34	0.45	0.68	0.90
大震	—	0.50	0.72	0.90	1.20	1.40

根据公路边坡所在地区的地震烈度，水平地震系数 K_H 取值如下：设计烈度为7度时，$K_H=0.1$；设计烈度为8度时，$K_H=0.2$；设计烈度为9度时，$K_H=0.4$。

四、工程荷载

工程荷载是指影响边坡稳定的各种外力，包括边坡上构筑物的作用力、加固力等。加固力是指采用加固结构将不稳定土体固定到滑面以下稳定土体的力。计算安全系数时加固力应按增加的抗滑力考虑。

五、边坡工况及荷载组合

对公路边坡设计，一般按下列三类作用组合：

(1)正常工况：边坡处于天然状态下的工况，荷载组合为自重＋边坡上构筑物荷载＋天然地下水位压力＋加固力。

(2)非正常工况Ⅰ：边坡处于暴雨或连续降雨下的工况，荷载组合为自重＋边坡上构筑物荷载＋降雨形成水荷载＋加固力。

(3)非正常工况Ⅱ：边坡处于地震荷载下的工况，荷载组合为自重＋边坡上构筑物荷载＋天然地下水位压力＋加固力＋地震荷载。

第三节 计算力学参数

一、力学参数的取值

1. 土的物理性质试验

在进行边坡稳定分析和力学参数取值时，需要进行土的物理性质试验，一般性土的物理性质试验指标包括如下几种。

砂土：颗粒级配、相对密度、天然含水量、天然密度、最大和最小密度。

粉土：颗粒级配、相对密度、天然含水量、液限、塑限、天然密度和有机质含量。

黏性土：相对密度、天然含水量、液限、塑限、天然密度和有机质含量。

当需要进行渗流分析时，可进行渗透试验。砂土和碎石土可采用常水头试验，粉土和黏性土可采用变水头试验。透水性很低的软土可通过固结试验测定固结系数、体积压缩系数，计算渗透系数。

对路堤土质边坡稳定分析时，应进行击实试验，测定土的干密度与含水量的关系，确定最大干密度和最优含水量。

2. 土的抗剪强度

在外力作用下，土体内剪切面单位面积上所能承受的最大剪应力称为土的抗剪强度。土的抗剪强度参数（即 c、φ 值）是进行土坡稳定分析的基础。黏性土和无黏性土都是松散颗粒的集合体，土的抗剪强度 τ_f 不是一个固定不变的值，它随剪切面上所受法向应力 σ 而变，这是土区别于其他材料的一个重要特性。

1）无黏性土的抗剪强度

反映无黏性土抗剪强度的库仑公式

$$\tau_f = \sigma \tan\varphi \tag{3-6}$$

式中：τ_f——土的抗剪强度（kPa）；

σ——作用在剪切面上的法向应力（kPa）；

φ——内摩擦角（°）。

2）黏性土的抗剪强度

反映黏性土抗剪强度的库仑公式

$$\tau_f = c + \sigma \tan\varphi \tag{3-7}$$

式中：c——土的黏聚力（kPa）。

根据有效应力原理有

$$\sigma = u + \sigma' \tag{3-8}$$

式中：u——剪切面上的孔隙水压力（kPa）；

σ'——剪切面上的有效应力（kPa）；

σ——剪切面上的法向应力，即总应力（kPa）。

土的抗剪强度主要取决于有效应力的大小，故抗剪强度关系式应表示为

$$\tau_f = c' + \sigma' \tan\varphi' = c' + (\sigma - u)\tan\varphi' \tag{3-9}$$

式中：c'——土的有效黏聚力；

φ'——土的有效内摩擦角。

理想的抗剪强度试验是直接测定试样在剪切过程中 u 和 σ 的变化，而定量地应用有效应力强度指标研究工程实际中土体的稳定性。

3）抗剪强度参数试验方法

抗剪强度试验按试验仪器类型不同，可分为直接剪切试验和三轴剪切试验；按排水条件不同，可分为快剪（不排水剪）、固结快剪（固结不排水剪）和慢剪（排水剪）。具体见表3-8和表3-9。

直接剪切试验的结果采用总应力法库仑公式，即式（3-7）计算抗剪强度指标，它可近似地模拟工程可能出现的固结和排水情况。

三轴剪切试验可严格控制试验时试样的固结和剪切过程的排水条件。

直接剪切试验方法 表3-8

试验类别	适用范围	试验方法
快剪 （不排水剪） （Q）	加荷速率快，排水条件差，如斜坡的稳定性，厚度很大的饱和黏地基等	试样在垂直压力施加后立即以0.05mm/min的剪切速度进行剪切至试验结束。使试样在3～5min内剪损
固结快剪 （固结不排水剪） （CQ）	一般建筑物地基的稳定性，施工期间具有一定的固结作用	试样在垂直压力施加后，每1h测读垂直变形一次。直至试样固结变形稳定（每小时变形不大于0.005mm），再按快剪方法进行剪切
慢剪 （排水剪） （S）	加荷速率慢，排水条件好，施工期长，如透水性好的低塑性土以及在软弱饱和土层上的高填方分层控制填筑等	试样在垂直压力施加后，按固结快剪的要求使试样固结，然后以小于0.02mm/min的剪切速度进行剪切至试验结束

三轴剪切试验方法 表3-9

试验类别	试验方法	控制方法
快剪 （不固结不排水剪） （UU）	试样在完全不排水条件下施加周围压力后，快速增大轴向压力到试样破坏	应变控制式
固结快剪 （固结不排水剪） （CU）	试样先在周围压力下进行固结，然后在不排水条件下，快速增大轴向压力到试样破坏	应变控制式
慢剪 （固结排水剪） （CD）	试样先在周围压力下进行固结，然后继续在排水条件下，缓慢增大轴向压力到试样破坏	应力控制法

对黏性土边坡,抗剪强度指标的测定,可按表3-10选用。

抗剪强度指标的测定 表3-10

工 况	抗剪强度指标	试验仪器	试验方法
施工开挖和水位降落	有效应力指标(c'、φ')	三轴仪	固结快剪(固结不排水剪、CU),测孔隙水压力
		直剪仪	慢剪(排水剪、S)
	总应力指标(c'_{cu}、φ'_{cu})	三轴仪	慢剪(固结排水剪、CD)
		直剪仪	固结快剪(固结不排水剪、CQ)
稳定渗流	有效应力指标(c'、φ')	三轴仪	慢剪(固结排水剪、CD)
		直剪仪	慢剪(排水剪、S)
填筑施工期	总应力指标(c'_{cu}、φ'_{cu})	三轴仪	快剪(不固结不排水剪、UU)
		直剪仪	快剪(不排水剪、Q)

二、力学参数取值规定

土质边坡稳定分析的重要参数为土体的抗剪强度,即c、φ值。土质边坡抗剪强度取值应遵从以下规定:

(1)土质边坡稳定计算力学参数应以土体室内试验成果为依据。当土体具有明显的各向异性或边坡设计有特殊要求时,应以原位试验成果为依据。

(2)土的抗剪强度,直剪试验宜采用峰值。强度指标的标准值应取试验资料的小值平均值或概率分布的0.2分位值。

(3)除人工堆积土边坡可采用扰动土样外,土体试样应尽量采用原状样,当原状样难以取得时应采用模拟原状的扰动样。

(4)地下水浸润线以上土体采用天然原状土试验成果,地下水浸润线以下土体采用饱和原状土试验成果。

(5)砂性土质边坡,宜采用有效应力法计算抗滑稳定安全系数。抗剪强度参数试验方法可采用三轴固结排水剪(CD)和直剪仪慢剪(S)。

(6)黏性土质边坡,宜采用有效应力法计算抗滑稳定安全系数。抗剪强度参数试验方法可采用三轴固结排水剪(CD),或测孔隙水压力的固结不排水剪(CU)、直剪仪慢剪(S)。当采用总应力法计算时,试验方法为:三轴固结不排水剪(CU),直剪仪固结快剪(CQ)。

(7)滑坡和大变形土体边坡的滑带土可采用扰动土样的残余强度小值平均值,应特别注意含水量变化对土体强度的影响,采用天然或饱和含水量。

(8)应根据边坡稳定状态采用相应抗剪强度参数:稳定边坡和变形边坡以峰值强度为基础;失稳边坡以残余强度为基础。

(9)可根据边坡的临界稳定状态反算推求滑面的综合抗剪强度参数,一般来说,变形边坡抗滑稳定安全系数取 1.05 ~1.00,失稳边坡抗滑稳定安全系数取 0.95 ~0.99。

(10)具有流变特性的特殊土边坡,应采用流变强度。

三、边坡设计标准与力学参数的关系

边坡稳定设计标准要求不同时,应采用不同变形阶段的力学参数。

(1)对于受有限变形控制的边坡,应采用比例极限强度或与有限变形量相适应的屈服强度。

(2)对允许大变形且不拟处理或仅用被动锚固措施处理的边坡,应采用残余强度。

(3)对于原始稳定又有锚固措施的土质开挖边坡,可以采用峰值强度。

第四节　土质边坡稳定性极限平衡分析方法

土质边坡稳定性分析方法主要有极限平衡分析法和数值分析法两种。数值分析方法也即应力应变方法,是目前岩土力学计算中使用较为普遍的一种分析方法。起步于 20 世纪 70 年代,随着计算机技术的不断发展,数值分析方法得到不断完善,各种数值分析方法和分析软件层出不穷。归纳起来,数值分析方法主要有有限元法(FEM)、有限差分法(FLAC)、离散元法(DEM)、边界元法(BEM)、块体理论(BT)与不连续变形分析(DDA)、无界元(IDEM)法等。

土质边坡极限平衡分析法是建立在摩尔—库仑强度准则基础上的,不考虑土体的本构特性,只考虑静力(力和力矩)平衡条件的稳定分析方法。也就是说,通过分析土体在破坏时的静力(力和力矩)平衡条件来求解边坡的稳定问题。在大多数情况下,问题是静不定的。为解决这个问题,需要简化引入一些假定,使问题变得静定可解。引入假定虽然损害了方法的严密性,但对计算结果的精度影响并不大,可以满足绝大多数工程设计需要,由此带来的好处是使分析计算工作大为简化,物理力学概念通俗明确,易于为广大工程技术人员接受和掌握,因此在工程中获得广泛应用。

为求解土质边坡稳定问题,必须作出简化假设,才能使方程得解。由于简化假设条件的不同,就有不同的方法,对同一稳定问题,不同的解法有不同的结果。

总的来说这些结果相差不大。一般认为:能同时满足力和力矩平衡的为严格解,否则为非严格解。

本章重点介绍极限平衡分析法。

一、瑞典圆弧法

瑞典圆弧法的基本假定为:

(1)剖面图上剪切面为圆弧。

(2)计算不考虑分条之间的相互作用力。

(3)边坡稳定系数定义为滑面上抗滑力矩之和与滑动力矩之和的比值。

瑞典圆弧法通过反复计算搜索稳定系数最小的滑面圆弧,得到边坡的稳定系数。

其计算简图如图 3-1 所示。安全系数方程为

$$F_s = \frac{\sum[c'_i l_i + (W_i\cos\alpha_i - Q_i\sin\alpha_i - U_i)\tan\varphi'_i]}{\sum W_i\sin\alpha_i + \sum Q_i Z_i} \tag{3-10}$$

式中:F_s——边坡安全系数;

c'_i——第 i 条块底边上的有效黏聚力;

φ'_i——第 i 条块底边上的有效内摩擦角;

l_i——第 i 条块底边上边长;

W_i——第 i 条块重力;

α_i——第 i 条块底边倾角;

Q_i——第 i 条块上的水平地震力;

U_i——第 i 条块底边上的水压力;

Z_i——第 i 条块中心高度。

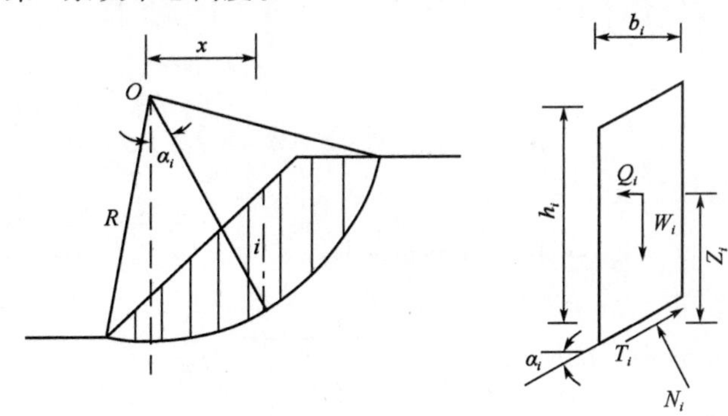

图 3-1　瑞典圆弧法的条块分析见图

由于瑞典圆弧法理论和其基本假定的局限性，应用经验证明，该法得到的稳定系数比其他方法偏低。当土坡中有较高的孔隙水压力时，由于要把各个方向相同的孔隙水压力分解到滑面的法线方向，使滑面上有效应力偏低，使稳定系数较实际值偏低较大，最大可达 60%。

不考虑地震力时，采用有效应力指标的瑞典圆弧法稳定系数计算公式

$$F_s = \frac{\sum[c_i' l_i + (W_i \cos\alpha_i - U_i)\tan\varphi_i']}{\sum W_i \sin\alpha_i} \tag{3-11}$$

式中：c_i'——第 i 条块底边上的有效黏聚力；

φ_i'——第 i 条块底边上的有效内摩擦角；

U_i——第 i 条块底边上的水压力。

二、简化毕肖普法(Bishop)

瑞典圆弧法没有考虑条块侧向条件力的影响，为此，毕肖普对此进行了修正并提出了简化毕肖普法，其基本假定为：

(1)滑动剪切面为圆弧。

(2)假定条间力的方向为水平方向。该法通过垂直方向力的平衡求条底反力，通过对同一点的力矩平衡求解安全系数。

其计算简图如图 3-2 所示。

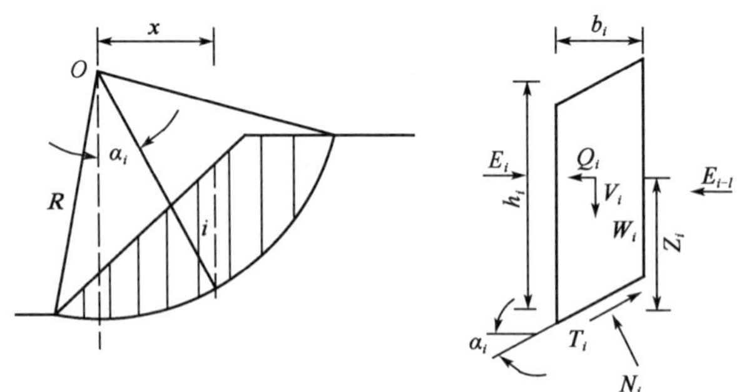

图 3-2　简化毕肖普法计算简图

简化毕肖普法的安全系数方程为

$$F_s = \frac{\sum\{[(W_i + V_i)\sec\alpha_i - u_i b_i \sec\alpha_i]\tan\varphi_i' + c_i' b_i \sec\alpha_i\} \dfrac{1}{1 + \dfrac{\tan\varphi_i}{K}\tan\alpha_i}}{\sum(W_i + V_i)\sin\alpha_i + \dfrac{M_{Q_i}}{R}} \tag{3-12}$$

式中：W_i——第 i 滑动条块重力；

Q_i、V_i——作用在第 i 滑动条块上的外力（包括地震力、锚索、锚桩提供的加固力和表面荷载）在水平向和垂直向分力（向下为正，下同）；

u_i——第 i 滑动条块底面的孔隙水压力；

α_i——第 i 滑动条块底滑面的倾角；

b_i——第 i 滑动条块宽度；

c'_i、φ_i——第 i 滑动条块底面的有效黏聚力和内摩擦角；

M_{Q_i}——第 i 滑动条块水平向外力 Q_i 对圆心的力矩；

R——圆弧半径；

F_s——安全系数。

毕肖普法的安全系数 F_s 出现在公式两侧，必须以迭代法求解。

简化毕肖普法考虑力矩平衡和垂直力平衡，对于垂直条分之间的传力分布方式不敏感，其解接近严格解。对于产生圆弧形破坏的边坡，推荐采用该法。

三、简布法（Janbu 法）

简布法假设条间作用力合力位置在滑面以上 1/3 高度处，连接各作用点形成推力线。在条块侧面与作用力交点处作切线，求出作用力角度 α_i。简布法的条块分析如图 3-3 所示。各分条对其底面中点力矩总和要平衡，即 $\sum M_p = 0$。

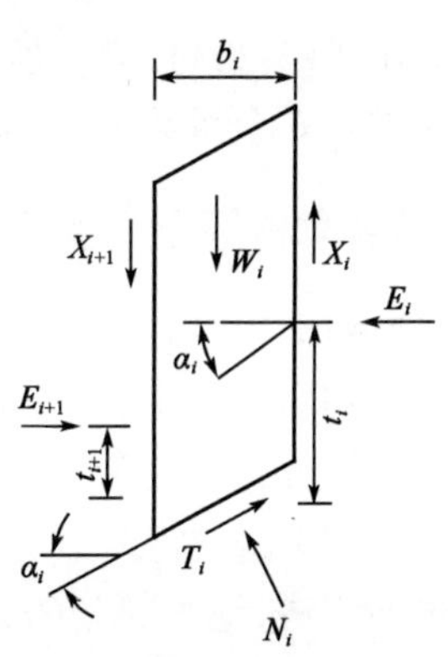

图 3-3　简布法的条块分析

根据图 3-3 所示土条 i 在竖直方向及水平方向的静力平衡条件，求得土条的水平法向力增量 ΔE_n 的表达式，然后根据 $\sum_{n=1}^{m} \Delta E_n = 0$ 的条件导得稳定安全系数 F_s 的表达式。

$$W_i + (X_i + \Delta X_i) - X_i - N_i \cos\alpha_i - T_i \sin\alpha_i = 0 \tag{3-13}$$

$$E_i + (E_i + \Delta E_i)_i + N_i \sin\alpha_i - T_i \cos\alpha_i = 0 \tag{3-14}$$

$$\Delta E_i = B_i - \frac{A_i}{F_s} \tag{3-15}$$

$$A_i = \frac{(W_i + \Delta X_i)\tan\varphi_i + c_i l_i}{\cos^2\alpha_i + \dfrac{\tan\varphi_i \sin\alpha_i \cos\alpha_i}{F_s}} \tag{3-16}$$

$$B_i = (W_i + \Delta X_i)\tan\alpha_i \tag{3-17}$$

土条上各作用力对滑动面中点取矩，按力矩平衡条件（假设土条宽度 b_i 很小）

$$X_i = \Delta E_i \frac{t_i}{b_i} - E_i \tan\alpha_i \tag{3-18}$$

$$\Delta X_i = X_{i+1} - X_i \tag{3-19}$$

对整个土坡而言，ΔE_n 均为内力，若滑动土体上无水平外力作用时，则 $\sum_{n=1}^{m} \Delta E_n = 0$，故有

$$F_s = \frac{\sum A_i}{\sum B_i} \tag{3-20}$$

上述各式中：W_i——第 i 滑动条块重力；

E_i、X_i——第 i 滑动条块的水平、竖直条间作用力；

b_i——第 i 滑动条块宽度；

α_i——第 i 滑动条块底部的倾角；

c_i、φ_i——第 i 滑动条块底面的黏聚力和内摩擦角；

l_i——第 i 滑动条块底部斜长；

F_s——安全系数。

用式(3-20)计算土坡安全系数时，可以看到该式是安全系数 F_s 的隐函数，因此求解安全系数 F_s 时需用迭代法计算。

四、摩根斯坦—普莱斯法(Morgenstern-Price 法)

摩根斯坦—普莱斯法要求的力学平衡条件为：分条底面的法向力平衡；分条底面的切向力平衡；关于分条底面中点的力矩平衡。该法假设条块的竖直切向力与水平推力之比为条间力函数 $f(x)$ 和待定常数 λ 的乘积。该法经陈祖煜和摩根斯坦改进，推导出具有普遍意义的极限平衡微分方程，有些文献称之为陈—摩根斯坦法，绝大部分分条分法都可以看作是陈—摩根斯坦法的特殊情况解。摩根斯坦—普赖斯法计算简图如图 3-4 所示。

根据图 3-4 可知，计算公式为

$$\int_a^b p(x)s(x)\mathrm{d}x = 0 \tag{3-21}$$

$$\int_a^b p(x)s(x)t(x)\mathrm{d}x - M_e = 0 \tag{3-22}$$

其中

$$p(x) = \left(\frac{\mathrm{d}W}{\mathrm{d}x} + \frac{\mathrm{d}V}{\mathrm{d}x}\right)\sin(\tilde{\varphi}' - \alpha) - u\sec\alpha\sin\tilde{\varphi}' + \tilde{c}'\sec\alpha\cos\tilde{\varphi}' - \frac{\mathrm{d}Q}{\mathrm{d}x}\cos(\tilde{\varphi}' - \alpha) \tag{3-23}$$

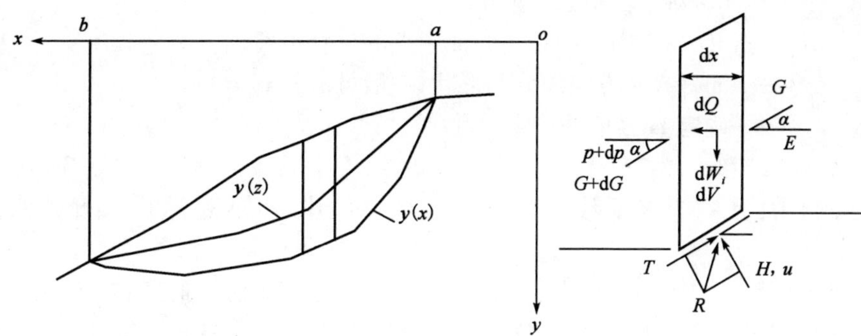

图 3-4　摩根斯坦—普赖斯法计算简图

$$s(x) = \sec(\tilde{\varphi}' - \alpha + \beta)\exp\left[-\int_a^x \tan(\tilde{\varphi}' - \alpha + \beta)\frac{\mathrm{d}\beta}{\mathrm{d}\zeta}\mathrm{d}\zeta\right] \tag{3-24}$$

$$t(x) = \int_a^x (\sin\beta - \cos\beta\tan\alpha)\exp\left[\int_a^\zeta \tan(\tilde{\varphi}' - \alpha + \beta)\frac{\mathrm{d}\beta}{\mathrm{d}\zeta}\mathrm{d}\zeta\right]\mathrm{d}\xi \tag{3-25}$$

$$M_e = \int_a^b \frac{\mathrm{d}Q}{\mathrm{d}x} h_e \mathrm{d}x \tag{3-26}$$

$$\tilde{c}' = \frac{c'}{F_s} \tag{3-27}$$

$$\tan\tilde{\varphi}' = \frac{\tan\varphi'}{F_s} \tag{3-28}$$

$$\tan\beta = \lambda f(x) \tag{3-29}$$

式中：$\mathrm{d}x$——条块宽度；

c'、φ'——条块底面的有效黏聚力和内摩擦角；

$\mathrm{d}W$——条块重量；

u——作用于条块底面的孔隙压力；

$p(x)$——土条底部各作用力在底面合力垂直方向上的分量；

$\tilde{\varphi}' - \alpha + \beta$——此方向与土条侧向作用力合力方向的交角；

$t(x)$——垂直于土条侧向作用力合力方向的力臂；

β——条块侧向作用力合力对 x 轴的倾角；

α——条块底面与水平面的夹角；

$\mathrm{d}Q$、$\mathrm{d}V$——作用在条块上的外力（包括地震力、锚索和锚桩提供的加固力和表面荷载）在水平向和垂直向分力；

M_Q——dQ 对条块中点的力矩；

h_e——dQ 的作用点到条块底面中点的垂直距离；

$f(x)$——$\tan\beta$ 在 x 方向的分布形状，一般可取 $f(x)=1$；

λ——确定 $\tan\beta$ 值的待定系数。

式(3-21)和式(3-22)中包含两个未知数，安全系数 F_s 隐含于式(3-27)和式(3-28)中，另一待定系数 λ 隐含于式(3-29)中，可通过迭代求解此两未知数。

摩根斯坦—普莱斯法得出的安全系数是所有下限解法中最高的。该法可以应用于任何形状的滑面，虽然计算过程比较复杂，但已开发有现成微机程序。因此，可以认为该法是令人满意的一种严格解法。在任意形状滑裂面分析时，均推荐采用该法。

五、不平衡推力传递法(传递系数法)

不平衡推力法采用计算假定有：滑面为多段折线，可以分析任意形状滑面的滑坡；上一条块的剩余下滑力方向与上一条块的底面平行，条块间传压不传拉；最后一个条块的剩余下滑力为0。

不平衡推力法把任意形状的滑面简化为多段折线，将滑体垂直分条自下而上进行编号，如图3-5所示。取第 i 号条块作为脱离刚体进行分析，如图3-6所示。对该条块沿平行和垂直条块底部方向建立力平衡方程。根据强度储备安全系数的定义，在建立方程时，将滑面的抗剪强度指标(黏聚力、内摩擦角)降低 K 倍。

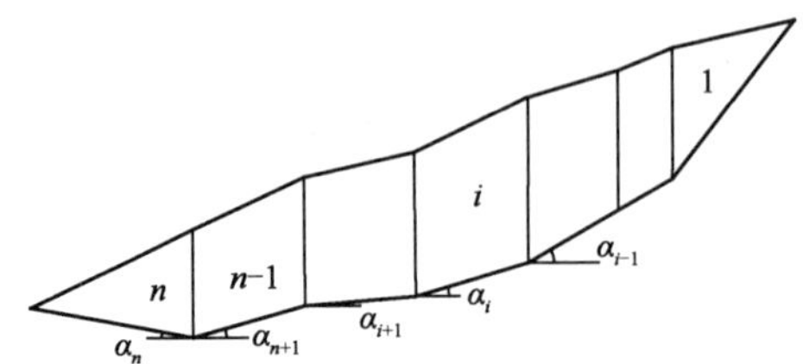

图3-5 不平衡推力传递法滑动面示意图

不平衡推力法安全系数计算公式为

$$F_s=\frac{\sum_{i=1}^{n-1}\left(R_i\prod_{j=i+1}^{n}\psi_j\right)+R_n}{\sum_{i=1}^{n-1}\left(T_i\prod_{j=i+1}^{n}\psi_j\right)+T_n} \tag{3-30}$$

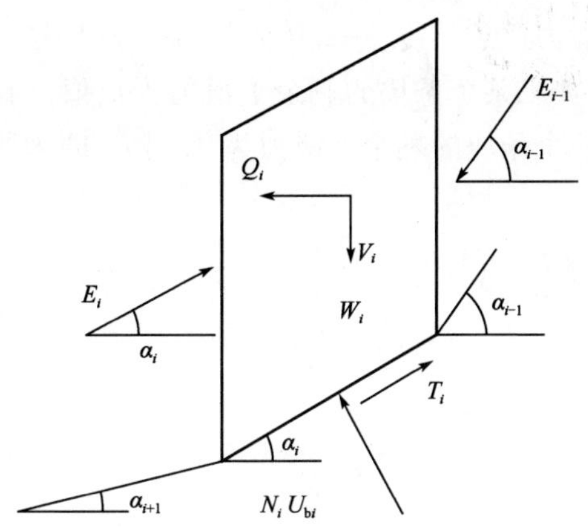

图 3-6　不平衡推力传递法计算简图

$$R_i = [(W_i + V_i)\cos\alpha_i - U_{bi} - Q\sin\alpha_i]\tan\varphi_i' + c_i' l_i \tag{3-31}$$

$$T_i = (W_i + V_i)\sin\alpha_i + Q_i\cos\alpha_i \tag{3-32}$$

$$\psi_i = \cos(\alpha_{i-1} - \alpha_i) - \sin(\alpha_{i-1} - \alpha_i)\tan\varphi_i'/F_s \tag{3-33}$$

$$E_i = T_i - R_i/F_s + \psi_i E_{i-1} \tag{3-34}$$

式中：R_i——第 i 滑动条块底面的抗滑力；

T_i——第 i 滑动条块底面的滑动力；

ψ_i——确定第 i 滑动条块界面推力的传递系数，$\psi_i = 1$；

W_i——第 i 滑动条块自重；

Q_i、V_i——作用在第 i 条块上的外力（包括地震力、锚索和锚桩提供的加固力和表面荷载）在水平向和垂直向分力；

U_{bi}——第 i 滑动条块底面的孔隙压力；

E_{i-1}——第 $i-1$ 滑动条块作用于第 i 滑动条块的推力；

E_i——第 $i+1$ 滑动条块对第 i 滑动条块侧面的反作用力，与第 i 滑动条块的推力大小相等，方向相反；

α_i——第 i 滑动条块底面与水平面的夹角；

l_i——第 i 滑动条块的底面长度；

c_i'、φ_i'——第 i 滑动条块底面的有效黏聚力和内摩擦角；

F_s——安全系数。

安全系数的求解过程：假定一个 F_s 值，自上而下逐条计算剩余下滑力，并将每一条块的剩余下滑力逐条下传，一直传到最后一个条块。

需要注意的是，如果某个条块的剩余下滑力为负值，则不往下传递，即传压不传拉。如果最后一个条块的剩余下滑力为0，则 F_s 即为所求的抗滑稳定安全系数。

第四章　公路岩质边坡稳定性分析

岩质边坡工程在学科上属于岩体力学，在公路、铁路、矿山及水工坝基的岩质边坡工程中，其核心问题之一是稳定性分析。岩质边坡与土质边坡失稳的主要区别是土坡中的滑动面不明显，需要通过大量的试算才能确定，而岩质边坡主要是沿结构面的破坏，所以滑动面较为明显。目前用于岩质边坡稳定性分析的方法主要有刚体极限平衡分析法、有限元法、边界元法及其他数值分析法等。

第一节　公路岩质边坡稳定性影响因素

由于岩质边坡中结构面的规模、性质及其组合方式往往决定了边坡失稳的破坏形式，结构面的产状和性质的改变将会显著影响边坡稳定性，因此从边坡稳定性考虑，要特别研究岩体结构面的下列特征，即结构面的类型、组数和数量、结构面的连续性及其间距、结构面的起伏度及粗糙度、结构面表面结合状态及充填物、结构面产状及其与边坡临空面的关系等。这些特征及其组合将对边坡稳定状态、可能的滑落类型、岩体强度等起到主要作用。

地应力是影响边坡稳定的另一个重要因素。地应力不仅控制边坡岩体节理发育、裂隙扩展以及边坡变形特征，还可直接引起边坡岩体的变形甚至破坏。因此，在评价边坡稳定性时，通常需要在现场实测地应力的大小和方向，以便判定它对边坡岩体稳定性的影响程度。

水对边坡岩体稳定性的影响不仅是多方面的，而且是非常活跃的。处于水下的透水边坡岩体坡面将承受水的浮托力，而不透水的边坡岩体坡面将承受静水压力，充水的张裂隙将承受裂隙中静水压力的作用；地下水的渗透流动将在边坡岩体中产生动水压力。另外，水对边坡岩体产生软化、侵蚀等物理化学作用。水流的冲刷也直接对边坡产生破坏。

在外部因素中，挖方边坡的爆破产生的冲击波和地震产生的地震波，都可能引起边坡岩体应力的瞬时变化，从而影响边坡的稳定性。由于爆破产生的压缩

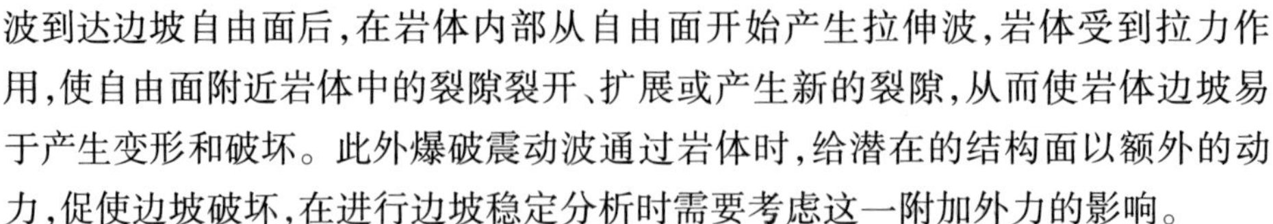

波到达边坡自由面后，在岩体内部从自由面开始产生拉伸波，岩体受到拉力作用，使自由面附近岩体中的裂隙裂开、扩展或产生新的裂隙，从而使岩体边坡易于产生变形和破坏。此外爆破震动波通过岩体时，给潜在的结构面以额外的动力，促使边坡破坏，在进行边坡稳定分析时需要考虑这一附加外力的影响。

地震所产生的横波在地表引起周期性晃动，破坏力最大；纵波在地表引起上下颠簸，破坏力较小。在地震震动的作用下，首先使边坡岩体的结构面张裂、松弛，并引起孔隙水压较大的变化，然后在地层力的反复振动冲击下，边坡岩体结构面产生变形，直至破坏。

由于风化作用使边坡岩体随时间的变化而不断产生破坏，最终也会影响边坡稳定。一般来说，风化速度与岩石本身的成分、结构和构造有关，同时也与气候条件如温度、湿度、降雨、地下水以及爆破震动等因素有关。强度越小的岩石风化速度越快，温度变化大，降雨量较多的地区，岩石风化速度会加快。

第二节　公路岩质边坡的常见破坏模式

常见的岩石边坡可以归纳为四种基本破坏类型，即：崩塌、错落、滑移、倾倒及溃屈（板裂）。崩塌可以与滑移组合，或倾倒与滑移组合，本书主要介绍最常见的滑移。

一、滑动破坏

1. 圆弧型滑动破坏

圆弧型滑动破坏是松散介质边坡中最常见的一种边坡破坏模式，详见图 4-1。

Hoek 认为，若边坡中有三组以上产状各异的结构弱面或是强风化破碎岩体，均可能发生此种破坏。

有下列条件之一者均可判定为圆弧滑动：

（1）均匀松散介质、冲积层、大型岩层破碎带。

（2）有三组或多组产状各异的软弱结构面存在。

（3）强风化碎裂结构的岩体。

（4）软弱面产状各异且均不与边坡面同向。

（5）两侧面脱开。

2. 平面剪切型滑动破坏

滑体空间赋存型态如图 4-2 所示。

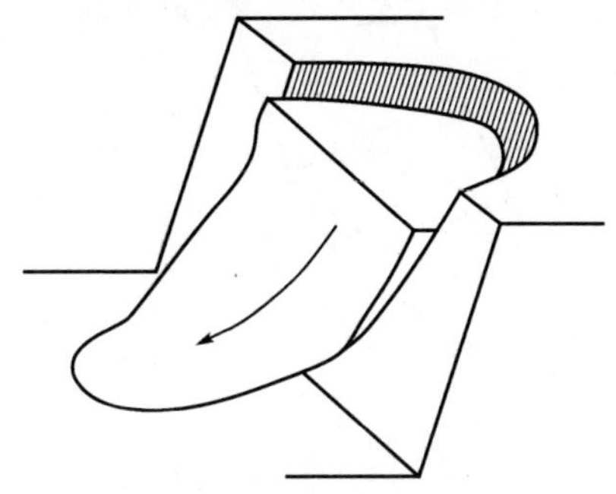

图 4-1 圆弧型滑动破坏

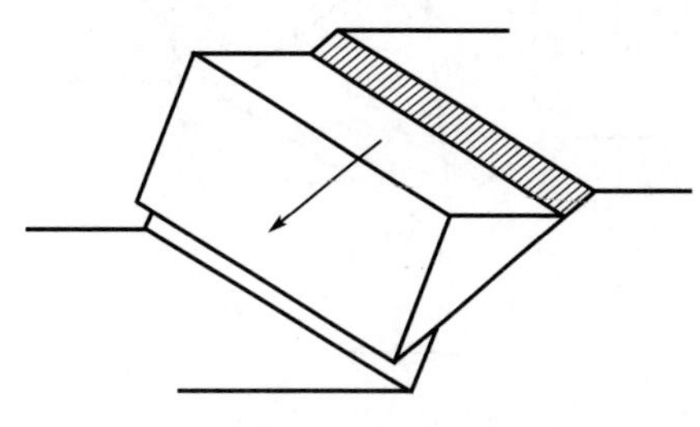

图 4-2 平面剪切型滑动破坏

设边坡面倾角为 α，弱面倾角为 β，弱面强度指标黏聚力为 c(kPa)，内摩擦角为 φ(°)，平面剪切型滑动破坏的判别准则包括下列四点：

(1) α 与 β 同倾向。

(2) $\alpha > \beta$。

(3) $\beta > \varphi$。

(4) 两侧面脱开，即不计两侧面的阻力。

有张裂隙阶梯状以及不连续的弱面平面剪切型破坏的判别准则均比较复杂。

3. 楔型滑动破坏

楔型滑动破坏是一种常见的岩石边坡滑动类型，常见的由两组弱面组成的楔型四面体，如图 4-3 所示。可以看出，这是一种沿弱面组合交线方向滑动的楔型体。

4. 折线型滑动破坏

折线型滑动破坏也是近年来研究较多的一种岩石边坡滑动类型，产生这种破坏模式的最主要原因是存在一组与边坡面倾向相反的结构面，其中最显著的一个特点如图 4-4 所示。

二、倾倒破坏

倾倒破坏也是一种常见的岩石边坡破坏类型。

倾倒往往与滑动紧密相关，当仅有一组反坡向陡倾角的弱面存在时才发生倾倒。图 4-5a) 所示的滑动即为所谓的平面剪切滑动；而图 4-5b) 则是所谓的块体滑动,要考虑块体两侧面的阻力影响。

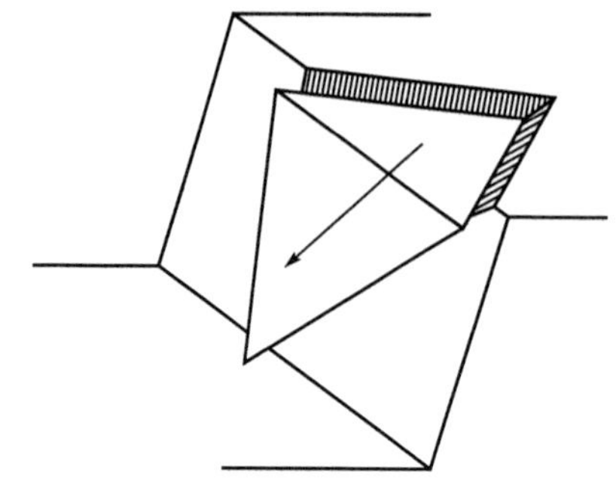

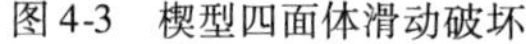

图 4-3　楔型四面体滑动破坏

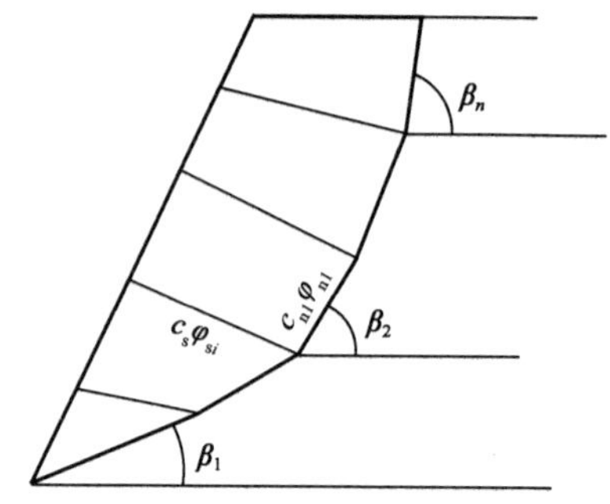

图 4-4　多组折线型滑动破坏

图 4-6a)所示的倾倒为单块体倾倒,而图 4-6b)则是有两组弱面(其中一组为顺坡向的倾倒)的倾倒。

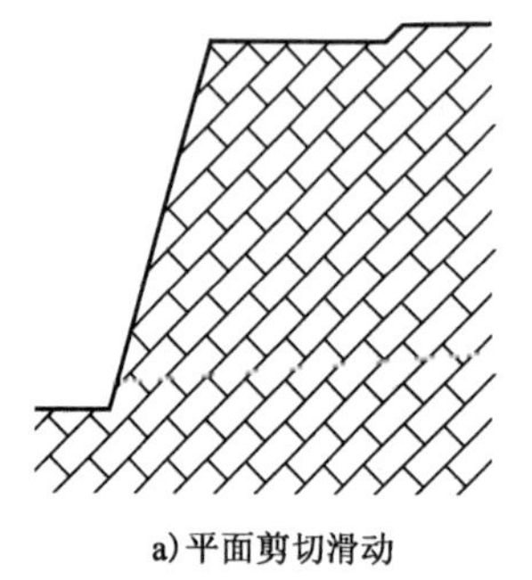

a)平面剪切滑动

b)块体滑动

图 4-5　滑动破坏

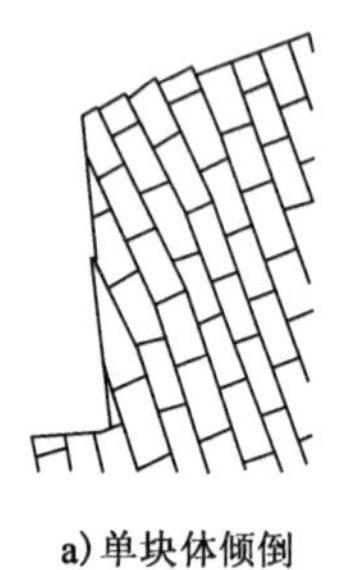

a)单块体倾倒

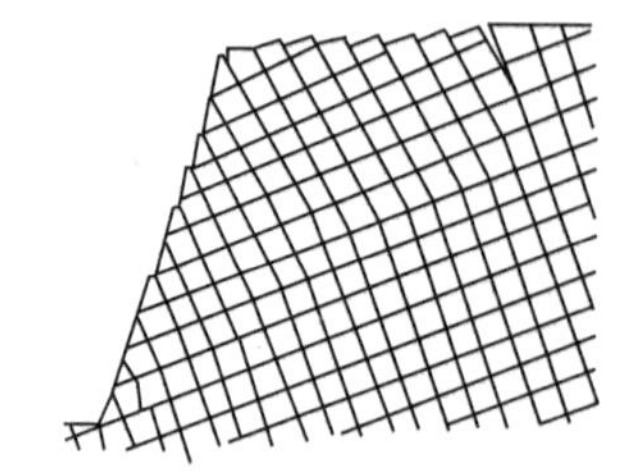

b)有两组弱面(其中一组为顺坡向)的倾倒

图 4-6　倾倒破坏

如图 4-7 所示,滑动式顺坡向的弱面起作用,而陡坡角的弱面使块体发生倾倒成为可能。

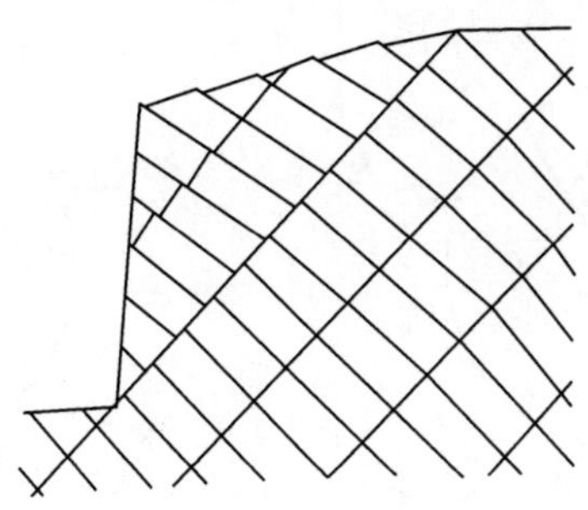

图 4-7　同时具有滑动与倾倒

第三节　边坡破坏模式的赤平极射投影判别方法

由于岩质边坡的破坏形态主要受结构面控制，因此把握结构面的几何特征是正确判断边坡可能失稳模式的关键。采用赤平投影技术，可以合理地在一个平面上同时显示倾向和倾角两个结构面参数；同时，通过一定的操作步骤，还可以确定两个面交线的产状，以进一步对边坡的失稳模式做出判断，这就是赤平投影法。

一、赤平投影原理

赤平投影法是把节理岩体中结构面的空间几何信息表现在平面上，其特点是：只反映物体线和面产状和角距的关系，而不涉及它们的具体位置、长短、大小和距离远近。它以一个参考球作为投影工具，以参考球的中心作为比较物体几何要素（点、线、面）方向和角距的圆点，以通过球心的一个水平面（通常称为赤道平面）作为投影平面。球体的上、下两个球极分别称为北极和南极。根据极射投影的方式不同（射线由北极或南极发出）又分为上半球或下半球投影。在赤平投影方法中，倾向和倾角这两个参数可用一个大圆或一个极点唯一地表示（图 4-8），然后通过不同的投影方式投影在赤道平面上，由此可以直观反映岩体中结构面的分布情况。

目前较为常用的投影方法有两种，即等角投影法和等面积投影法（图 4-8）。这两种投影法各有利弊，等角投影法的优点是直接方便，但是在将球面上不同点投影到赤道平面上后，其相对位置发生了变化；等面积投影法恰好弥补了这一缺陷，用它对结构面进行统计分析、绘制结构面极点等密度图时比较方便，因此通常采用等面积投影法。

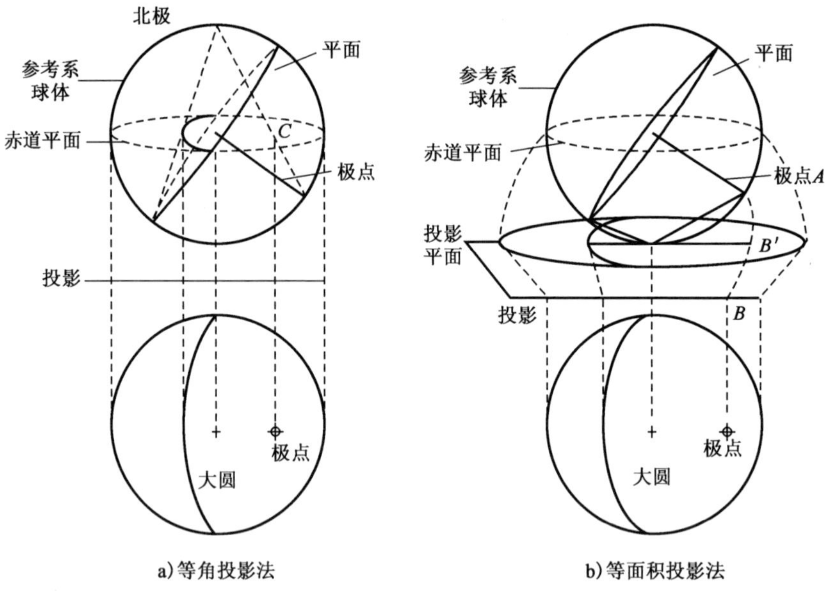

图 4-8　不同的赤平投影方法

二、边坡失稳模式判别方法

在岩质边坡中，岩体的失稳与破坏主要受岩体结构面的控制，它们相互之间的空间分布位置、组合关系（包括自然边坡或边坡开挖面的产状）和结构面的物理力学性质等，对边坡的稳定起着至关重要的作用。赤平投影法正是基于这一点来进行的，图 4-9 说明了边坡常见的三种破坏类型与相应的结构面赤平投影图的对应关系。

在平面破坏和楔体破坏两种类型中，其失稳或滑动的判别原则一般可简单归纳为 $\beta_p \geqslant \beta \geqslant \varphi$（图 4-10），其中：$\beta$ 为结构面（或两组结构面交线）在坡面倾向上的视倾角，β_p 为边坡面（或某两组结构面交线）的倾角，φ 为结构面的内摩擦角。特别要指出的是，这一可能滑动的条件只考虑了结构面的内摩擦角。如果有黏聚力存在，可以按照等效内摩擦角的概念综合考虑黏聚力的影响。如果结构面或者两组结构面交线的倾向为 α_j，倾角为 β_j，坡面的倾向、倾角分别为 α_p 和 β_p，则结构面或者两组结构面交线的视倾角 β 可用下式表示

$$\tan\beta = \cos(\alpha_j - \alpha_p)\tan\beta_j \tag{4-1}$$

在此判别中，还要考虑坡面倾向与结构面倾向的一致性（通常认为当两者

夹角不大于20°时才可能发生滑动)。当有多组结构面组合构成楔体破坏时,还要考虑每两组结构面交线的产状与滑动方向的关系等综合因素。

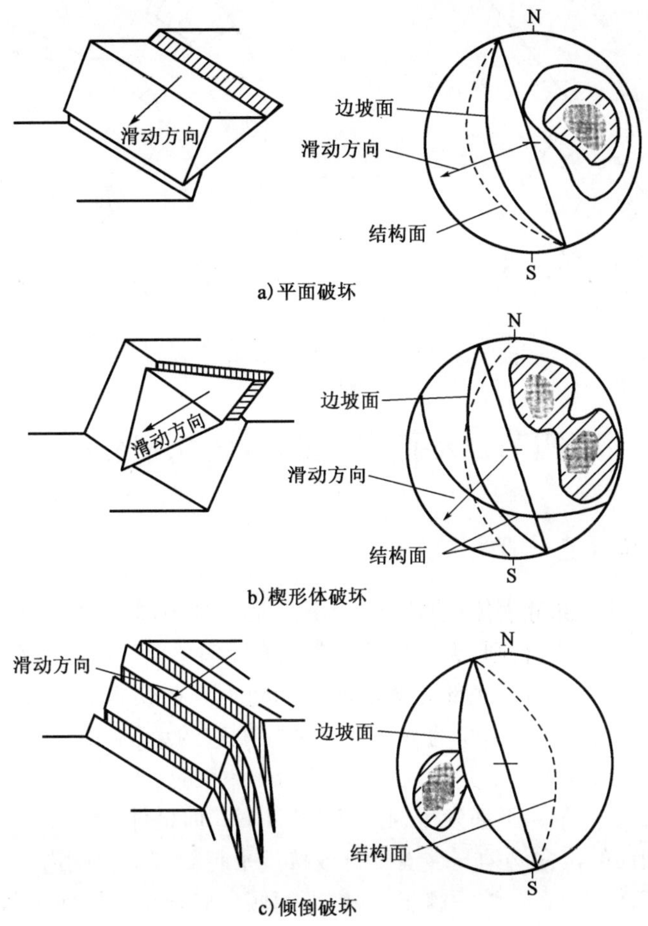

图4-9 边坡岩体结构类型及其失稳破坏形式

根据国内外有关文献资料及已有的工程经验,倾倒破坏一般要满足以下条件:

(1)边坡面的倾角不小于30°。

(2)边坡面的倾向与结构面的倾向相反,且两者的夹角不小于120°。

(3)倾倒区的范围一般为:(120°－坡面倾角)~90°的倾角范围。

根据上述原则,在赤平投影平面上的可能滑动区由$\beta_p \geqslant \beta \geqslant \varphi$所包围的月牙形区域组成,可能倾倒区由边缘环段组成,如图4-11所示。

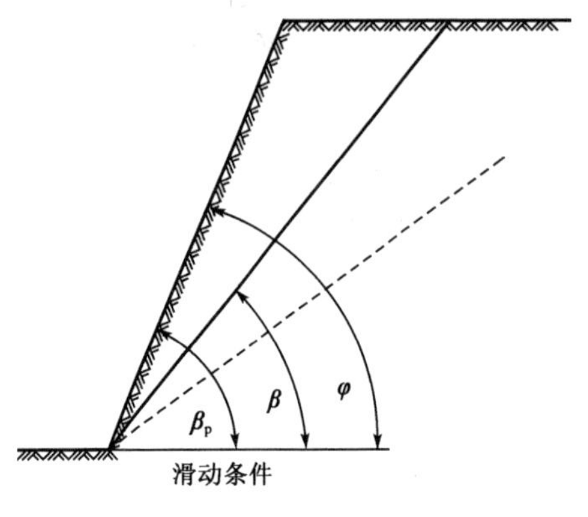

图 4-10　平面滑动或楔体破坏的条件

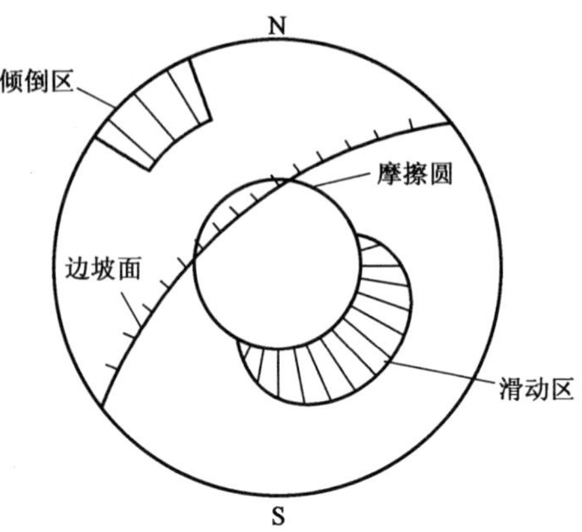

图 4-11　岩质边坡稳定分析赤平投影图

第四节　平面滑动的边坡稳定分析

一、平面破坏的一般条件

平面滑动是一部分岩体在重力作用下沿某一结构面滑动，滑面的倾角必须大于滑面的内摩擦角，否则，无论坡角和坡高的大小如何，边坡都不会滑动。平面滑动要求滑体克服滑面底部和滑面两侧的阻力。在软岩中，如果滑动面倾角远大于内摩擦角，则岩体本身的破坏即可解除侧边约束，从而产生平面滑动；而在硬岩中，如果结构面横切到坡顶，解除了两侧约束时，才可能发生滑动。

为了使滑动沿单一平面发生，必须满足以下几何条件：

(1)滑动面的走向必须与坡面平行或接近平行(±20°范围内)。

(2)破坏面必须在边坡面露出，即破坏面倾角必须小于坡面倾角。

(3)破坏面的倾角必须大于该面的内摩擦角，即 $\beta > \varphi$。

(4)岩体中必须存在对于滑动仅有很小阻力的解离面，它规定了滑动的侧面边界。另一种可能的情况是，破坏在穿通边坡凸出的“鼻部”的破坏平面上发生。

二、平面破坏分析

大多数岩坡在滑动之前会在坡顶或坡面上出现张裂缝，如图 4-12 所示。张裂缝中不可避免地充有水，从而产生侧向水压力，使岩坡的稳定性降低。在分析中往往作下列假定：

(1)滑动面及张裂缝的走向平行于坡面。

(2)张裂缝垂直,其充水深度为 Z_w。

(3)水沿张裂缝底进入滑动面,张裂缝底与坡趾间的长度内水压力按线性变化至零。

(4)滑动块体质量 W、滑动面上水压力 U 和张裂缝中水压力 V 三者的作用线均通过滑体的重心,即假定没有使岩块转动的力矩,破坏只是由于滑动。一般而言,忽视力矩造成的误差可以忽略不计,但对于具有陡倾斜结构面的陡边坡要考虑可能产生倾倒破坏。

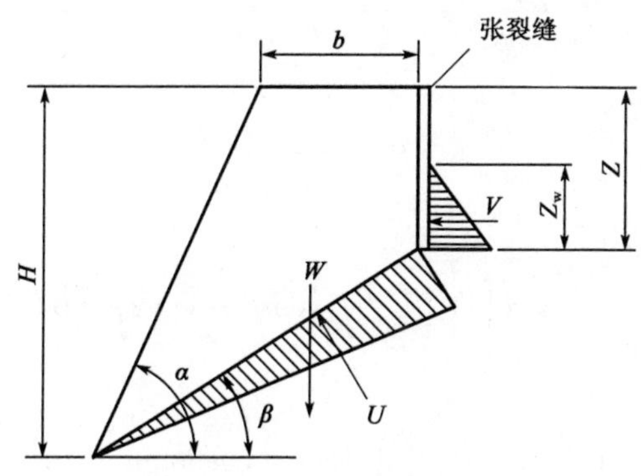

图 4-12　平面滑动分析简图

潜在滑动面上的稳定系数可按极限平衡条件求得。这时稳定系数等于总抗滑力与总滑动力之比,即

$$F_s = \frac{cL + (W\cos\beta - U - V\sin\beta)\tan\varphi}{W\sin\beta + V\cos\beta} \tag{4-2}$$

式中:L——滑动面每单位宽度内的面积(m^2);

其他符号意义同前。

$$L = \frac{H - Z}{\sin\beta}$$

$$U = \frac{1}{2}\gamma_w Z_w L$$

$$V = \frac{1}{2}\gamma_w Z_w^2$$

W 按下列公式计算。

当张裂缝位于坡顶上时

$$W = \frac{1}{2}\gamma H^2 \left\{\left[1 - \left(\frac{Z}{H}\right)^2\right]\cot\beta - \cot\alpha\right\} \tag{4-3}$$

当张裂缝位于坡面上时

$$W = \frac{1}{2}\gamma H^2\left\{\left[1 - \left(\frac{Z}{H}\right)^2\right]\cot\beta(\cot\beta\tan\alpha - 1)\right\} \tag{4-4}$$

当边坡的几何要素和张拉缝内的水深为已知时，用上述这些公式计算稳定系数很简单。但有时需要对不同的边坡几何要素、水深、不同抗剪强度的影响进行比较，这时用上述方程计算就相当麻烦。为了简化，可以将式(4-2)重新整理为下列无量纲的形式：

$$F_s = \frac{\left(\frac{2c}{\gamma H}\right)P + [Q\mathrm{arctan}\beta - R(P + S)]\tan\varphi}{Q + RS\mathrm{arctan}\beta} \tag{4-5}$$

$$P = \frac{1 - \frac{Z}{H}}{\sin\beta} \tag{4-6}$$

当张裂缝在坡顶时

$$Q = \left\{\left[1 - \left(\frac{Z}{H}\right)^2\right]\cos\beta - \cot\alpha\right\}\sin\beta \tag{4-7}$$

当张裂缝在坡面上时

$$Q = \left[1 - \left(\frac{Z}{H}\right)^2\right]\cos\beta(\cos\beta\tan\alpha - 1) \tag{4-8}$$

其他

$$R = \frac{\gamma_w}{\gamma} \times \frac{Z_w}{Z} \times \frac{Z}{H} \tag{4-9}$$

$$S = \frac{Z_w}{Z} \times \frac{Z}{H}\sin\beta \tag{4-10}$$

P、Q、R、S 均为无量纲的，它们只取决于边坡的几何要素，而不取决于边坡的尺寸大小。因此，当黏聚力 $c = 0$ 时，稳定系数 F_s 不取决于边坡的具体尺寸。

三、双平面滑动岩坡稳定性分析

如图 4-13 所示，岩坡内有两条相交的结构面，形成潜在的滑动面。上面的滑动面倾角 α_1 大于结构面内摩擦角 φ_1，设 $c_1 = 0$，则其上岩块体有下滑的趋势，从而通过接触面将力传递给下面的块体，称上面的岩块体为主动滑块体。下面的潜在滑动面的倾角 α_2 小于结构面的内摩擦角 φ_2，它受到上面滑动块体传来的力，因而也可能滑动，称下面的岩块体为被动滑块体。为了使岩体保持平衡，必须对岩体施加支撑力 F_b，该力与水平线成 θ 角。假设主动块体与被动块体之

间的边界面为垂直，对上、下两滑块体分别进行图 4-13 所示力系的分析，可以得到极限平衡所需施加的支撑力。

$$F_b = \frac{W_1\sin(\alpha_1 - \varphi_1)\cos(\alpha_2 - \varphi_2 - \varphi_3) + W_2\sin(\alpha_2 - \varphi_2)\cos(\alpha_1 - \varphi_1 - \varphi_3)}{\cos(\alpha_2 - \varphi_2 + \theta)\cos(\alpha_1 - \varphi_1 - \varphi_3)} \tag{4-11}$$

式中：φ_1、φ_2、φ_3——上滑动面、下滑动面以及垂直滑动面上的内摩擦角；

W_1、W_2——单位长度主动和被动滑动块体的质量。

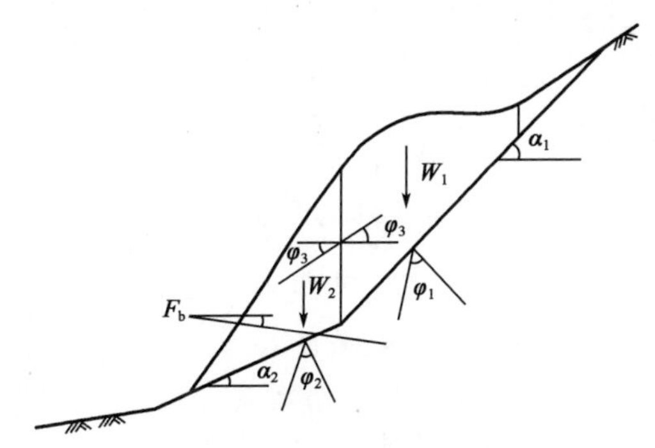

图 4-13　双平面滑动稳定分析简图

为简单起见，假定所有内摩擦角都是相同的，即 $\varphi_1 = \varphi_2 = \varphi_3 = \varphi$。如果已知 F_b、W_1、W_2、α_1 和 α_2，则可以用下列方法确定岩坡的稳定系数。首先用式(4-11)确定保持极限平衡（$F_b = 0$）所需的内摩擦角 $\varphi_{需要}$，然后将岩体结构面设计采用的内摩擦角 $\varphi_{实有}$ 与之比较，确定稳定系数：

$$F_s = \frac{\tan\varphi_{实有}}{\tan\varphi_{需要}} \tag{4-12}$$

在开始滑动的实际情况中，通过岩坡的位移测量可以确定出坡顶、坡趾以及其他各处总位移的大小和方向。如果总位移量在整个岩坡中到处一样，并且位移的方向是向外的和向下的，则可能是刚性滑动运动形式。于是总位移矢量的方向可以用来定出 α_1 和 α_2 的值，并且张裂缝的位置可确定 W_1 和 W_2 的值。假设稳定系数为 1，可以计算出 $\varphi_{实有}$ 的值，此值即为式(4-12)的解。今后如果在主动区开挖或在被动区进行锚固，均可提高稳定系数。

第五节　楔形滑动的边坡稳定分析

前面所讨论的岩坡稳定分析方法，都是适用于走向平行或接近于坡面的滑动破坏。前已说明，只要滑动破坏面的走向是在坡面走向的 ±20°范围以内，用这些分析方法就是有效的。本节讨论另一种滑动破坏,这时沿着发生滑动的结构软弱面的走向都交切于坡顶面,而分离的楔形体沿着这样的两个平面的交线发生滑动,即楔形滑动,如图 4-14a)所示。其倾角分别为 β_1 和 β_2,走向分别为 ψ_1 和 ψ_2,两滑动面的交线的倾角为 β_s,走向为 ψ_s,交线的法线 $\vec{n}$ 和滑动面之间的夹角分别为 ω_1 和 ω_2,楔形体质量为 W,W 作用在滑动面上的法向力分别为 N_1 和 N_2。

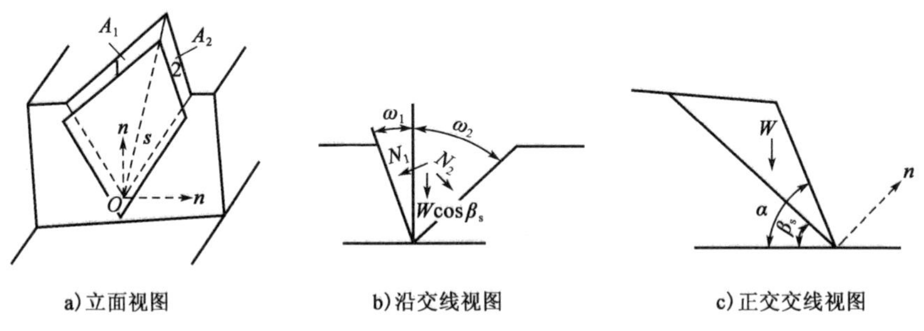

a)立面视图　　b)沿交线视图　　c)正交交线视图

图 4-14　楔形滑动分析

A_1-滑动面 1;A_2-滑动面 2

楔形体滑动的稳定系数为

$$F_s = \frac{N_1\tan\varphi_1 + N_2\tan\varphi_2 + c_1A_1 + c_2A_2}{W\sin\beta_s} \tag{4-13}$$

根据平衡条件有

$$N_1\sin\omega_1 + N_2\sin\omega_2 = W\cos\beta_s \tag{4-14}$$

$$N_1\sin\omega_1 = N_2\sin\omega_2 \tag{4-15}$$

从而解得

$$N_1 = \frac{W\sin\beta_s\cos\omega_2}{\sin\omega_1\cos\omega_2 + \cos\omega_1\sin\omega_2} \tag{4-16}$$

$$N_2 = \frac{W\cos\beta_s\cos\omega_1}{\sin\omega_1\cos\omega_2 + \cos\omega_1\sin\omega_2} \tag{4-17}$$

式中

$$\sin\omega_i = \sin\beta_i\sin\beta_s\sin(\psi_s - \psi_i) + \cos\beta_i\cos\beta_s \quad (i = 1,2) \tag{4-18}$$

如果忽略滑动面上的黏聚力 c_1 和 c_2,并设两个面上的内摩擦角相同,都为 $\varphi_j(j=1,2)$,则稳定系数为

$$F_s = \frac{(N_1 + N_2)\tan\varphi_j}{W\sin\beta_s} \tag{4-19}$$

根据式(4-16)和式(4-17)得

$$N_1 + N_2 = \frac{W\cos\beta_s \cos\dfrac{\omega_2 - \omega_1}{2}}{\sin\dfrac{\omega_1 + \omega_2}{2}} \tag{4-20}$$

$$F_s = \frac{\cos\dfrac{\omega_2 - \omega_1}{2}\tan\varphi_j}{\sin\dfrac{\omega_1 + \omega_2}{2}\tan\beta_s} = \frac{\sin\left(90° - \dfrac{\omega_2}{2} + \dfrac{\omega_1}{2}\right)\tan\varphi_j}{\sin\dfrac{\omega_1 + \omega_2}{2}\tan\beta_s} \tag{4-21}$$

不难证明,$\psi_1 + \psi_2 = \xi$ 是两个滑动面的夹角,而 $90° - \dfrac{\omega_2}{2} + \dfrac{\omega_1}{2} = \beta$ 是滑动面底部水平面与这个夹角的交线之间的角度(从底部水平面逆时针转向算起)。因而

$$F_s = \frac{\sin\beta}{\sin\dfrac{1}{2}\xi}\left(\frac{\tan\varphi_j}{\tan\beta_s}\right) \tag{4-22}$$

或写成

$$(F_s)_{楔} = k(F_s)_{平} \tag{4-23}$$

式中:$(F_s)_{楔}$——仅有摩擦力时的楔形体的抗滑稳定系数;

$(F_s)_{平}$——坡角为 α、滑动面的倾角为 β_s 的平面破坏的抗滑稳定系数;

k——楔体系数,如式(4-23)中所示,它取决于楔体的夹角 ξ 以及楔体的倾斜角 β。

第六节　边坡稳定分析萨尔玛法(Sarma 法)

萨尔玛法是 Sarma 于 1979 年提出的。该法的基本原理是:滑体除非是沿一个理想的平面或弧面滑动,才可能作一个完整的刚体运动,否则,滑体必须先破裂成多个可相对滑动的块体,才可能发生滑动;也就是说在滑体内部要发生剪切情况下才可能滑动,其破坏力学模型如图 4-15 所示。

一、力学分析

由图 4-15 可知,滑体分块上的作用力有:块体重力 W_i;构造水平力 K_{w_i};块体侧面上的孔隙水压力 P_{w_i}、$P_{w_{i+1}}$;块体地面上的水压力 U_i;块体侧面上的总法向力 E_i、E_{i+1};块体侧面上的总剪力 X_i、X_{i+1};块体底面上的法向力 N_i;块体底面上

的剪力 S_i。

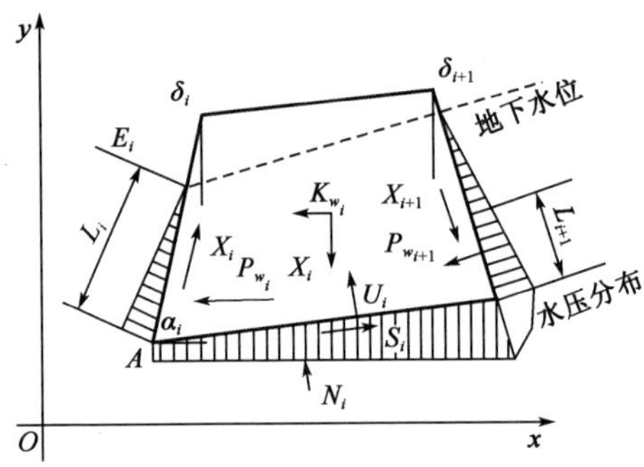

图 4-15　萨尔玛法破坏力学模型分析

根据图 4-15 力学模型可知:

由 X 方向力平衡条件 $\sum\overrightarrow{\boldsymbol{X}}=\boldsymbol{0}$,得

$$S_i \cdot \cos\alpha_i - N_i\sin\alpha_i + X_i\sin\delta_i - X_{i+1}\sin\delta_{i+1} - K_{w_i} + E_{i+1}\cos\delta_{i+1} - E_{i+1}\cos\delta_{i+1} = 0 \tag{4-24}$$

由 Y 方向力平衡条件 $\sum\overrightarrow{\boldsymbol{Y}}=\boldsymbol{0}$,得

$$S_i \cdot \sin\alpha_i - N_i\cos\alpha_i = W_j + X_i\cos\delta_i - X_{i+1}\cos\delta_{i+1} + E_{i+1}\sin\delta_i - E_{i+1}\sin\delta_{i+1} = 0 \tag{4-25}$$

应用库仑破坏准则在分块滑面上:

$$S_i = \frac{C_{b_i}l_i - (N_i - U_i) \cdot \tan\varphi b_j}{F} \tag{4-26}$$

及分块侧面上:

$$X_i = \frac{C_{s_i}d_i - (E_i - P_{w_i}) \cdot \tan\varphi_{s_i}}{F} \tag{4-27}$$

$$X_{i+1} = \frac{C_{s_{i+1}}d_{i+1} - (E_{i+1} - P_{w_{i+1}}) \cdot \tan\varphi_{s_{i+1}}}{F} \tag{4-28}$$

将式(4-26)~式(4-28)代入式(4-24)和式(4-25),消去 S_i、X_i 和 X_{i+1},然后再从式中消去 N_i,得

$$E_{i+1} = \alpha_i + E_ie_i - P_iK \tag{4-29}$$

由式(4-29),逐步递推可得

$$\begin{aligned} E_{n+1} &= \alpha_n + E_ne_n - P_nK \\ &= \alpha_n + e_n(\alpha_{n-1} + P_{n-1}K - P_{n-1}K) - P_nK \\ &= (\alpha_n + e_n\alpha_{n-1}) - (P_{n-1}e_{n-1} + P_n) \cdot K + E_{n+1} \cdot e_{n-1} \cdot e \end{aligned}$$

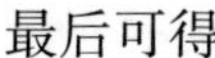

最后可得

$$E_{n+1} = (\alpha_n + \alpha_{n-1}e_n + \alpha_{n-2}e_n e_{n-1} + \cdots + \alpha_1 e_n \cdot e_{n-1}\cdots e_2) - K(P_n + P_{n-1}e_n + P_{n-2}e_n \cdot e_{n-1} + \cdots + P_1 e_n \cdot e_{n-1}\cdots e_2) + E_1 \cdot e_n \cdot e_{n-1}\cdots e_1 \tag{4-30}$$

由边界条件 $E_{n+1} = E_1 = 0$,得

$$K = \frac{\alpha_n + \alpha_{n-1} \cdot e_n + \alpha_{n-2} \cdot e_n \cdot e_{n-1} + \cdots + \alpha_1 \cdot e_n \cdot e_{n-1} \cdots \cdot e_3 \cdot e_2}{P_n + P_{n-1} \cdot e_n + P_{n-2} \cdot e_n \cdot e_{n-1} + \cdots + P_1 \cdot e_n \cdot e_{n-1} \cdots \cdot e_3 \cdot e_2} \tag{4-31}$$

式中:$e_i = \theta_i[\sec\varphi_{s_i} \cdot \cos(\varphi_{b_i} - \alpha_i + \varphi_{s_i} - \delta_i)]$

$\alpha_i = \theta_i[W_i \cdot \sin(\varphi_{b_i} - \alpha_i) + R_i \cdot \cos\varphi_{b_i} + S_{i+1} \cdot \sin(\varphi_{b_i} - \alpha_i - \delta_{i+1}) - S_i \cdot \sin(\varphi_{b_i} - \alpha_i - \delta_i)]$

$P_i = \theta_i W_i \cdot \cos(\varphi_{b_i} - \alpha_i)$

$\theta_i = \cos\varphi_{s_{i+1}} \cdot \sec(\varphi_{b_i} - \alpha_i + \varphi_{s_{i+1}} - \delta_{i+1})$

$$S_i = \frac{C_{s_i} \cdot d_i - P_{w_i} \cdot \tan\varphi_{s_i}}{F}$$

$$S_{i+1} = \frac{C_{s_{i+1}} \cdot d_i - P_{w_{i+1}} \cdot \tan\varphi_{s_{i+1}}}{F}$$

$$R_i = \frac{C_{b_i} \cdot b_i \cdot \sec\alpha_i - U_i \cdot \tan\varphi_{b_i}}{F}$$

除已标出的几何参数外,其他参数说明如下:

C_{b_i}——分块底面的黏结力;

C_{s_i}——分块侧面的黏结力;

φ_{b_i}——分块地面的内摩擦角;

φ_{s_i}——分块侧面的内摩擦角;

d_i——分块侧面长度;

l_i——分块滑面的长度;

α_i——滑面与水平面的夹角;

δ_i、δ_{i+1}——分块侧面与垂直方向的夹角。

二、稳定系数计算

计算稳定系数时,首先假设稳定系数 $F=1$,用式(4-31)求解 K,此时为 K_C,即极限水平加速度。式(4-31)的物理意义是:为使滑体达到极限平衡时的平衡

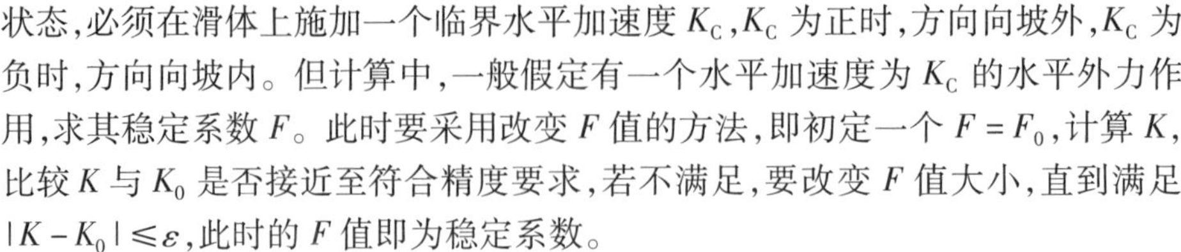

状态,必须在滑体上施加一个临界水平加速度 K_C,K_C 为正时,方向向坡外,K_C 为负时,方向向坡内。但计算中,一般假定有一个水平加速度为 K_C 的水平外力作用,求其稳定系数 F。此时要采用改变 F 值的方法,即初定一个 $F=F_0$,计算 K,比较 K 与 K_0 是否接近至符合精度要求,若不满足,要改变 F 值大小,直到满足 $|K-K_0|\leqslant\varepsilon$,此时的 F 值即为稳定系数。

三、主要特点及适用条件

萨尔玛法的特点是用极限加速度系数 K_C 来描述边坡的稳定程度,它可以用于评价各种破坏模式下的边坡稳定性,诸如平面破坏、楔形体破坏、圆弧面破坏和非圆弧面破坏等,而且它的条块分条是任意的,无须条块边界垂直,从而可以对各种特殊的边坡破坏模式进行稳定性分析。萨尔玛法计算比较复杂,要用迭代法计算。

第七节　数值计算法

岩石边坡的稳定性分析方法中主要有两大类方法。第一类方法是在边坡滑面确定的情况下,根据滑裂面上的抗滑力和下滑力直接计算边坡安全系数。滑裂面上的力可以由滑体的静力平衡条件求解,这类方法包括极限平衡法、关键块理论等。第二类方法首先采用数值分析方法确定边坡的位移场和应力场,再采用超载法、强度储备法等使边坡达到极限状态,从而间接地得到安全系数。这种方法不仅考虑了滑移体力的平衡,而且考虑了位移协调条件和岩体本构关系等。

与极限平衡法不同的是,数值计算是以弹性(塑性)理论为基础,需要首先弄清楚岩土体的变形协调,同时还要考虑岩土体的破坏准则。由于岩土体应力—应变关系是非线性的,它使边坡的数值计算变得十分复杂。除有限单元法(FEM)以外,无网格法、边界元法、离散单元法(DEM)、有限差分法、DDA 法(不连续变形分析法)等数值计算方法也得到飞速发展,并应用到边坡工程分析中。

一、边坡稳定分析有限元法(FEM 法)

有限元法,是将边坡体离散成有限个单元体,或者利用有限个单元体所构成的离散化结构代替原来的连续体结构,通过分析单元体的应力和变形来分析整个边坡的稳定。该方法是目前应用最广泛的数值分析方法。其主要优点是:可用于非均质和非线性岩土材料的复杂边界条件的各种类型问题,可用于计算应力变形、渗流、固结、流变、湿化变形以及动力和温度问题等。其不足之处是：数据准备工作量大，原始数据易出错，不能保证某些物理量在整个区域内的连续性。

1. 有限单元法的基本原理

线弹性问题有限单元法是依据线弹性力学的基本方程所构造的有限单元法。尽管岩(土)体介质与线弹性相差甚远，但由于平面线弹性问题有限单元求解格式简单明了，概念清晰，通过它可以看到有限单元法的基本原理、方法和特点，因此线弹性问题有限单元法得到普遍应用。而空间问题及非线性问题(弹塑性、流变等)有限单元法都是在其基础上通过空间的延拓或本构方程的改变而构造的，其矩阵形式为：

$$[\boldsymbol{k}]\{\boldsymbol{U}\}=\{\boldsymbol{p}\} \tag{4-32}$$

式中：$[\boldsymbol{k}]$——由各单元特性矩阵$[\boldsymbol{k}]_e$及$[\boldsymbol{k}_{s2}]_e$按结点号组集得到的总体特性矩阵；

$\{\boldsymbol{U}\}$——所有结点的待求值(通常为位移组成的矢量)；

$\{\boldsymbol{p}\}$——结点荷载矢量。

当$\{\boldsymbol{U}\}$取为结点位移(待求)时，$[\boldsymbol{k}]_e$为单位刚度矩阵，其表达式为

$$[\boldsymbol{k}]_e=\int_Z[\boldsymbol{B}]^{\mathrm{T}}[\boldsymbol{D}][\boldsymbol{B}]\mathrm{d}A \tag{4-33}$$

式中：$[\boldsymbol{D}]$——弹性力学物理方程中的弹性矩阵；

$[\boldsymbol{B}]$——根据弹性力学的几何方程推导的几何矩阵。

$$\{\boldsymbol{\varepsilon}\}=\left\{\frac{\partial \boldsymbol{u}}{\partial \boldsymbol{x}_i}\right\}=\left\{\frac{\partial\sum[\boldsymbol{N}]_i\boldsymbol{u}_i}{\partial \boldsymbol{x}_i}\right\}=[\boldsymbol{B}]\{\boldsymbol{u}_i\} \tag{4-34}$$

式中：$[\boldsymbol{N}]_i$——单元I的位移插值函数；

$\boldsymbol{u}_i$——结点位移；

$\boldsymbol{u}$——单元内任一点的位移。

$$\{\boldsymbol{\sigma}\}=[\boldsymbol{D}]\{\boldsymbol{\varepsilon}\} \tag{4-35}$$

以面力$\{\boldsymbol{p}\}$或体力$\{\boldsymbol{q}\}$为外荷载的等效结点荷载矢量也可由虚功原理导出

$$\{\boldsymbol{Q}\}_e=\int_V[\boldsymbol{N}]^{\mathrm{T}}\{\boldsymbol{q}\}\mathrm{d}V \tag{4-36}$$

$$\{\boldsymbol{p}\}_e=\int_S[\boldsymbol{N}]^{\mathrm{T}}\{\boldsymbol{p}\}\mathrm{d}A \tag{4-37}$$

2. 有限元分析方法的求解过程

1)研究区域的离散化

离散化就是将所研究问题的区域划分成有限个大小不等的单元体，并在单

元体的指定点设置节点，把相邻的单元体在节点处连接起来组成单元的集合体，以代替所研究问题的原区域，并以所离散单元节点处的位移作为基本未知量。

开挖一含断层 F_1 的垂直边坡（图 4-16），为分析边坡内的位移、应力特征，可将其离散化为边坡有限单元模型（图 4-17 所示的有限个单元集合体）。

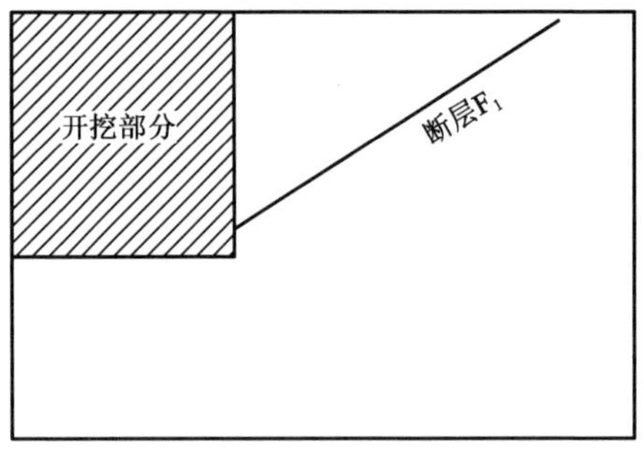

图 4-16　含断层 F_1 的垂直边坡

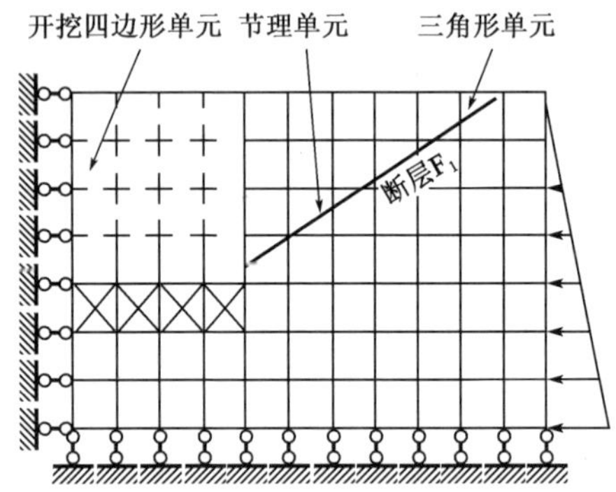

图 4-17　边坡有限单元模型

2）选择位移模式

由于采用节点位移为基本未知量，因此需要用节点位移表示单元体的位移。为此，必须对单元中位移分布做出一定的假定，一般假定位移是坐标的某种简单函数，这种函数称为位移模式或位移函数。位移模式的适当选取是有限单元分析中的关键。在有限元法中，一般选择多项式作为位移模式。因为多项式的数学运算较为方便，并且几乎所有光滑函数的局部都可以用多项式（即所谓不完全的泰勒级数）逼近。至于多项式项数和阶次的选择则要考虑到单元的自由度和有关解答的收敛性。一般来说，多项式的项数应等于单元的自由度数，其阶次应包含常数项和线性项，根据所选定的位移模式，即可导出用节点位移表示单元内任意一点位移的关系式，其矩阵形式为

$$[\boldsymbol{f}] = [\boldsymbol{N}]\{\boldsymbol{U}\}^{e} \tag{4-38}$$

式中：$[\boldsymbol{f}]$——单元内任一点的位移列阵；

$[\boldsymbol{N}]$——单元节点的位移列阵；

$\{\boldsymbol{U}\}^{e}$——形函数矩阵，其元素是位置坐标的函数。

3)单元分析

位移模式选定后，即可进行单元力学特性的分析。它包括下面三部分的内容：

(1)将位移模式代入几何方程，可导出用节点位移表示的单元应变计算公式

$$\eta = [\boldsymbol{B}]\{\boldsymbol{U}\}^{e} \tag{4-39}$$

式中：$[\boldsymbol{B}]$——应变矩阵。

(2)利用物理方程，由以上应变表达式导出用节点位移表示的单元应力计算公式

$$\{\boldsymbol{\sigma}\} = [\boldsymbol{D}][\boldsymbol{B}]\{\boldsymbol{U}\}^{e} \tag{4-40}$$

式中：$[\boldsymbol{\sigma}]$——应力矩阵；

$[\boldsymbol{D}]$——弹性矩阵。

(3)利用虚功原理建立作用于单元上的节点力和节点位移之间的关系，即单元刚度

$$\{\boldsymbol{F}\}^{e} = [\boldsymbol{k}]\{\boldsymbol{U}\}^{e} \tag{4-41}$$

式中：$[\boldsymbol{k}]$——单元刚度矩阵。

4)计算等效节点荷载

将研究工程地质区域离散化后，即假定力是通过节点从一个单元传递到另一个单元的。但作为实际的连续体区域，力是从单元的公共边界上进行传递的。因而，这种作用在单元边界上的表面力以及作用于单元上的体积力、集中力等都需要等效地移置到节点上，也就是用等效的节点荷载来替代作用在单元上的力。这种力的移置必须遵循静力等效或虚功等效原则。

5)集合所有单元的刚度方程，建立整个结构的平衡方程

此过程包含两方面的内容：一是由各个单元的刚度矩阵集合成描述结构平衡条件的整体刚度矩阵；二是将作用于各单元的等效节点阵集合成总的荷载列阵。最常用的集合刚度矩阵方法是直接刚度法。一般来说，集合所依据的理由是要求所有相邻的单元在公共节点处的位移相等。于是得到以总体刚度矩阵$[\boldsymbol{K}]$、荷载列阵$\{\boldsymbol{R}\}$以及节点位移列阵$\{\boldsymbol{U}\}$表示的整个结构的平衡方程

$$[\boldsymbol{K}]\{\boldsymbol{U}\} = \{\boldsymbol{R}\} \tag{4-42}$$

6)引入位移边界条件，修正总体平衡方程

在已形成的总体平衡方程中，由于总刚度矩阵$[\boldsymbol{K}]$为一奇异性矩阵，即其

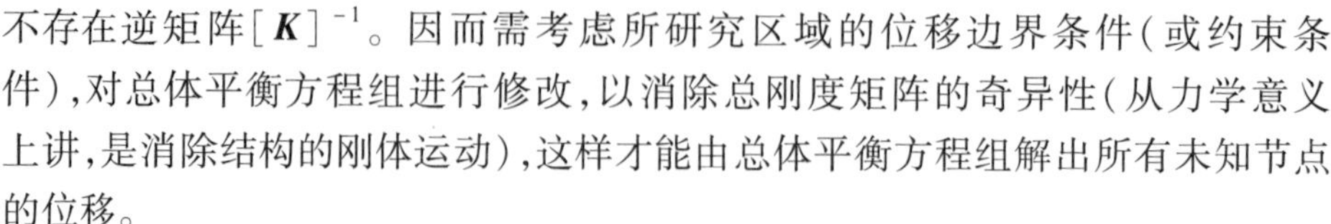

不存在逆矩阵$[\boldsymbol{K}]^{-1}$。因而需考虑所研究区域的位移边界条件(或约束条件),对总体平衡方程组进行修改,以消除总刚度矩阵的奇异性(从力学意义上讲,是消除结构的刚体运动),这样才能由总体平衡方程组解出所有未知节点的位移。

7)解方程,求未知节点位移及单元应力

整体平衡方程为一线性代数方程组,求解此线性代数方程组得到节点的全部位移值,根据求得的位移,利用单元分析结果,可计算出各单元体的应变及应力等。

3.基于有限元的安全系数分析方法

本方法是基于弹塑性理论的各种数值分析方法,以强度折减法为代表的基于有限元的安全系数分析方法。

1)有限元强度折减法的基本原理

有限元强度折减法已在多个边坡工程实例中成功运用。由相关文献可知滑动面为曲面时,边坡的稳定安全系数满足下列关系式

$$F = \frac{\int_0^l (c + \sigma_n \tan\varphi)\,\mathrm{d}l}{\int_0^l \tau \mathrm{d}l} \tag{4-43}$$

式(4-43)可以进一步写为

$$1.0 = \frac{\int_0^l (c' + \sigma_n \tan\varphi')\,\mathrm{d}l}{\int_0^l \tau \mathrm{d}l} \tag{4-44}$$

强度折减法分析的实质是一种弹塑性有限元分析,与通常意义的弹塑性分析的差别在于分析过程中,不是按荷载步调整加于计算模型上的荷载,而是在分析中,不断地按式(4-55)和式(4-46)调整岩土材料的c、φ值。

$$\varphi' = \arctan\left(\frac{\tan\varphi}{F}\right) \tag{4-45}$$

$$c' = \frac{c}{F} \tag{4-46}$$

式中:c'、φ'——岩土材料的黏聚力和内摩擦角;

c、φ——经过折减后的黏聚力和内摩擦角;

F——折减系数。

通常对于折减系数F,在开始计算时可以凭计算者对实际问题的判定而确定一个适当的初值,再进行弹塑性分析。若分析过程在指定的迭代步中收敛则

认为折减系数的取值太小，可适当地加大折减系数并按式(4-45)和式(4-46)对岩土材料的 c、φ 值进行调整，再按前述方法进行分析。当折减系数 F 达到某一值时计算就可能发散，此时所对应的折减系数 F 即认为是边坡的安全系数。

2)有限元强度折减法的优缺点

有限元强度折减法的主要优点有：

(1)不需要作任何假定和假设滑动面。

(2)通过分析可以比较直观地反映坡体的实际滑动面。

然而，在工程应用中，有限元强度折减法也存在如下一些不足：

(1)式(4-45)和式(4-46)的成立，要求强度参数 c、φ 值等比例折减，有研究者指出 c、φ 值折减时的非比例特性，说明式(4-45)和式(4-46)不能精确成立。

(2)有研究者指出要，同时折减强度参数 c、φ 值必须满足关系式 $\sin\varphi \geqslant 1-2\nu$，否则会造成塑性区的失真，而实际操作中 c、φ 值折减后常常会使上述关系式得不到满足。

(3)对于坡角 $\beta \leqslant 45°$ 的边坡分析所得到的安全系数和实际情况不太符合，计算结果偏小。

(4)重复操作次数多，分析计算过程费时且烦琐，特别是对多层岩体的边坡，每次所需修改的强度参数工作量大。

(5)一旦更换屈服准则，若采用 D-P 准则，操作中需要将 c、φ 值转化为 α、k 值，对 α、k 进行折减后再进行分析计算，增加了数据处理过程。

4. 有限元强度折减系数法计算示例

1)屈服准则的选用

安全系数大小与程序采用的屈服准则密切相关，不同的准则得出不同的安全系数。目前流行的大型有限元软件 ANSYS，以及美国 MSC 公司的 MARC、PATRAN、NASTRAN 均采用了广义米赛斯准则：

$$F = \alpha I_1 + \sqrt{J_2} = k$$

式中：I_1、J_2——应力张量的第一不变量和应力偏张量的第二不变量；

α、k——与岩土材料内摩擦角 φ 和黏聚力 c 有关的常数。

这是一个通用表达式，通过变换 α、k 的表达式就可以在有限元中实现不同的屈服准则，各准则的参数换算关系见表 4-1。传统的极限平衡法采用摩尔—库仑准则，但是由于摩尔—库仑准则的屈服面为不规则六角形截面的角锥体表面，存在尖顶和棱角，给数值计算带来困难。为了与传统方法进行比较，本节采用了徐干成、郑颖人(1990 年)提出的摩尔—库仑等面积圆屈服准则(DP4)代替传统摩尔—库仑准则。

各准则参数换算关系 表 4-1

编　号	准 则 种 类	α	k
DP1	外角点外接 D-P 圆	$\frac{2\sin\varphi}{\sqrt{3}(3-\sin\varphi)}$	$\frac{6c\cos\varphi}{\sqrt{3}(3-\sin\varphi)}$
DP2	内角点外接 D-P 圆	$\frac{2\sin\varphi}{\sqrt{3}(3+\sin\varphi)}$	$\frac{6c\cos\varphi}{\sqrt{3}(3+\sin\varphi)}$
DP3	内切 D-P 圆	$\frac{\sin\varphi}{\sqrt{3}\sqrt{(3+\sin^2\varphi)}}$	$\frac{3c\cos\varphi}{\sqrt{3}\sqrt{(3+\sin^2\varphi)}}$
DP4	等面积 D-P 圆	$\frac{2\sqrt{3}\sin\varphi}{\sqrt{2\sqrt{3}\pi(9-\sin^2\varphi)}}$	$\frac{6\sqrt{3}c\cos\varphi}{\sqrt{2\sqrt{3}\pi(9-\sin^2\varphi)}}$

表 4-2 所示算例分析表明:DP4 准则与简化 Bishop 法所得稳定安全系数最为接近。通过对误差进行统计分析可知,当选用 DP4 准则时,误差的平均值为 5.7%,最大误差小于 8%,且离散度很小,而 DP1 的平均误差为 29.5%,同时采用 DP2、DP3 准则所得计算结果的离散度也非常大。因此,在数值分析中可用 DP4 准则代替摩尔—库仑准则。

不同屈服准则所得最小安全系数 表 4-2

$h=20\text{m}$　$\beta=45°$　$c=42\text{kPa}$					
φ(°)	0.1	10	25	35	45
DP1	0.525	1.044	1.769	2.254	3.051
DP2	0.525	0.930	1.332	1.530	1.887
DP3	0.454	0.848	1.279	1.499	1.870
DP4	0.477	0.896	1.396	1.689	2.182
简化 Bishop 法	0.494	0.846	1.316	1.623	2.073
(DP1-Bishop)/Bishop	0.063	0.234	0.344	0.355	0.472
(DP2-Bishop)/Bishop	0.063	0.099	0.012	-0.080	-0.090
(DP3-Bishop)/Bishop	-0.081	0.002	-0.028	-0.099	-0.098
(DP4-Bishop)/Bishop	-0.034	0.059	0.061	0.041	0.053

2)有限元计算精度分析

边界范围的大小在有限元法中对计算结果的影响比传统极限平衡法表现得更为敏感,当坡角到左端边界的距离为坡高的 1.5 倍,坡顶到右端边界的距离为坡高的 2.5 倍,且上下边界总高不低于 2 倍坡高时,计算精度最为理想。另外如果网格划分太粗，将会造成很大的误差，计算时必须考虑适当的网格密度。有限元法单元网格划分如图 4-18 所示。

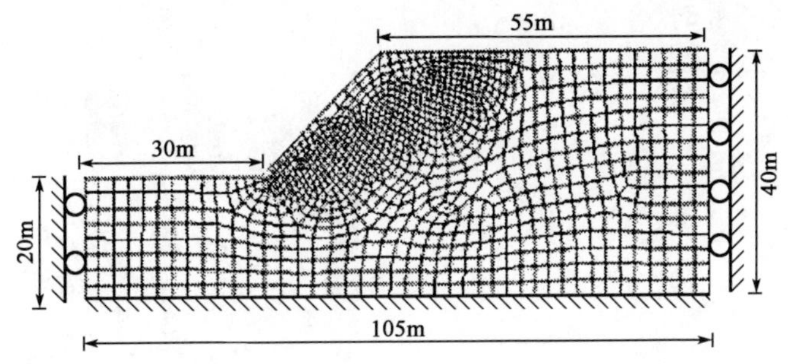

图 4-18　有限元法单元网格划分

3）岩质边坡稳定分析

根据岩体中结构面的贯通情况，可以将结构面分为贯通性、半贯通性、非贯通性三种类型。根据结构面的胶结和充填情况，可以将结构面分为硬性结构面（无充填结构面）和软弱结构面。由于岩体结构的复杂性，要十分准确地反映岩体结构的特征并使之模型化是不可能的，也没有必要使问题复杂化。基于这种考虑，对于一个实际工程来说，往往根据现场地质资料，根据结构面的长度、密度、贯通率、展布方向等，着重考虑 2 ~ 3 组对边坡稳定起主要控制作用的节理组或其他主要结构面。

岩体起控制作用的是结构面强度，对于软弱结构面，可采用低强度实体单元模拟，按照连续介质处理；对于无充填的硬性结构面可以采用无厚度的接触单元来模拟，安全系数的求解与均质土坡相同。结构面单元的设置会影响计算精度，一般可先以较大间距设置结构面，求出滑动面大概位置后再在滑动面附近将结构面加密，增加结构面单元以提高计算精度。

（1）具有一组平行节理面的岩质边坡算例

如图 4-19 和图 4-20 所示，一组软弱结构面倾角 40°，间距 10m，岩体和结构面采用平面六节点三角形单元模拟。岩体以及结构面材料物理力学参数取值见表 4-3。采用不同方法的计算结果见表 4-4，其中极限平衡方法计算结果是在滑动面确定的情况下算出的。

计算采用的物理力学参数　　表 4-3

材料名称	重度（kN/m^3）	弹性模量（Pa）	泊松比	黏聚力（MPa）	内摩擦角（°）
岩体	25	1×10^{10}	0.2	1.0	38
结构面	17	1×10^{7}	0.3	0.12	24

通过有限元强度折减计算，当有限元计算不收敛时，程序自动找出了滑动面如图4-21所示。在一组平行的结构面中，只出现了一条滑动面，其余结构面没有出现塑性区和滑动。

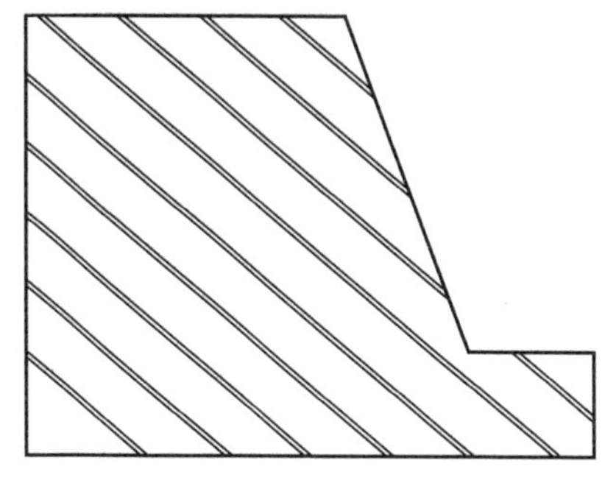

图4-19　几何模型

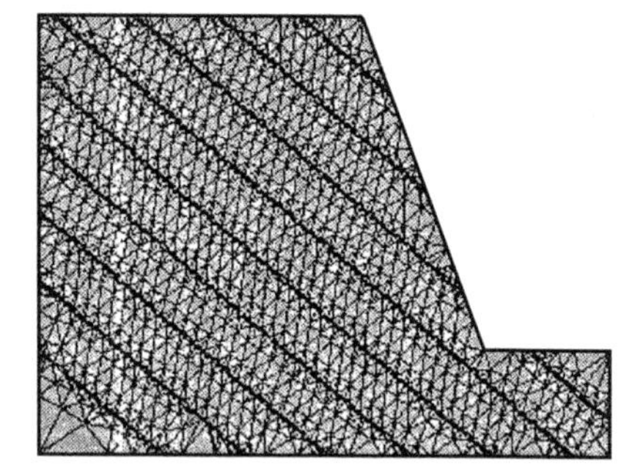

图4-20　有限元模型

计 算 结 果　　表4-4

计算方法	安全系数
有限元法（外接圆屈服准则）	1.26
有限元法（等面积圆屈服准则）	1.03
极限平衡法（解析解）	1.06
极限平衡法（Spencer）	1.06

（2）具有两组节理面的岩质边坡算例

如图4-22所示，两组方向不同的节理，贯通率100%，第一组软弱结构面倾角30°，平均间距10m；第二组软弱结构面倾角75°，平均间距10m，岩体以及结构面物理力学参数计算取值见表4-5。

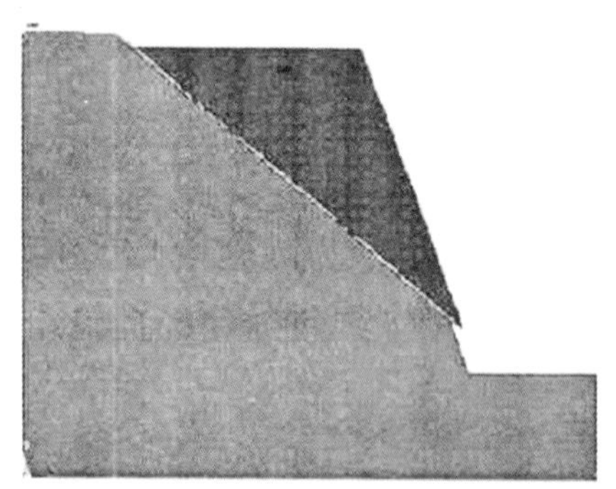

图4-21　坡体达到极限状态时形成的滑动面

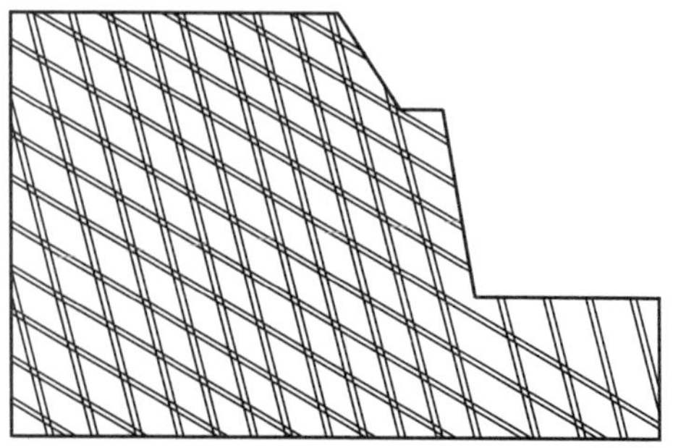

图4-22　几何模型

物理力学参数计算取值　　表 4-5

材料名称	重度(kN/m³)	弹性模量(Pa)	泊松比	黏聚力(MPa)	内摩擦角(°)
岩体	25	1×10^{10}	0.2	1.0	38
第一组节理	17	1×10^{7}	0.3	0.12	24
第二组节理	17	1×10^{7}	0.3	0.12	24

按照二维平面应变问题建立有限元模型,在单元划分的过程中,在两个滑动面的交汇处形成了尖角,在建模时应在曲率突然变化的区域使用更细的网格以保证计算的准确性,或者将尖角抹圆。计算步骤同上,通过有限元强度折减,求得的滑动面如图 4-23a)所示,它是最先贯通的塑性区。塑性区贯通并不等于破坏,当塑性区贯通后塑性发展到一定程度,岩体发生整体破坏,同时出现第二、三条贯通的塑性区,如图 4-23b)所示。程序还可以动画模拟边坡失去稳定的过程,从动画演示过程可以看出边坡的破坏过程也就是塑性区逐渐发展、最后贯通形成整体破坏的过程。采用不同方法求得的稳定安全系数见表 4-6。其中,极限平衡方法计算结果是根据最先贯通的那一条滑动面求得的。

a)首先贯通的滑动面

b)滑动面继续发展

图 4-23　极限状态后产生的滑动面和塑性区

计算结果　　表 4-6

计算方法	安全系数
有限元法(外接圆屈服准则)	1.62
有限元法(等面积圆屈服准则)	1.33
极限平衡法(Spencer)	1.36

4)计算结果分析

有限元强度折减法不需要对滑动面形状和位置做假定,通过强度折减使边坡达到不稳定状态时,非线性有限元静力计算将不收敛,此时的折减系数就是稳

定安全系数，同时可得到边坡破坏时的滑动面。本节对其计算精度进行了分析，算例表明采用摩尔-库仑等面积圆屈服准则求得的稳定安全系数与简化 Bishop 法的误差为3% ~8%，与 Spencer 法的误差为1% ~4%，证实了其应用于工程的可行性。

二、有限差分法(FDM 法)

有限差分法是最早被应用于工程科学中的数学方法之一，作为一种解决偏微分方程定解问题近似方法，在岩土工程中有着广泛的应用。

1. 有限差分法的基本概念及计算方法

有限差分法的基本思想就是把要求解问题的微分方程及其边界条件用离散的、只含有有限个未知数的差分方程(代数方程组)来表示，把求解微分方程的问题转化为求解代数方程的问题，并用代数方程的解作为微分方程的近似解。具体的做法是用差分网格离散求解域，用差商近似代替导数或用适当的近似式代替含有导数的表达式，得到差分方程组并求解得到差分解，原微分方程的解可用此差分解来近似代替。随着网格划分的细化，差分解就逐渐向精确解逼近。

1)有限差分网格的划分

有限差分法求解偏微分方程组时先要把连续问题离散化，即把连续的求解区域作网格划分。下面以二维问题为例来说明网格划分。假设所研究的问题是关于空间变量 x 和时间变量 t 的偏微分方程组，而研究的区域是 $x\in[a,b]$，$t\in[0,T]$，如图 4-24 所示。在 $x-t$ 平面上画两簇平行于坐标轴的直线，把上述区域划分为矩形网格，这些直线的交点称为网格点或节点。一般来说，等距的网格划分较为常见(当然，不等距离的网格划分亦可)。设空间方向的距离为 Δx，记为 h，称其为空间步长；时间方向的步长为 Δt，记为 τ。为了研究方便起见，网格划分中的每一个节点 (x_i,t_j) 简记为 (i,j)。

经过网格的划分，把连续的区域离散为以下区域(离散点的集合)

$$D=\left\{(x_i,t_j)\left|\begin{array}{ll}x_i=a+ih & (i=0,1,2,\cdots,n)\\ t_j=j\tau & (j=0,1,2,\cdots,m)\end{array}\right.\right\}$$

2)常用差分公式

用差商来近似代替导数可得差分公式。设 $f(x,t)$ 为所要求解的某一连续函数，则几种常用差分公式如下

$$\left(\frac{\partial f}{\partial x}\right)_i=\frac{f_i-f_{i-1}}{h}\qquad(\text{向前差分})\tag{4-47}$$

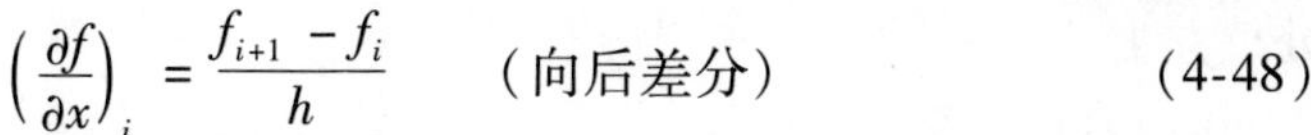

$$\left(\frac{\partial f}{\partial x}\right)_i = \frac{f_{i+1} - f_i}{h} \qquad （向后差分） \qquad (4\text{-}48)$$

$$\left(\frac{\partial f}{\partial x}\right)_i = \frac{f_{i+1} - f_{i-1}}{2h} \qquad （中心差分） \qquad (4\text{-}49)$$

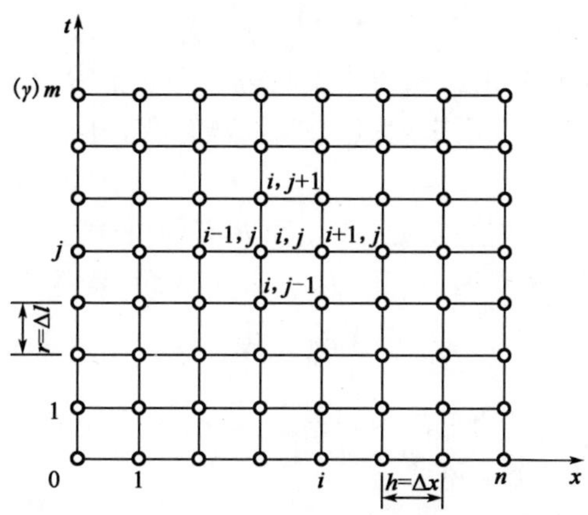

图 4-24　差分法网格划分

3）边界的处理

差分法将连续区域（包括其边界记为 D）离散化为由节点组成的网格，如果两个节点在网格线方向只差一个步长，则称其为相邻节点。在二维问题中，如果 2 个节点的 4 个相邻节点都属于 D，那么这样的节点称为内部节点（内点）；如果 1 个节点的 4 个相邻节点中至少有 1 个不属于 D，则称之为边界节点（界点）。内点的差分公式可以直接由其相邻节点得到，而界点的差分公式则需要做特殊处理方可得到。

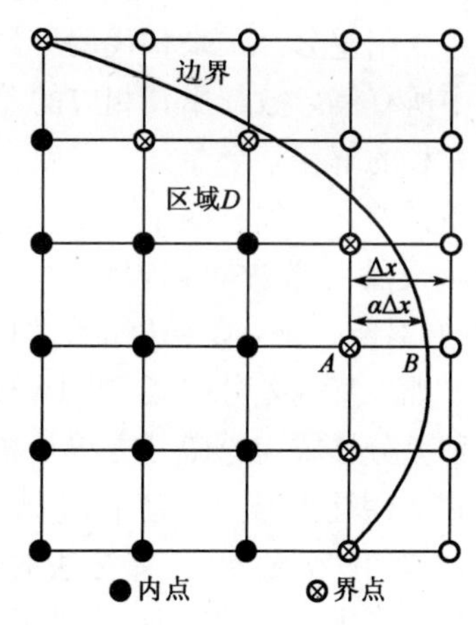

图 4-25　非规则边界的处理

如图 4-25 所示，差分网格与边界的交点不与网格节点重合，例如在网格线方向上界点 A 与边界的距离不等于步长 Δx，此时无法应用正规内点的差分格式。就要对边界做适当的处理，把边界点转移到差分网格节点上，来建立界点的差分公式。

设边界 B 点的函数值为 f_B，但是 B 点不与网格线的节点重合，为了把边界点转移到网格节点上去得到界点 A 的差分公式，有以下两种处理方法：

(1)直接转移

把 B 点的函数值直接给予 B 点靠近的外部网点 C，即

$$f_C = f_B \tag{4-50}$$

通过节点的直接转移，网格点 A 由界点变为内点，其差分公式转化为内点差分格式。处理后的边界由原来的非规则边界变为台阶形边界，在网格划分很细时，这种台阶形边界可以用来近似的代替原非规则边界。

(2)线性插值

网格节点 C 点的函数值可通过 A 点和 B 点的值通过线性插值得到。设 A、B 两点相距为 $\alpha\Delta x$，则 B、C 两点相距为 $(1-\alpha)\Delta x$，可得到

$$f_C = \frac{1}{\alpha}f_B + \frac{\alpha - 1}{\alpha}f_A \tag{4-51}$$

以上把研究区域及其边界都用网格离散化，并建立了差分公式。下面要做的就是建立具体问题的差分格式。

(3)有限差分格式的建立

差分格式的建立包括以下三方面的内容：差分方程的建立、初始条件的离散和边界条件的离散。具体做法是把差分公式代入偏微分方程及其初始、边界条件得到方程或方程组(即差分格式)。一般差分方程的建立是差分格式的重要步骤，而边界条件和初始条件的差分化与之类似。由于构造差分公式的方法不同，得到的差分格式也有多种，但是某种差分格式必须满足相容性、收敛性和稳定性等条件，并具有一定的精度。

当用差分公式来替代偏导数时，不可避免地存在一定的误差，当把偏微分方程中所有偏导数都用其相应的差分公式代替后，所得到的差分方程的解与偏微分方程的解在某个差分点上就存在一定的偏差，这一偏差称为这种差分格式的截断误差。例如有两个变量(时间 t，步长 τ；空间 x，步长 h)的偏微分方程差分化后，若截断误差可以表示为 $E = O(\tau^p + h^q)$，则称该差分格式对时间是 p 阶精度的，对空间是 q 阶精度的。如果 $p = q$，则称该差分格式是 p 阶精度的。

如果某一差分格式，当步长(如 τ 和 h)趋于0时截断误差 E 亦趋于0，就称这种差分格式与原微分方程是相容的，即这种差分格式具有相容性。差分格式的收敛性是指当步长趋于0(例如 $\tau\to 0, h\to 0$)时，差分方程的解 f_i^j 能否逼近微分方程的解 $f(x_i, t_j)$。差分法的计算过程一般是一层一层地计算，而每一层的计算都会产生一定的误差，这种误差能否在层间传播过程中逐渐变大，使差分的解远离原微分方程的解，这就涉及差分格式稳定性的问题，差分格式的稳定性不仅

与差分格式本身有关,而且与网格比的大小有关。研究差分格式稳定性的方法很多,如 Fourier 法、Hirt 启示法、矩阵法、离散 Green 函数法和能量法等。构造差分格式虽有多种途径,但所得的差分格式必须满足相容性、收敛性和稳定性 3 个条件。

2. 有限差分法与有限元法的比较

有限差分法是数值解法中最经典的方法。它是将求解区域划分为差分网格,用有限个网格节点代替连续的求解域,只考虑网格点上数值变化,然后将偏微分方程(控制方程)的导数用差商代替,推导出含有离散点上有限个未知数的差分方程组。这种方法发展比较早,比较成熟,较多用于求解双曲线和抛物线形问题。

有限元法是将一个连续的求解域任意分成适当形状的许多微小单元,必须假定值在网格点之间的变化规律,并于各小单元分片构造插值函数,然后根据极值原理(变分或加权余量法),将问题的控制方程转化为所有单元上的有限元方程,把总体的极值作为各单元极值之和,即将局部单元总体合成,形成嵌入了指定边界条件的代数方程组,求解该方程组就得到各节点上待求的函数值。有限元法对椭圆形问题有更好的适应性。

有限元方法比有限差分法优越的方面主要是能适应不规则区域,但是这指的只是传统意义上的有限差分法,现在发展的一些有限差分法已经能适应不规则区域。对于椭圆形方程,如果区域规则,传统有限差分法和有限元法都能解,在求解效率方面(主要指编程负责度和收敛快慢、内存需要),有限差分法则具有较大优势。

总体而言,两者的优缺点可概括如下:

有限差分法(FDM):直观、理论成熟,但是不规则区域处理烦琐,虽然网格生成可以使 FDM 应用于不规则区域,但是对区域的连续性等要求较严。使用 FDM 的好处是易于编程、易于并行。

有限元法(FEM):适合处理复杂区域,缺点在于内存和计算量巨大,并行不如 FDM 直观。不过 FEM 的并行是当前和将来应用的一个不错的方向。

三、快速拉格朗日法(FLAC 法)

由于有限元和边界元都有小变形的假设,而国内现用的离散元程序一般都假定离散块体为刚体,不计其本身的变形。近年来发展起来的快速拉格朗日分析(Fast Lagrangian Analysis of Continua,简称 FLAC)法,则是在较好地吸取上述方法的优点和克服其缺点的基础上形成的一种新型的数值分析方法。

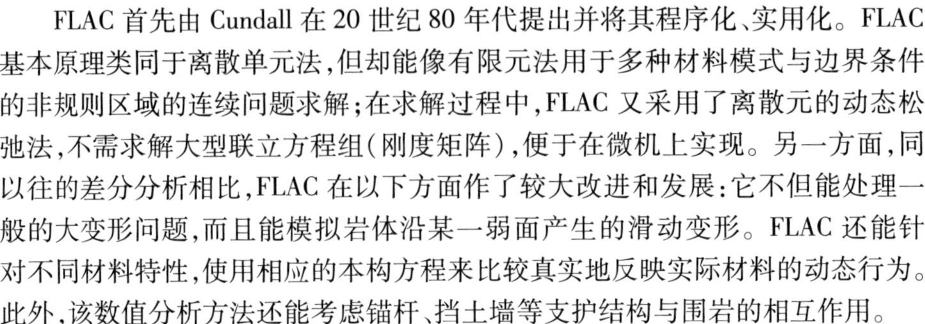

FLAC 首先由 Cundall 在 20 世纪 80 年代提出并将其程序化、实用化。FLAC 基本原理类同于离散单元法，但却能像有限元法用于多种材料模式与边界条件的非规则区域的连续问题求解；在求解过程中，FLAC 又采用了离散元的动态松弛法，不需求解大型联立方程组（刚度矩阵），便于在微机上实现。另一方面，同以往的差分分析相比，FLAC 在以下方面作了较大改进和发展：它不但能处理一般的大变形问题，而且能模拟岩体沿某一弱面产生的滑动变形。FLAC 还能针对不同材料特性，使用相应的本构方程来比较真实地反映实际材料的动态行为。此外，该数值分析方法还能考虑锚杆、挡土墙等支护结构与围岩的相互作用。

FLAC 的基本原理如下：

对于函数 F，由高斯定理：

$$\int_B F n_i \mathrm{d}s = \int_V \frac{\partial F}{\partial x_i} \mathrm{d}V \tag{4-52}$$

式中：V——函数求解域（或单元）的体积；

B——V 的边界；

n_i——V 的单位外法线矢量。

定义梯度$\frac{\partial F}{\partial x_i}$的平均值为：

$$\left\langle \frac{\partial F}{\partial x_i} \right\rangle = \frac{1}{V}\int_V \frac{\partial F}{\partial x_i} \mathrm{d}V \tag{4-53}$$

式中，〈〉表示求平均值。

对于一个具有 N 条边的多边形，上式可写成对 N 条边求和的形式。

$$\left\langle \frac{\partial F}{\partial x_i} \right\rangle = \frac{1}{V}\sum_N \overline{F}_i n_i \Delta S_i \tag{4-54}$$

式中：ΔS_i——多边形的边长；

$\overline{F}_i$——F 在 ΔS_i 上的平均值。

假定以速度 $\dot{u}_i$ 代替式(4-54)中的 F_i，且 $\dot{u}_i$ 取各条边两端的节点（即差分网络的角点）a 和 b 的速度平均值，则

$$\left\langle \frac{\partial \dot{u}_i}{\partial x_j} \right\rangle = \frac{1}{2V}\sum\left[(\dot{u}_i^a + \dot{u}_i^b) n_j \Delta S_i \right] \approx \frac{\partial \dot{u}_i}{\partial x_j} \tag{4-55}$$

对于四边形单元（图 4-26）：

$$\left\langle \frac{\partial \dot{u}_i}{\partial x_j} \right\rangle = \frac{1}{2V}\left[(\dot{u}_i^{(1)} + \dot{u}_i^{(2)}) n_j \Delta S_i^{(a)} + (\dot{u}_i^{(2)} + \dot{u}_i^{(3)}) n_j \Delta S_i^{(b)} + \right.$$
$$\left. (\dot{u}_i^{(3)} + \dot{u}_i^{(4)}) n_j \Delta S^{(c)} + (\dot{u}_i^{(4)} + \dot{u}_i^{(1)}) n_j \Delta S_i^{(d)} \right] \tag{4-56}$$

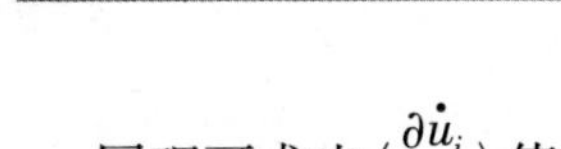

同理可求出$\langle \frac{\partial \dot{u}_j}{\partial x_i} \rangle$值。

则几何方程可求得单元的平均应变增量

$$\langle \Delta e_{ij} \rangle = \frac{1}{2}\left[\langle \frac{\partial \dot{u}_i}{\partial x_j} \rangle + \langle \frac{\partial \dot{u}_j}{\partial x_i} \rangle \right] \Delta t \qquad (4\text{-}57)$$

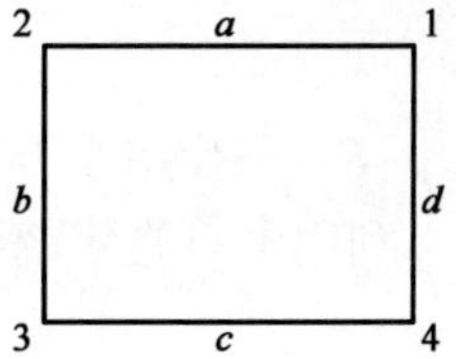

图 4-26　计算单元示意图

由广义胡克定律,各向同性材料的本构方程为

$$\sigma_{ij} = 2\mu\varepsilon_{ij} + \lambda\theta\delta_{ij} \qquad (4\text{-}58)$$

式中:λ、μ——拉梅常数;

θ——体积应变,$\theta = \varepsilon_{ii} = \varepsilon_{11} + \varepsilon_{22} + \varepsilon_{33}$。

$$\delta_{ij} = \begin{cases} 1 & (i = 1) \\ 0 & (i \neq j) \end{cases}$$

因此,单元的平均应力增量可表达成

$$\langle \Delta\sigma_{ij} \rangle = \lambda\delta_{ij}\langle \Delta\theta \rangle + 2\mu\langle \Delta e_{ij} \rangle \qquad (4\text{-}59)$$

同时,若以应力表示应变,则其本构关系为

$$\langle \Delta e_{ij} \rangle = \frac{1 + \nu}{E}\langle \Delta\sigma_{ij} \rangle + \frac{\upsilon}{E}I_1\delta_{ij} \qquad (4\text{-}60)$$

式中:ν——泊松比;

E——弹性模量;

I_1——应力第一不变量。

这样,通过上述各式的迭代求解,便可求出每一迭代时步相应各单元的应力和应变值。

上面已求出了各域(单元)的应力,下面来求各节点的平衡力。

由节点的运动方程:

$$\frac{\partial \sigma_{ij}}{\partial x_i} + \rho g_i = \rho \ddot{u}_i \qquad (4\text{-}61)$$

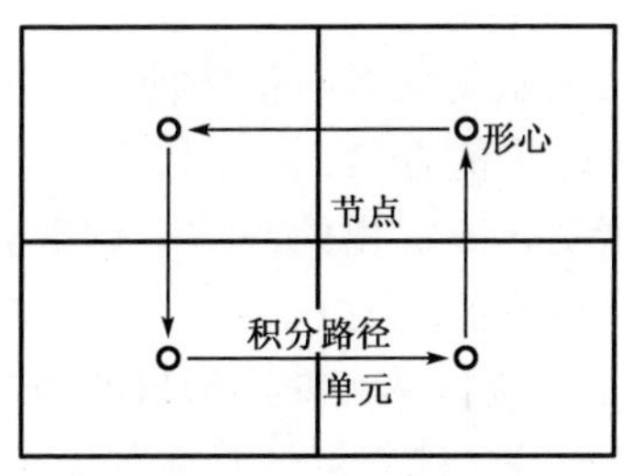

图 4-27　积分路径

式中:$\ddot{u}_i$——总加速度;

g_i——重力加速度。

对式(4-61)沿积分路径积分(图 4-27)得

$$\rho \ddot{u} = \frac{1}{V}\sum \langle \sigma_{ij} \rangle n_i \Delta S_i + \rho g_i \qquad (4\text{-}62)$$

式中:$\sum \langle \sigma_{ij} \rangle n_i \Delta S_i$——某节点周围单元作用在该节点上的集中力。

$$\ddot{u}_i = \frac{1}{m}F + g_i \tag{4-63}$$

式中:F——作用在节点上的合力(净力)。

利用中心差分,得某节点加速度和速度:

$$\ddot{u}_i(t) = \frac{\dot{u}\left(t + \frac{\Delta t}{2}\right) - \dot{u}_i\left(t - \frac{\Delta t}{2}\right)}{\Delta t} \tag{4-64}$$

$$\dot{u}_i\left(t + \frac{\Delta t}{2}\right) = \dot{u}_i\left(t - \frac{\Delta t}{2}\right) + \ddot{u}_i(t)\Delta t \tag{4-65}$$

式中,$\dot{u}_i(t + \Delta t/2)$为节点上一时步的速度,而 $\ddot{u}_i(t)\Delta t$ 也已求出。

进一步得节点位移:

$$u_i(t + \Delta t) = u(t) + \dot{u}_i\left(t + \frac{\Delta t}{2}\right)\Delta t \tag{4-66}$$

按照上述思路,通过迭代求解,便可求出各个时步边坡上各单元(或节点)的应力、位移值,进而可模拟出整个边坡变形破坏的全过程。其迭代求解过程如图 4-28 所示。

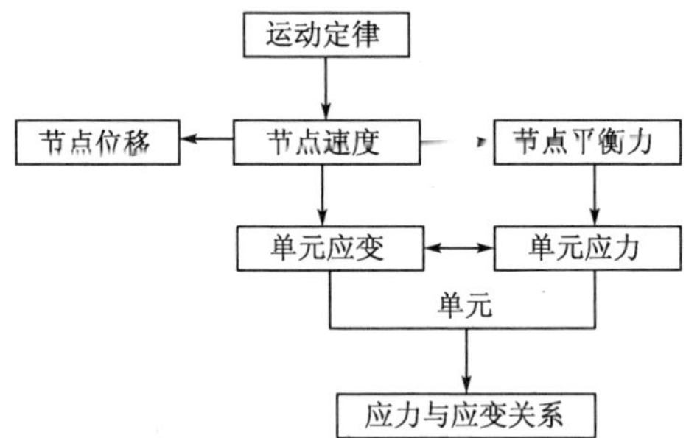

图 4-28　求解过程示意图

四、不连续变形分析法(DDA 法)

块体不连续变形分析法(简称 DDA 法)是由我国旅美学者石根华博士提出的用于解决不连续块体系统运动和变形的一种新型数值方法,它与 P. A. Cundall 提出的离散元法(也称 DEM 法)以及日本学者 Kawai 提出的刚体—弹簧法(也称 RBSM 法)统称为分析、研究块体系统运动和变形的三大方法。

不连续变形分析法是以研究非连续块体系统不连续位移和变形为目的的一种数值方法。在假定位移模式下,由弹性理论位移变分法建立总体平衡方程式,通过施加或去掉块体界面刚硬弹簧,使得块体单元界面之间不存在嵌入和张拉

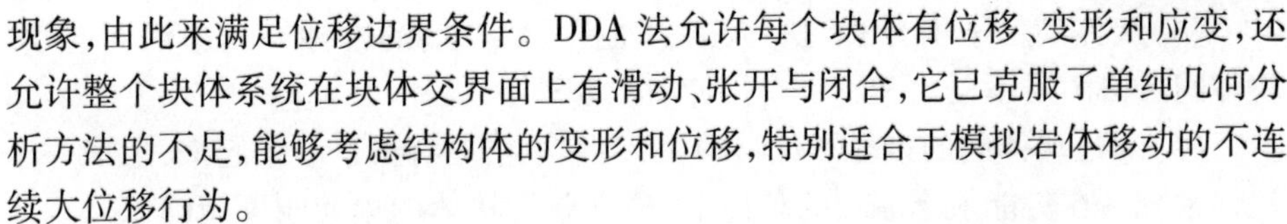

现象，由此来满足位移边界条件。DDA 法允许每个块体有位移、变形和应变，还允许整个块体系统在块体交界面上有滑动、张开与闭合，它已克服了单纯几何分析方法的不足，能够考虑结构体的变形和位移，特别适合于模拟岩体移动的不连续大位移行为。

不连续变形分析法包括两部分：正分析法和反分析法。两者都是为大位移与大变形而开发的。虽然 DDA 法的正分析法看起来像离散元法，但 DDA 法的分析过程更接近有限元法。DDA 法与有限元法（FEM 法）的不同之处是：单元界面之间的变形可以是不连续的；单元形状可以是任意的凸形、凹形或组合多边形；单元之间的接触不一定要求角点与角点的接触；未知数是所有块体自由度的总和。

尽管离散元法（DEM 法）和不连续变形分析法（DDA 法）都能模拟相互作用离散块体的复杂本构性质，但两者在理论上是不相同的。其不同之处在于：DDA 是一种位移方法，而离散元法是一种力学方法。

不连续变形分析法是一种模拟岩体在不连续情况下产生的大变形和大位移的数值计算方法。它以位移作为未知量，结合刚度、质量和荷载子矩阵，根据总势能最小化原理建立平衡方程式，通过求解结构矩阵的方法来分析块体系统的力和位移的相互关系，其时间步可用于静力学和动力学分析。在分析块体的运动中，它比有限元法和离散元法的应用范围更为广阔，集两者之长，允许各个块体有位移、变形和应变，允许整个块体系统存在滑动，允许块体界面间的滑动、转动、张开或闭合；它在块体的划分方面较有限元法和离散元法更为灵活，块体形状可以是任意凸边形或凹边形，还可以是带孔的多接点的多边形，块体网格不要求块体顶点与另一块体顶点相接触；它的位移和变形模式与有限单元法中结构矩阵分析相同；它在分析块体系统的运动、块体间的接触以及嵌入等方面都是有限元法或离散元法不可及的。

当前，基于非连续变形分析的研究大多局限在二维情形，随着 DDA 法研究的深入，三维 DDA 法的理论框架已基本形成，现结合有关文献资料，对三维块体不连续变形分析基本思路作简要介绍。

（1）以天然存在的不连续面（如节理、断层等）切割岩体，形成单个块体单元。单元的形状可以是任意多面体，块体之间的接触可以是面、边、角三者任意组合而成的六种形式之一。

（2）以 12 个块体位移变量（$u_0, v_0, \omega_0, \alpha_0, \beta_0, \gamma_0, \varepsilon_x, \varepsilon_y, \varepsilon_z, \gamma_{xy}, \gamma_{yz}, \gamma_{zx}$）来表示块体内任意一点的位移和变形特征，具有普遍的物理意义和直观简洁性。

（3）DDA 法采用与有限元法相似的位移模式，采用全一阶多项式近似或高阶多项式近似逼近，视问题的复杂性而定。

(4)块体满足平衡方程,块体接触面上采取合适的摩擦方式来消耗能量。块体间严格满足不侵入和不承受拉伸力的要求。

(5)通过块体间的接触和位移约束,将单个块体有机地联系起来,形成一个块体系统。在势能最小原理的条件下,建立单个块体的单元刚度矩阵以及块体系统的总体刚度矩阵。

(6)按不同的要求,反复形成和求解总体刚度矩阵,最后求得每个块体和整个块体系统的位移变形。

五、离散单元法

离散单元法(Discrete/Distinct Element Method,DEM,简称离散元)的思想源于较早的分子动力学(Molecular Dynamics,MD),其主要思想是把整个介质看作由一系列离散的独立运动的粒子(单元)所组成的系统,单元本身具有一定的几何(形状、大小、排列等)和物理、化学特征。单元运动受经典运动方程控制,整个介质的变形和演化由各单元的运动和相互位置来描述。

离散元法的突出优势是能够方便地处理非连续介质力学问题,主要应用领域集中在岩土工程和粉体(颗粒散体)工程两个方面。

离散元法的基本思路如下:

应用有限元解决连续介质力学问题时,必须满足平衡方程、变形协调方程和本构方程,以及应力和位移边界条件。离散元法把每个散体颗粒作为一个单元,由于介质一开始就假定为离散体的集合,故散体颗粒之间没有变形协调的约束,但必须满足平衡方程。

如果两个离散单元的边界相互"叠合",就会产生接触力。这里所谓的"叠合"是指单元间的重叠部分,可通过"叠合"量计算接触力,如 Cundall,将它乘上一个比例系数作为接触力的一种度量。单元接触时的"叠合"量(接触深度)和接触力的关系就相当于物理方程,它可以是线性的,也可以是非线性的。

如果体系中的一个单元所受合力和合力矩不等于零,则不平衡力和不平衡力矩将使单元发生运动,这时牛顿第二定律可用于描述单元的运动。但单元的运动不是完全自由的,它会遇到相邻单元的阻力。计算按照时步并遍历整个散体集合进行迭代,直到对每一个单元都不再出现不平衡力和不平衡力矩为止。

根据散体颗粒的形状不同,单元类型可分为颗粒元(二维圆盘与三维球体)与块体元(多边形与多面体)两大类。与有限元法不同,在离散元法中,散体体系中的每个单元的运动用独立的动量原理和动力矩原理来描述。也就是说,每个单元的运动可独立求解,不是耦联的,这就使得离散元法可以不必满足连续介

质力学要求的变形协调关系,因而可以模拟散体材料的大变形特征。

六、边界单元法

边界单元法又称边界积分方程—边界元方法,是继有限元法之后的又一种有效数值方法,我国自 20 世纪 70 年代起进行岩石力学边界元方法的研究,在岩石渗流问题、地下工程支护、岩体稳定性分析等方面做出了有意义的成果。

边界单元法的最大特点是降低了求解问题的维数。由于采用边界变量表达物体内部变量,一般情况下只需在物体的外表边界上进行离散即可,这样原有问题用边界单元法求解降低了一维。另外,这种方法具有较高的精度。由于采用的基本解是无限域(或半无限域)内的满足微分方程和无限域(或半无限域)边界条件的解析解,因而在用边界量求解内部物理量的过程中引入的误差较小。边界积分方程本身所讨论的问题也是一种精确提法,其误差仅来自于离散化的处理。

边界积分方程可通过两种途径来建立,即直接法和间接法,相应地求解方法就分为直接边界单元法和间接边界单元法。直接边界单元法中,积分方程内出现的未知量是真实的物理变量,如弹性力学问题中以全部系统边界上的全部张力和位移为未知量建立直接边界单元格式求解,而物体内部的张力和位移则可通过数值积分由边界值推算出来。而间接边界单元法采用类似于弹性力学中的应力函数或流体力学中的流函数等为未知函数(如单层势、双层势、虚应力等),利用辅助变量构造边界单元格式求解。一旦这些辅助变量求解出来,所求的真实物理量就可以通过辅助变量表达出来。

总体而言,边界单元法具有输入数据少、问题的维数降低以及计算精度高等优点。其缺点是:它最后形成的系数矩阵为非对称满阵,其矩阵元素的求值有大量积分计算,特别是采用高度协调的边界元时所涉及的积分计算量是比较大的。

七、关于数值方法的特点

运用数值方法进行岩石边坡的稳定性分析有许多优点。由于岩石边坡工程所处的边界条件和地质环境一般比较复杂,加之岩体的不连续性、不均匀性、各向异性等特性,造成边坡工程问题十分复杂,而数值分析方法可以方便地处理这些问题。

数值分析法可以根据岩体的破坏准则,确定边坡的塑性区、拉裂和压碎区,可以分析边坡渐进破坏过程和确定边坡起始破坏部位,可以得到岩石边坡的应力场、应变场和位移场,可以分析边坡工程的分步开挖、边坡岩体与加固结构的相互作用,可以考虑地下水渗流、爆破和地震等因素对边坡稳定性的影响等。此外,用离散单元法可以仿真边坡整体滑移过程,这对于预测边坡的破坏规模和方向具有重要意义。

随着数值分析方法的不断发展,出现了不同数值分析方法的结合使用,如有限元、边界元、无限元、离散元与块体元等的相互结合;数值解与解析解的相互结合,这些方法的相互结合使用能充分发挥各自的特性,解决复杂的岩体边坡问题。

当前,有限元法已经成为最流行的数值计算方法之一,成为岩石边坡稳定性分析的主要计算工具,现在已经有许多常规标准的算法,并且开发了许多商业软件和专业程序。用有限元法分析边坡稳定性的步骤通常是首先计算出边坡内每一单元的应力,然后根据整个滑裂面的抗剪强度与实际产生的剪应力之比来求得安全系数。随着计算机和有限元技术的发展,强度折减有限元法正成为边坡稳定性分析研究的新趋势。

有限元法经历了从线性到非线性、弹性到弹塑性、平面到三维空间、静力到动力、均匀介质到多相介质、各向同性到各向异性的发展,也经历了从被认为是单纯的计算方法发展到作为一种数值试验的过程。经过几十年的发展,有限元法已经日臻完善,并在边坡稳定分析中被广泛采用,但还有许多问题值得进一步研究,比如网格离散客观性差,在应力集中区,不同网格计算精度可能会相差很多;出现新的大裂缝或剪切带时,网格调整比较困难;边坡岩体本构模型的选择;大型三维有限元模型在高度非线性情况下的收敛问题等。

第八节　岩体力学参数取值方法

岩石强度试验一般都只能针对小尺寸的岩块试样进行,而工程稳定性分析通常需要岩体的宏观力学参数。岩石强度特性一般采用抗压强度指标进行描述。这种方法试验过程简单,成本低,但是不能直接获得岩石的抗剪强度参数。陈祖煜院士基于 Hoek – Brown 准则确定试件的抗剪强度认为:对于边坡的稳定性分析,应采用岩石和结构面共同组成的节理岩体的综合抗剪强度指标。然而,由于综合抗剪强度既无法单独通过现场或室内试验来确定,也无法通过纯理论分析来解决,使得综合抗剪强度的确定十分困难。

工程岩体的抗剪强度参数受结构面的影响显著,其合理取值对于研究岩体抗剪强度特性有重要意义,目前这是一个亟须解决的难题。为了较好地解决这一问题,E. Hoek 和 E. T. Brown 提出了基于岩体质量评价的应用经验公式确定

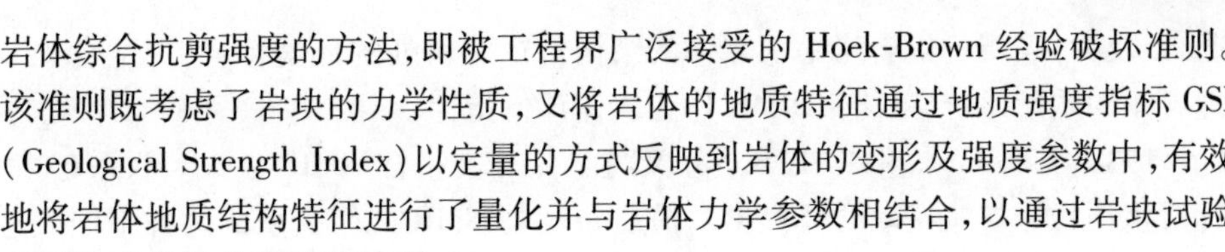

岩体综合抗剪强度的方法，即被工程界广泛接受的 Hoek-Brown 经验破坏准则。该准则既考虑了岩块的力学性质，又将岩体的地质特征通过地质强度指标 GSI（Geological Strength Index）以定量的方式反映到岩体的变形及强度参数中，有效地将岩体地质结构特征进行了量化并与岩体力学参数相结合，以通过岩块试验成果推求岩体抗剪强度参数。

一、Hoek-Brown 准则发展历史

E. Hoek 和 E. T. Brown 通过对大量岩石三轴试验资料和岩体现场试验成果的统计分析，结合他们在岩石性态方面的理论和实践经验，于 1980 年提出了确定节理岩体综合强度的狭义 Hoek-Brown 准则，其表达式为

$$\sigma_1' = \sigma_3' + \sqrt{m\sigma_{ci}\sigma_3' + s\sigma_{ci}^2} \tag{4-67}$$

式中：σ_{ci}——完整岩块的单轴抗压强度；

σ'_1、σ'_3——破坏时的最大、最小主应力；

m、s——与岩体特性有关的材料常数，其取值受多种因素影响。

随着 Hoek-Brown 准则的发展，如何处理包含非线性参数 m、s 的 Hoek-Brown 准则与包含强度参数 c、φ 的 Mohr-Coulomb 准则之间的关系成为一个亟待解决的问题。由于实践中几乎所有的岩土力学软件都是基于 Mohr-Coulomb 破坏准则编写的，要使用 Hoek-Brown 准则，并能在软件中直接输入其强度参数，确定 m、s 与 c、φ 之间的关系变得很有必要。英国皇家理工大学的 J. Bray 博士于 1983 年在朗肯演讲报告中首次提出了一个解决此问题的严谨的理论方法，得出 m、s 与 c、φ 之间的关系，其表达式如下：

$$\tau = \frac{(\cot\varphi_i' - \cos\varphi_i')m\sigma_{ci}}{8} \tag{4-68}$$

$$\varphi_i' = \arctan\left(\frac{1}{\sqrt{4h\cos^2\theta - 1}}\right) \tag{4-69}$$

$$\theta = \frac{90 + \arctan(1/\sqrt{h^3 - 1})}{3} \tag{4-70}$$

$$h = 1 + \frac{16(m\sigma_n' + s\sigma_{ci})}{3m^2\sigma_{ci}} \tag{4-71}$$

式中：σ_n'、τ——点（σ'_3，σ'_1）处对应的正应力和剪应力；

σ_{ci}、m 意义同式（4-67）。

E. Hoek 和 E. T. Brown 认为应该将式（4-71）破坏准则中的参数 m、s 同现场地质调查联系起来。根据有经验的地质工程师在现场的量测以及地质描述的情

况，以及 RMR 指标综合考虑了岩体的结构特征和所处的环境特征，更适合于节理岩体的质量评价，最终以 RMR 作为岩体评价指标。

1988 年 E. Hoek 和 E. T. Brown 又将岩体分类指标 RMR 与 m、s 联系起来，针对扰动岩体与非扰动岩体提出了描述 m、s 与 RMR 之间关系的两种不同表达式，见式(4-72)~式(4-75)。

对于扰动岩体

$$\frac{m_b}{m_i}=\exp\left(\frac{\mathrm{RMR}-100}{14}\right) \tag{4-72}$$

$$s=\exp\left(\frac{\mathrm{RMR}-100}{6}\right) \tag{4-73}$$

对于未扰动岩体

$$\frac{m_b}{m_i}=\exp\left(\mathrm{RMR}-\frac{100}{28}\right) \tag{4-74}$$

$$s=\exp\left(\frac{\mathrm{RMR}-100}{9}\right) \tag{4-75}$$

式中：m_b、m_i——破碎和完整岩石的材料常数。

二、基于 GSI 法的广义 Hoek-Brown 准则

对于节理岩体，广义 Hoek-Brown 破坏准则定义为

$$\sigma_1'=\sigma_3'+\sigma_{ci}(m_b\sigma_3'/\sigma_{ci}+s)^a \tag{4-76}$$

式中：σ_1'、σ_3'——破坏时的最大、最小有效主应力；

m_b——岩体的 Hoek-Brown 参数；

s、a——岩体的特征参数；

σ_{ci}——完整岩块的单轴抗压强度。

对于完整岩块：

$$\sigma_1'=\sigma_3'+\sigma_{ci}\left(m_i\frac{\sigma_3'}{\sigma_{ci}}+1.0\right)^{0.5} \tag{4-77}$$

式中：m_i——完整岩块的 Hoek - Brown 参数，该参数通过完整岩块一系列三轴试验结果的统计分析来确定。

对于 GSI≥25，质量较好的岩体：

$$s=\exp\left(\frac{\mathrm{GSI}-100}{9}\right),a=0.5 \tag{4-78}$$

对于 GSI<25，质量较差的岩体：

$$s = 0, a = 0.65 - \frac{\text{GSI}}{200} \tag{4-79}$$

2002 年 E. Hoek 对该公式进行了修正，将爆破、开挖等施工过程对岩体可能产生的扰动影响反映至 Hoek-Brown 参数中，即

$$\left.\begin{aligned} m_b &= m_i \exp\left(\frac{\text{GSI} - 100}{28 - 14D}\right) \\ s &= \exp\left(\frac{\text{GSI} - 100}{9 - 3D}\right) \\ a &= \frac{1}{2} + \frac{1}{6}\left(e^{\frac{-\text{GSI}}{15}} - e^{\frac{-20}{3}}\right) \end{aligned}\right\} \tag{4-80}$$

式中：D——岩体受爆破或开挖等外部荷载的扰动程度，其变化幅度介于 0 ~ 1 之间，无扰动时取 0，严重扰动时取 1。

使用 Hoek-Brown 准则评价节理岩体的强度性质时，必须对岩体的 4 个参数做出评估，分别是：

(1)完整岩块的单轴抗压强度 σ_{ci}。

(2)完整岩块的 Hoek-Brown 常数 m_i。

(3)岩体地质强度指标 GSI。

(4)扰动系数 D。

其中联系节理岩体与完整岩块力学性质的关键是岩体的地质强度指标 GSI。

三、等效 Mohr-Coulomb 强度参数的确定

就大多数岩土工程软件而言，其要求提供的 Mohr-Coulomb 强度参数 c、φ 一般是定值，而不是随正应力的变化而变化，因此，有必要确定岩体在实际应力变化范围内的等效强度参数 c'、φ'。一般将式(4-76)近似拟合成线性关系，即

$$\sigma_1' = k\sigma_3' + \sigma_{cm}' \tag{4-81}$$

由 Mohr-Coulomb 强度准则，得

$$\sigma_1' = \frac{1\sin\varphi'}{1 - \sin\varphi'}\sigma_3' + \frac{2c'\cos\varphi'}{1 - \sin\varphi'} \tag{4-82}$$

$$k = \frac{1 + \sin\varphi'}{1 - \sin\varphi'}, \sigma_{cm}' = \frac{2c'\cos\varphi'}{1 - \sin\varphi'} \tag{4-83}$$

于是有

$$c' = \frac{\sigma_{cm}'}{2\sqrt{k}}, \varphi' = \arcsin\left(\frac{k - 1}{k + 1}\right) \tag{4-84}$$

因此，只要求出 Hoek-Brown 近似线性表达式中的常量 σ'_{cm} 和 k，便可求出等效的 c'、φ' 值。但是，利用此方法产生的 c'、φ' 对最小主应力 σ'_3 的取值范围特别敏感，根据 E. Hoek 教授的研究成果，在满足一定的围岩应力条件下，通过线性拟合最大和最小主应力之间的关系，得到的 c'、φ' 可表示为

$$\varphi' = \sin^{-1}\left[\frac{6am_b(s+m_b\sigma'_{3n})^{a-1}}{2(1+a)(2+a)+6am_b(s+m_b\sigma'_{3n})^{a-1}}\right] \tag{4-85}$$

$$c' = \frac{\sigma_{ci}[(1+2a)s+(1-a)m_b\sigma'_{3n}](s+m_b\sigma'_{3n})^{a-1}}{(1+a)(2+a)\sqrt{1+6am_b(s+m_b\sigma'_{3n})^{a-1}/[(1+a)(2+a)]}} \tag{4-86}$$

式中，$\sigma'_{3n}=\sigma'_{3max}/\sigma_{ci}$，$\sigma'_{3max}$ 为考虑 HB 准则与 MC 准则之间关系的限制应力的上限值，即有 $\sigma_t<\sigma'_3<\sigma'_{3max}$。

当 $\sigma_t<\sigma'_3<\sigma_{ci}/4$ 时，有

$$\sigma'_{cm} = \sigma_{ci}\cdot\frac{[m_b+4s-a(m_b-8s)]\left(\frac{m_b}{4}+s\right)^{a-1}}{2(1+a)(2+a)} \tag{4-87}$$

式中：σ'_{cm}——岩体整体强度；

其余符号含义同前。

值得注意的是 σ'_{3max} 取值依照具体情况而定，就边坡稳定性分析而言，其与破坏面的形状和位置有关。通过对大量岩质边坡采用 Bishop 圆弧法进行稳定性分析，Hoek 得出如下关系

$$\frac{\sigma'_{3max}}{\sigma'_{cm}} = 0.72\left(\frac{\sigma'_{cm}}{\gamma H}\right)^{-0.91} \tag{4-88}$$

式中：H——坡高；

γ——岩体重度。

第五章　公路边坡工程设计

公路边坡工程设计是公路工程设计的重要组成部分，且公路边坡工程与环境之间有着密切的关系，若边坡工程设计不当，将破坏环境，毁坏生态平衡，在公路边坡工程设计过程中，应综合考虑其设计原则与方法，在保证公路边坡工程安全的前提下，因地制宜地综合考虑抗滑挡土墙、锚杆（索）、格构锚固、抗滑桩及柔性支护与生态防护等方案，同时应用仿真设计和反分析技术，开展公路边坡工程的动态设计。

第一节　设计原则与方法

一、设计总体原则

1. 稳定性原则

公路边坡设计首先应以保证边坡稳定为前提。在此条件下，对需要大量借方路段，可通过放缓边坡达到边坡稳定，对大量弃方和大量借方难以处置路段，可通过增加边坡防护工程来设计边坡坡率。

2. 综合性原则

公路边坡设计不宜采用单一的防护措施，而应根据实际情况采用多个防护方案同时进行综合设计。如放缓边坡加坡面防护，或以工程处治为主，或者工程处治与生物防护相结合。同时，不论采用哪种措施都应加强排水系统设计。

3. 特定性原则

对于公路土质路堑边坡，设计不宜采用折线形边坡，应采用上缓下陡，变坡处增设平台的设计方法。对易风化的页岩、泥岩等，采用较缓边坡来保证其稳定时，并对坡面进行全面防护。

4. 简便性原则

有些边坡坡率对整体稳定影响不大，而边坡表面易受雨水侵蚀，常以防护工程类型和方便施工来考虑边坡设计。

5. 环境保护原则

公路除为社会提供安全、快速、舒适、经济的服务外，还应给人以美的感受，也就是要考虑沿路景观，要求边坡设计适应工程场地环境保护的要求，并与场地环境相协调。

二、设计基本要求

公路边坡的稳定性问题主要针对路堑边坡，故本章公路边坡工程设计只分析路堑边坡。

(1)路堑边坡根据使用年限和保护对象的重要性应是安全可靠的。

(2)高度30m以下的边坡，原则上以放缓坡率为主；大于30m的边坡，放缓边坡可能增加大量弃方、破坏大量植被、增大征地量，于环保不利，应在保证边坡开挖基本稳定的条件下，采取相对较陡的坡率，并结合支挡加固工程以减小边坡高度。

(3)由于高边坡的坡脚处应力较为集中，加固工程应贯彻“固脚强腰”的原则，“固脚”即加强坡体下部坡脚一级或二级边坡的支档能力，“强腰”则是在坡体中部采用锚固工程等措施调整坡脚应力，提高边坡的整体稳定性，并防止高边坡的局部失稳。既要保整体稳定，也要保局部稳定。

(4)高边坡设计应有完善的地表和地下排水系统，减少水对边坡稳定的作用和影响。

(5)高边坡设计应充分考虑生态保护，美化环境。

三、坡形坡率设计

路堑边坡坡形坡率设计是在自然斜坡工程勘察资料的基础上，结合交通道路线位规划与工程要求，在确保边坡稳定与安全的条件下进行，以满足公路工程建设目的和要求。

1. 边坡坡形设计

路堑边坡坡形设计包括边坡总体形态设计和坡级平台设计。边坡总体形态，原则上可以设计为直线形、外凸形和内凹形。对于均质土坡，内凹形边坡整体稳定性较好，外凸形边坡整体稳定性相对较差，直线形边坡介于两者之间。

2. 边坡坡率设计方法

坡率设计方法一般采用工程地质类比法、风化破碎程度确定法、结构面产状确定法、极限坡率图解法、相关规范或手册参考设计法,以及数值分析计算法(或稳定系数计算法)。

(1)工程经验设计法或称工程地质类比法,是基于与设计坡体工程地质条件或坡体地层结构条件基本相类似的既有成功工程实例的边坡坡率,或者基于设计坡体所在地区的相关工程经验,采用类比的方法设计边坡坡率。

(2)风化破碎程度确定法,即根据组成坡体地层的风化破碎程度或成因类别设计边坡坡率,此类坡率设计法亦属工程经验确定法,见表5-1。

风化破碎程度确定法　　表5-1

岩层				土层			
风化程度	破碎程度	设计坡率	备注	成因类别	破碎程度	设计坡率	备注
微风化		0.25~0.5		全风化土层		0.75~1.25	
弱风化		0.33~0.75		残积土层		1~1.25	
碎块状强风化		0.50~1.0		坡积土层		1~1.5	
砂土状强风化		0.75~1.0		松散土层		1.25~1.75	
岩体结构整体性较好时取较小值,岩体结构较破碎时取较大值; 岩石较硬时取较小值,岩石较软时取较大值				干燥少水状态取较小值,含水率较高时取较大值; 砂性土取较小值,黏性土取较大值			

(3)结构面产状确定法,是基于设计坡体内的控制性结构面或软弱带产状设计边坡坡率的方法。这种方法是由于结构面或软弱带的抗剪强度较低将控制设计边坡的稳定性。在顺层岩石边坡中经常采用。

(4)图表公式设计法或称极限坡率图解法,是以极限坡率或安全坡率为基础制作有关图表,根据设计坡体的岩土力学指标在相关图表中插值求解确定设计坡率。

(5)规范或手册参考设计法,即使用《公路路基设计规范》(JTG D30—2015)或《公路路基设计手册》的建议值进行边坡坡率设计。由于现有规范或手册建议取值区间较大或存在明显差异,故仅有指导意义,其适用性不强。

(6)数值分析计算法,或称稳定系数确定法,是采用刚体极限平衡法或有限单元法等数值分析方法,基于坡体岩土强度指标进行分析,计算设计坡体的稳定系数,通过试算或优化确定边坡设计坡率。

3. 削坡减重的设计

在边坡设计中,如果通过控制边坡的高度和坡度,而无须对边坡进行整体加固就能使边坡达到自身稳定的边坡设计方法,通常称为坡率法。坡率法是通过控制边坡的高度和坡度,使边坡对所有可能的潜在滑动面的下滑力和阻滑力处于安全的平衡状态。一般的简单岩土边坡(非滑坡),如果不受场地限制,总可以满足边坡稳定的要求,在公路边坡处理中被大量采用,工程中又称为削坡(或刷坡),如图5-1所示。

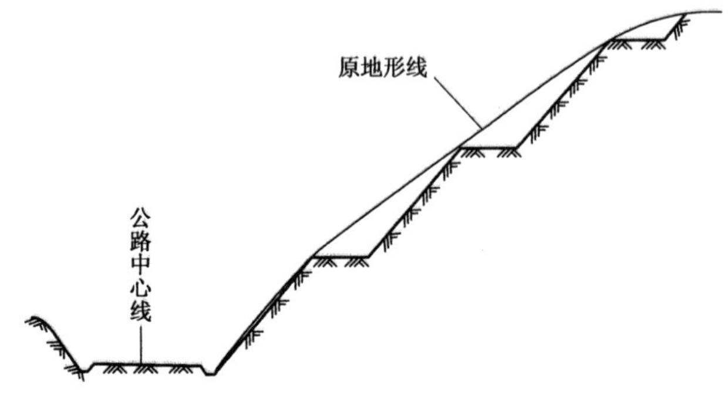

图5-1 分级削坡

减重的概念是针对滑坡处治而提出的,它是减轻致滑坡段的滑体超重部分,以减小滑体的下滑力,使滑坡趋于稳定;显然它与坡率法有着本质的区别,不同于一般的边坡削坡,因为减重的目的是使滑坡稳定,被减去的土体位于滑坡的致滑段(一般在滑坡的上部),如图5-2所示;如果误将滑坡下部阻滑部分削去,将进一步加剧滑坡的发展。在滑坡处治技术中,与减载相对应的另一种技术是堆载阻滑技术,它是通过在滑坡的阻滑段(一般滑坡的下部)堆载,来提高边坡的阻滑力以使滑坡处于稳定的方法,如图5-3所示。这两种方法都是公路滑坡处理中最直接、最有效的方法,在公路滑坡处治中被广泛采用。

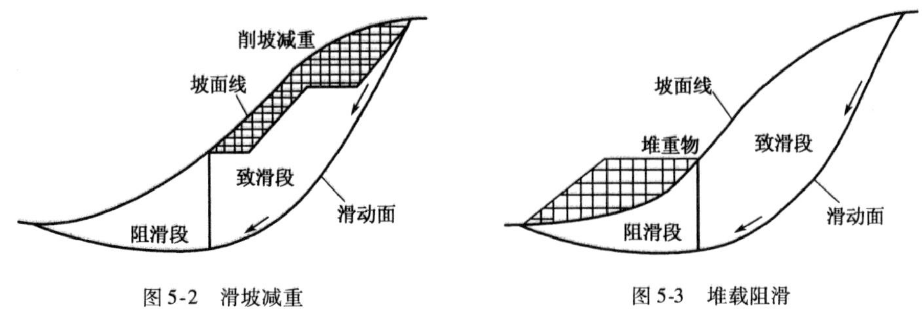

图5-2 滑坡减重

图5-3 堆载阻滑

由于减重是在滑坡后缘挖除一定数量的滑体而使滑坡稳定下来,因而它适用于推动式滑坡或由塌落形成的滑坡,并且滑床上陡下缓,滑坡后缘及两侧的地层稳定,不致因刷方而引起滑坡向后或向两侧发展。与减重相对应的堆载阻滑技术则主要适用于牵引式滑坡,同时应注意堆载不要引起次一级的滑动。

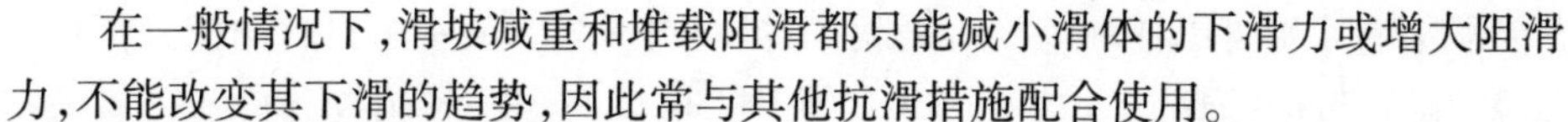

在一般情况下,滑坡减重和堆载阻滑都只能减小滑体的下滑力或增大阻滑力,不能改变其下滑的趋势,因此常与其他抗滑措施配合使用。

四、支护结构形式的选用

边坡支护结构的形式很多,有挡墙、抗滑桩、锚固等,支护结构形式的选用主要是使用其中一种、两种,或将不同类型的支护结构组合起来使用。究竟选择什么样的支护结构,要针对实际情况进行多方论证,从比选方案中推荐最优方案,最重要的就是看所采用方案是否达到了安全、经济、合理、可行,其支护结构的选择需要考虑地质环境条件、边坡性质与边坡变形失稳机理、经济合理与可实施性、环境保护、新技术、新工艺、新材料及经济社会发展水平等多方面的因素。

1. 地质条件

地质条件是边坡稳定性分析和支护设计最基础、最重要的因素,主要包括地形地貌、地质构造、工程地质、水文地质及地表水及不良地质作用等。

2. 边坡性质与变形失稳机理

边坡性质:除了地质因素决定的边坡固有特性之外,边坡还有其他一些重要性质也是必须考虑的,如是自然边坡还是人工边坡、是挖方边坡还是填方边坡或半挖半填边坡、坡高与坡比、边坡的使用年限、边坡的重要性与安全等级、边坡上方的附加荷载以及是否有振动因素等,这些性质都会影响边坡支护结构形式。

边坡变形失稳机理:彻底搞清边坡的变形失稳机理是较为困难的,然而又是至关重要的,不同的边坡,其变形失稳机理有所不同,至少其变形失稳的主导因素是不尽相同的。边坡变形失稳机理主导着设计者的设计思路和支护形式的选择,因此,必须认清边坡产生变形失稳的类型。

3. 安全合理与可实施性

不同用途、不同性质、不同安全等级的边坡,对稳定安全系数有不同的要求。边坡支护,首要的就是安全,但又必须是合理的安全,合理的支护必然是安全的,但安全的支护不一定都是合理的,这就有一个安全度的把握问题。

4. 新技术、新工艺、新材料的应用

新技术、新工艺、新材料的应用,对推进边坡支护技术的发展是一件非常好的事情,可以提高工效、降低成本、保护环境、克服难度,如新型成孔设备的使用,可以使工效大大提高,同时使施工难度降低;注浆技术的改进,可以提高锚固力;压力分散型、拉力分散型、拉压结合型锚杆的应用,可以充分发挥锚固段的潜力,并提高单根锚索的抗拔力;自进式锚杆可以解决破碎、坍塌地层的锚固问题;生

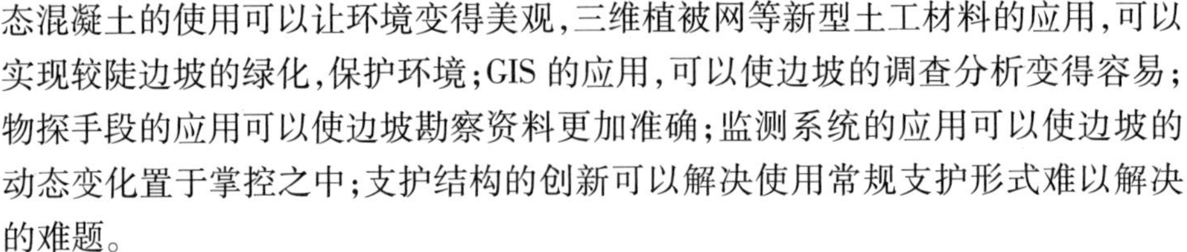

态混凝土的使用可以让环境变得美观,三维植被网等新型土工材料的应用,可以实现较陡边坡的绿化,保护环境;GIS 的应用,可以使边坡的调查分析变得容易;物探手段的应用可以使边坡勘察资料更加准确;监测系统的应用可以使边坡的动态变化置于掌控之中;支护结构的创新可以解决使用常规支护形式难以解决的难题。

5. 环境保护

随着环保意识的提高,环境保护的要求是必须要考虑的。例如,尽量减少对原始地质及生态环境的扰动破坏,不设计大挖方和大填方。对支护坡面进行绿化,尽可能让边坡景观与自然环境和谐等。有的方法如喷锚支护作为边坡支护的一种手段,对增强边坡稳定是有效的也是比较经济的,但其弱点是最后形成的坡面缺少生机。又如削坡减载也是稳定边坡的一种行之有效的方法,但削坡面积过大,会对生态环境造成破坏,选择合适的支护结构进行支护,减少削坡数量,可以保护生态植被,减少对地质环境的扰动破坏。

6. 经济社会发展水平

支护结构的选择,还应考虑与地方经济和社会发展水平相适应。发达国家在边坡支护的投入总体上要比发展中国家高,手段也更加先进,因而经过治理的边坡在稳定性、环境保护、美观程度等方面都是比较好的,而且在预见性和主动性方面都有很好的体现。因此,在边坡支护形式的选择上,适当考虑地方经济发展水平,兼顾各个方面是理所应当的。

第二节　支护工程设计

一、支护工程设计原则与方法

支挡加固工程是依据路堑边坡稳定程度与等级标准设计,并经多方案比选优化确定。路堑边坡一般要求严格按照相关设计规范规定的“边坡工程等级”进行设计,其支挡工程设计的总体原则要求如下:

对于稳定的边坡,即边坡在正常工况稳定系数大于 1.2(依据相关设计规范确定,下同),且其他各种非正常工况下稳定系数满足规范要求时,一般无须增设额外支挡加固工程,即可维持坡体的总体稳定。

对于不稳定的边坡,即边坡稳定系数小于 1.0,必须增加支挡加固工程,或放缓边坡坡率,以及采用刷坡放缓与支挡加固相结合处理,从而维持坡体稳定,确保边坡稳定系数满足规范规定各种工况条件下的要求。

对于欠稳定或稳定性差的边坡，即边坡稳定系数介于1.0～1.2之间，若不增设支挡加固工程可以保持暂时稳定，但在考虑各种不利因素的作用下，将有边坡失稳的可能，故需要增补一定的支挡加固工程，或经刷坡放缓处理使边坡稳定系数提高到1.2以上，并满足其他各种非正常工况条件下规范规定的稳定系数。

由于地质因素的不确定性和坡体结构的复杂性，对于经综合分析判断认为欠稳定或稳定性差的边坡，应加强其动态设计工作。根据施工实际揭露地层情况和坡体结构，及时分析判断，必要时调整防护或增补支挡加固工程措施，确保坡体稳定和结构安全。

二、抗滑挡土墙设计

1. 抗滑挡土墙类型、特点和适用条件

抗滑挡土墙是目前整治中小型滑坡中应用最为广泛且较为有效的措施之一。根据滑坡的性质、类型和抗滑挡土墙的受力特点、材料和结构不同，抗滑挡土墙又有多种类型。

从结构形式上分，有：①重力式抗滑挡土墙；②锚杆式抗滑挡土墙；③加筋土抗滑挡土墙；④板桩式抗滑挡土墙；⑤竖向预应力锚杆式抗滑挡土墙等形式。

从材料上分，有：①浆砌条石（块石）抗滑挡土墙；②混凝土抗滑挡土墙（浆砌混凝土预制块体式和现浇混凝土整体式）；③钢筋混凝土式抗滑挡土墙；④加筋土抗滑挡土墙等。

选取何种类型的抗滑挡土墙，应根据滑坡的性质、类型（渐断性的滑坡或连续性的滑坡、单一性的滑坡或复合式的滑坡、浅层式的滑坡还是深层式的滑坡等）、自然地质条件、当地的材料供应情况等条件，综合分析，合理确定，以期达到在整治滑坡的同时，降低整治工程的建设费用的目的。

采用抗滑挡土墙整治滑坡，对于小型滑坡，可直接在滑坡下部或前缘修建抗滑挡土墙，对于中、大型滑坡，抗滑挡土墙常与排水工程、刷土减重工程等整治措施联合使用。其优点是山体破坏少，稳定滑坡收效快。尤其对于斜坡体因前缘崩塌而引起大规模滑坡，抗滑挡土墙会起到良好的整治效果。但在修建抗滑挡土墙时，应尽量避免或减少对滑坡体前缘的开挖，必要时，可设置补偿型抗滑挡土墙，在抗滑挡土墙与滑坡体前缘土坡之间填土，如图5-4所示。

抗滑挡土墙与一般挡土墙类似，但它又不同于一般挡土墙，主要表现在抗滑挡土墙所承受的土压力的大小、方向、分布和作用点等方面。一般挡土墙主要抵抗主动土压力，而抗滑挡土墙所抵抗的是滑坡体的剩余下滑推力。一般情况下滑坡体的剩余推力较大,对于滑体刚度较大的中厚层滑坡体,压力的分布图形近似于矩形,推力的方向与滑移面层平行;合力作用点位置较高,位于滑面以上1/2墙高处。因此,一般情况下,滑坡推力较主动土压力大。为满足抗滑挡土墙自身稳定的需要,通常要求通常抗滑挡土墙墙面坡度采用1∶0.3～1∶0.5,甚至缓至1∶0.75～1∶1。有时为增强抗滑挡土墙底部的抗滑阻力,将其基底做成倒坡,或锯齿形;而为了增加抗滑挡土墙的抗倾覆稳定性和减少墙体圬工材料用量,有时可在墙后设置1～2m宽的衡重台或卸荷平台。

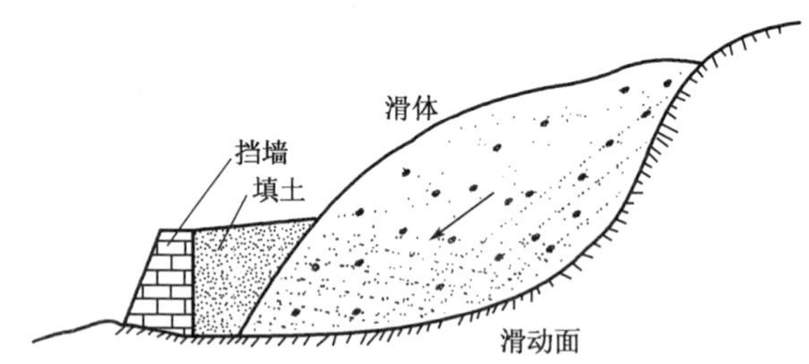

图5-4　补偿抗滑挡土墙的设置

抗滑挡土墙的主要功能是稳定滑坡。因滑坡形式的多种多样,滑坡推力的大小也因滑坡的形式、规模和滑移面层的不同而不同。抗滑挡土墙结构的断面形式应因地适宜地采用和设计,而不能像一般挡土墙那样采用标准断面。工程中常用的抗滑挡土墙断面形式如图5-5所示。

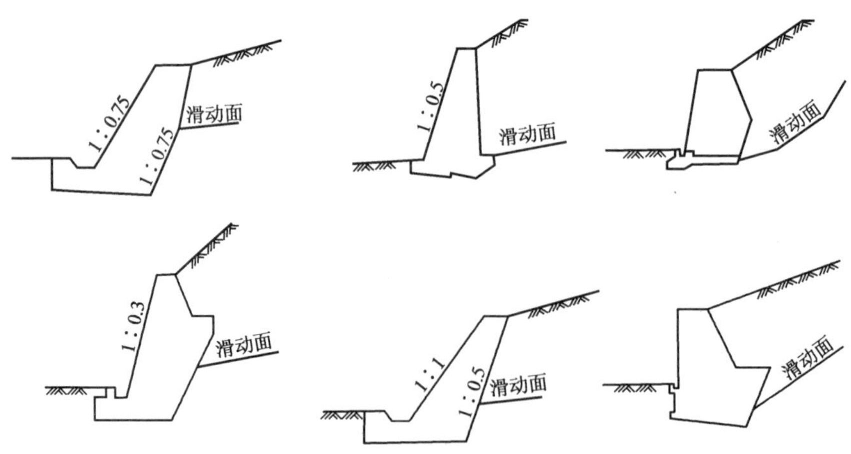

图5-5　常用的抗滑挡土墙断面形式

2. 抗滑挡土墙布置原则

抗滑挡土墙的布置应根据滑坡位置、类型、规模、滑坡推力大小、滑动面位置和形状,以及基础地质条件等因素,综合分析确定。其布置原则一般如下:

(1)对于中、小型滑坡,一般将抗滑挡土墙布设在滑坡前缘。

(2)对于多级滑坡或滑坡推力较大时,可分级布设抗滑挡土墙。

(3)对于滑坡中、小部有稳定岩层锁口时,可将抗滑挡土墙布设在锁处,如图 5-6 所示,锁口处以下部分滑体另做处理,或另设抗滑挡土墙等整治工程。

(4)当滑动面出口在构筑物(如公路、桥梁、房屋建筑)附近,且滑坡前缘距建筑物有一定距离时,为防止修建抗滑挡土墙所进行的基础开挖引起滑坡体活动,应尽可能将抗滑挡土墙靠近建筑物布置,以便墙后留有余地填土加载,增加抗滑力,减少下滑力。

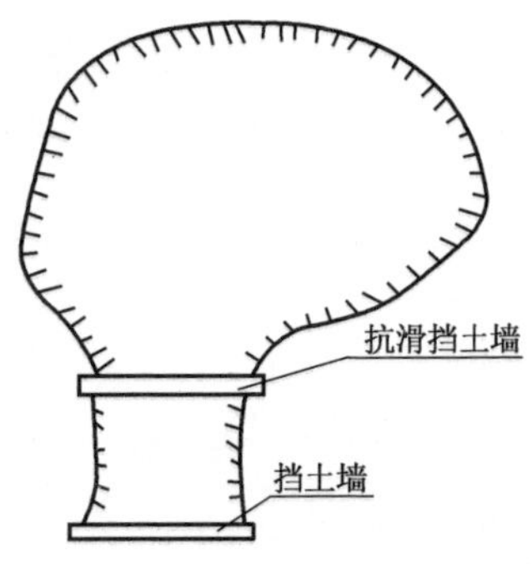

图 5-6　锁口处抗滑挡土墙的布置

(5)对于公路工程,当滑面出口在路堑边坡上时,可根据滑床地质情况决定布设抗滑挡土墙的位置;若滑床为完整岩层,可采用上挡下护办法。若滑床为不宜设置基础的破碎岩层时,可将抗滑挡土墙设置于坡脚以下稳定的地层内。

(6)对于滑坡的前缘面向溪流或河岸或海岸时,抗滑挡土墙可设置于稳定的岸滩地,并在抗滑挡土墙与滑坡体前缘留有余地,填土压重,增加阻滑力,减少抗滑挡土墙的圬工数量,降低工程造价;或将抗滑挡土墙设置在坡脚,并在挡土墙外进行抛石加固,防止坡脚受水流或波浪的侵蚀和淘刷。

(7)对于地下水丰富的滑坡地段,在布设抗滑挡土墙前,应先进行辅助排水工程,并在抗滑挡土墙上设置好排水设施。

(8)对于水库沿岸,由于水库蓄水水位的上升和下降,使浸水斜坡发生崩塌,进而可能引起大规模的滑坡,除在浸水斜坡可能崩塌处布设抗滑挡土墙外,在高水位附近还应设抗滑桩或二级抗滑挡土墙,稳定高水位以上的滑坡体;或根据地形情况及水库蓄水水位的变化情况,设置 2 ~3 级或更多级抗滑挡土墙。

抗滑挡土墙一般可按图 5-7 所示框图的程序进行设计。

3. 抗滑挡土墙上力系分析与荷载确定

作用于抗滑挡土墙的力系,与一般挡土墙所受力系相似,只是在进行抗滑挡土墙设计时,侧压力一般不是采用主动土压力,而是滑坡推力,其大小、方向、分布和合力作用点位置与一般挡土墙上的土压力不同。在进行抗滑挡土墙设计时,应充分分析作用于挡土墙上的各种力系,合理确定作用于抗滑挡土墙上的滑坡推力。通常将作用于抗滑挡土墙上的力系分为基本力系和附加力系。

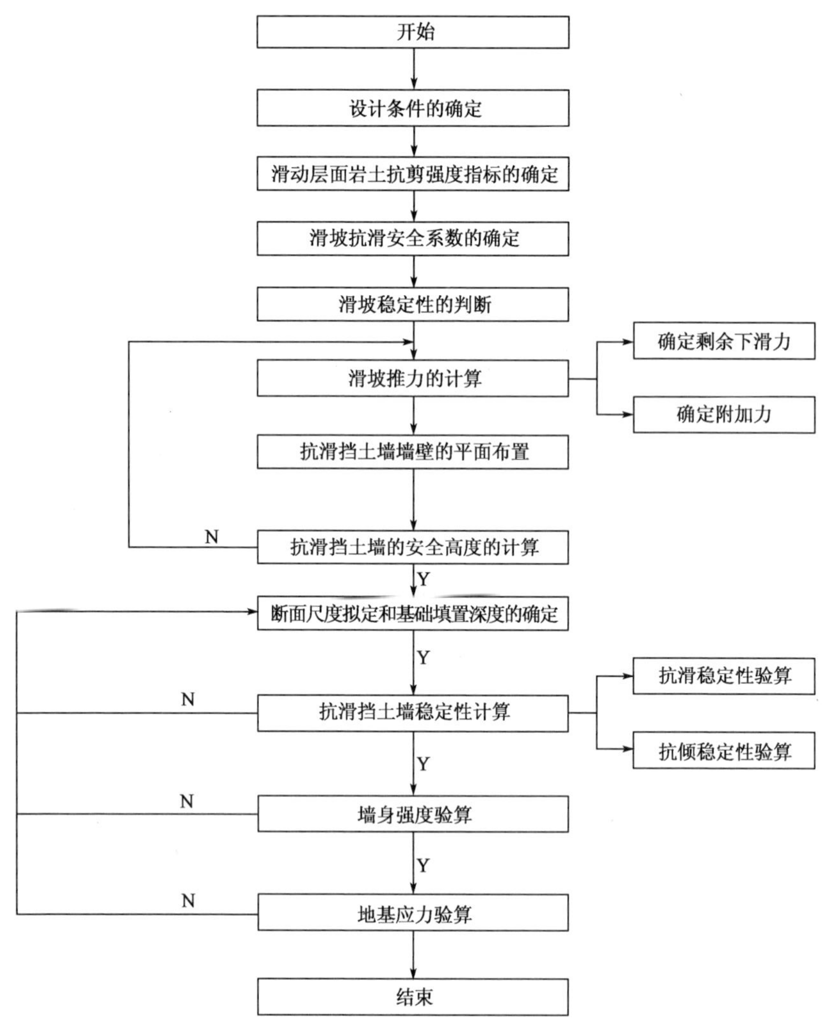

图 5-7　抗滑挡土墙计算框图

基本力系是指由滑坡体和抗滑挡土墙本身产生的下滑力和阻滑力,它与滑体的大小、重度、滑动面形状和滑面(带)的抗剪强度指标 c、φ 值等因素有关。附加力系是作用于抗滑挡土墙上除基本力系外的其他力系,主要包括:

(1)作用于滑体上的外加荷载。如建筑物自重、汽车荷载等。

(2)对于水库岸坡,水库蓄水时滑体有水,且与滑带水连通时,应考虑的动水压力和浮力。

(3)滑体两端有贯通主滑带的裂隙,在滑动时裂隙充分,则应考虑裂隙水对滑体的静水压力。

(4)其他偶然荷载。如地震力和其他特殊力。

1)滑坡推力的计算

滑坡推力的计算是在已知滑动面形状、位置和滑动面(带)上土的抗剪强度指标的基础上进行的,计算方法一般采用剩余下滑力法。

$$E_i = KT_i - (N_i\tan\varphi_i + c_iL_i) + E_{i-1}\psi_i \tag{5-1}$$

式中,$\psi_i = \cos(\alpha_{i-1} - \alpha_i) - \sin(\alpha_{i-1} - \alpha_i)\tan\varphi_i$,$\psi_i$ 称为传递系数,即上一条块的剩余下滑力 E_{i-1} 通过该系数转换变成下一条块剩余下滑力 E_i 的一部分。

对于第一条块,其剩余下滑力 E_i 的计算与单一滑动面的相同,即

$$E_1 = KT_1 - (N_1\tan\varphi_1 + c_1L_1) = KW_1\sin\alpha_1 - (W_1\cos\alpha_1\tan\varphi_1 + c_1L_1) \tag{5-2}$$

如果是圆弧滑动面,其推力可采用条分法进行计算。

应该指出,剩余下滑力法只考虑了力的平衡,而没有考虑力矩平衡的问题。虽有缺陷,因计算简便,工程上应用较广。

2)附加力的计算

在计算滑坡推力的同时,还需考虑附加力的影响。应考虑的附加力有(图5-8):

(1)滑坡体上有外荷载 Q 时,如建筑物自重、汽车荷载等,应将 Q 加在相应的滑块自重 W 之中。

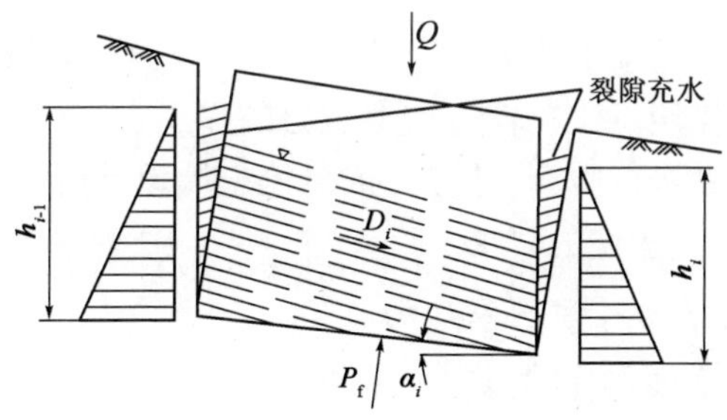

图5-8　作用于滑体分块上的附加力系

(2)对于水库岸坡等地带的滑坡,滑体有水,且与滑带水连通时,应考虑动水压力和浮力。

动水压力 D,其作用点位于饱水面积的形心处,方向与水力坡度平行,大小为

$$D = \gamma_w \Omega I \tag{5-3}$$

式中:γ_w——水的重度(kN/m^3);

Ω——滑坡体条块饱水面积(m^2);

I——水力坡降。

浮力 P,其方向垂直于滑动面,大小为

$$P = \eta \gamma_w \Omega \tag{5-4}$$

式中:η——滑坡体土的孔隙度。

(3)当滑动面水有承压水头 H_0 时,应考虑浮力 P_f,其方向垂直于滑动面,大小为

$$P_f = \gamma_w H_0 \tag{5-5}$$

(4)滑坡体内有贯通至滑动面的裂隙,滑动时裂隙充水,则就考虑裂隙水对滑坡体的静水压力 J,作用于裂隙底以上 $h_i/3$ 高度处,水平指向下滑方向,大小为

$$J = \frac{1}{2}\gamma_w h_i^2 \tag{5-6}$$

式中:h_i——裂隙水深度(m)。

(5)在地震烈度不小于 7 度的地区,应考虑地震力 P_h 的作用,P_h 作用于滑坡体条块重心处,水平指向下滑方向,其大小可按相关计算公式计算。

3)设计推力的确定

当滑坡推力小于主动土压力时,应把主动土压力作为设计推力进行设计,但当滑坡推力的合力作用点位置较主动土压力的作用点高时,挡土墙的抗倾覆稳定性取其力矩较大者进行验算。因此,抗滑挡土墙设计既要满足抗滑挡土墙的要求,又要满足普通挡土墙的要求。

4. 抗滑挡土墙平面尺寸与高度的拟定

1)抗滑挡土墙平面尺寸的拟定

抗滑抗土墙承受的是滑坡推力,不同于普通重力式挡土墙。由于滑坡推力大,合力作用点高,因此抗滑挡土墙具有墙面坡度缓、外形矮胖、平面尺度大的特

点，这有利于挡土墙自身的稳定。抗滑挡土墙墙面坡度常用1∶0.3～1∶0.5的坡率，有时甚至缓至1∶0.75～1∶1，其基底常做成反坡或锯齿形，有时为了增加抗滑挡土墙的稳定性和减少墙体圬工，还在墙后设置1～2m宽的衡重台或卸荷平台，利用衡重台或卸荷平台上填土的重力来代替减少部分墙体的圬工用量，达到降低工程造价。在平面上，抗滑挡土墙一般应布置在滑坡前缘滑床平缓处。对于纵长形滑坡，当用一级抗滑挡土墙不能承受全部滑坡推力，或当用一级抗滑挡土墙来承受全部滑坡推力不经济时，可在中部等适当位置（如滑床有起伏变化的明显变缓处）增设一级或多级抗滑挡土墙分别承受部分滑坡推力，达到最终承受全部滑坡推力，起到稳定滑坡的效果。

2）抗滑挡土墙高度的拟定

抗滑挡土墙的高度如果不合理，尽管它使滑坡体原来的出口受阻，但滑坡体可能沿新的滑动面发生越过抗滑挡土墙的滑动。因此，抗滑挡土墙的合理墙高应保证滑坡体不发生越过墙顶的滑动。合理墙高可采用试算的方法确定（图5-9），先假定一适当的墙高，过墙顶A点作与水平线成$(45° - \varphi/2)$夹角的直线，交滑动面于a点，以Sa、Aa为最后滑动面，计算滑坡体的剩余下滑力。然后，再自a点向两侧每隔5°作出Ab、Ac、…和Ab、Ac、…等虚拟滑动面进行计算，直至出现剩余下滑力的负值低峰为止。若计算结果为剩余下滑力为正值时，则说明墙高不足，应予增高；当剩余下滑力为过大的负值时，则说明墙身过高，应予降低。

如此反复调整墙高，经几次试算直至剩余下滑力为负值时，即可认为是安全、经济、合理的挡土墙高度。

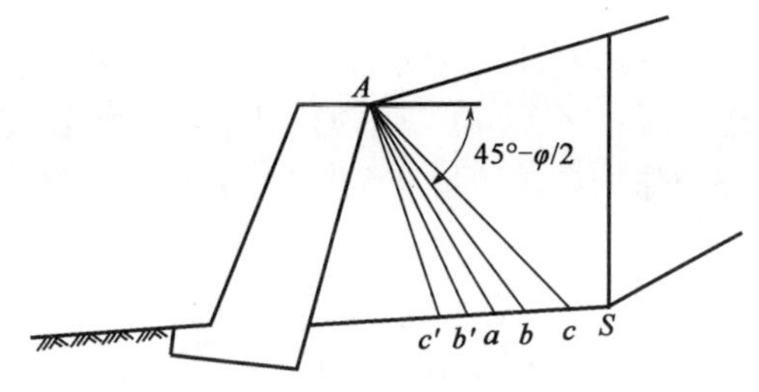

图5-9　合理墙高的确定

5.基础的埋深

基础的埋置深度应通过计算确定。一般情况下，无论何种形式的抗滑挡土墙，其基础必须埋入到滑动面以下的完整稳定的岩（土）层中，且应有足够的抗滑、抗剪和抗倾覆能力。需要埋入基岩不小于0.5m，或者埋入稳定坚实的土层中不小于2m,并置于可能向下发展的滑动面以下,即应考虑设置抗滑挡土墙后由于滑坡体受阻,滑动面可能向下延伸。当基础埋置深度较大,墙前有形成被动土压力条件时(埋入密实土层3m、中密土层4m以上),可酌情考虑被动土压力的作用。

6. 基底应力及地基强度验算

抗滑挡土墙的基底应力、合力偏心距及地基强度验算与普通重力式挡土墙的验算相同,验算公式简述如下:

抗滑挡土墙的刚度一般很大,基底应力可按直线分布,按偏心受压公式计算,对于矩形墙底,可按下式计算:

$$\sigma_{\max/\min} = \frac{V_k}{B}\left(1 \pm \frac{6e}{B}\right) \tag{5-7}$$

式中:$\sigma_{\max/\min}$——基底的最大和最小应力(kPa);

B——墙底宽度(m);

V_k——作用的基底面上的竖向合力标准值(kN);

e——作用的基底面上的合力标准值作用点的偏心距(m),$e = B/2 - \xi$;一般对于岩石地基,$e \leqslant B/6$,对于土质地基,$e \leqslant B/4$;

ξ——合力作用点与墙前趾的距离(m);

$$\xi = \frac{M_R - M_0}{V_k} \tag{5-8}$$

M_R、M_0——竖向合力标准值和倾覆力标准值对墙底面前趾的稳定力矩和倾覆力矩(kN·m)。

对于岩石地基,$e > B/6$,对于土质地基,$e > B/4$时,$\sigma_{\min}$将出现负值,即产生拉应力。但墙底和地基之间不可能承受拉应力,此时基底应力将出现重分布。根据基底应力的合力和作用在挡土墙上的竖向力合力相平衡的条件,得:

$$\sigma_{\max} = \frac{2V_k}{3\xi}$$

$$\sigma_{\min} = 0$$

设计时要求基底最大应力应小于地基承载力,即

$$\gamma_\sigma \sigma_{\max} \leqslant \sigma_\gamma \tag{5-9}$$

式中:σ_γ——地基承载力设计值(kPa)。

7. 抗滑挡土墙的稳定性及强度验算

1)挡土墙的稳定性验算

抗滑挡土墙的稳定性验算与普通重力式挡土墙的稳定性验算相同,仅由设

计推力替代主动土压力。验算内容包括：抗滑稳定性验算和抗倾覆稳定性验算。

（1）稳定性验算

$$K_S = \frac{V_k\mu + E_P}{H} \geqslant [K_S] \tag{5-10}$$

式中：V_k——作用于抗滑挡土墙上的竖向合力（kN）；

μ——挡土墙基底摩擦系数；

E_P——当挡土墙埋置较深时，墙前被动土压力的水平分力，可取计算值的0.3倍作为设计值（kN）；

H——作用于抗滑挡土墙上的水平设计推力（kN）；

$[K_S]$——抗滑挡土墙所允许的最小抗滑安全系数。

（2）稳定性验算

$$K_0 = \frac{M_R}{M_O} \geqslant [K_0] \tag{5-11}$$

式中：$[K_0]$——抗滑挡土墙所允许的最小抗倾安全系数。

2）挡土墙截面强度验算

为保证墙身的安全可靠，要求挡土墙墙身应有足够的强度。设计时应对墙身截面承载力进行验算，验算的内容包括：偏心压缩承载力验算和弯曲承载力验算。一般可取一二个控制截面进行强度验算。

（1）偏心压缩的承载力计算

石砌或混凝土砌块砌筑的挡土墙截面，在自重及水平向土压力作用下，使截面承受偏心压缩的作用。

砌体偏心受压构件，随偏心距 e 的增加，其强度将逐渐降低，这主要是偏心受压构件截面上应力分布不均匀所致。砌体偏心受压构件承载力计算公式为

$$N \leqslant \delta f A \tag{5-12}$$

式中：N——由荷载设计值产生的轴向力；

f——砌体抗压强度设计值；

A——截面面积；

δ——承载力影响系数。

$$\delta = \frac{1}{1 + 12\left(\frac{e}{h}\right)^2} \tag{5-13}$$

式中：h——构件的厚度，挡土墙计算取墙厚。

当为石砌体时，偏心距 e 按荷载标准值时不宜超过 $0.7y$，y 为截面重心到轴向力所在偏心方向截面边缘的距离。

当 $0.7y < e \leqslant 0.95y$ 时，应按正常使用极限状态验算

$$N_k \leqslant \frac{f_{tm,k}A}{\frac{Ae}{W}-1} \tag{5-14}$$

式中：N_k——轴向力标准值；

$f_{tm,k}$——砌体沿近缝截面的弯曲抗拉强度标准值，取 $f_{tm,k}=1.5f_{tm}$；

W——截面抵抗矩。

当 $e>0.95y$ 时，按下式计算

$$N \leqslant \frac{f_{tm}A}{\frac{Ae}{W}-1} \tag{5-15}$$

式中：N——轴向力设计值。

对于混凝土灌注的挡土墙，则应按素混凝土偏心受压计算，除应计算弯矩作用平面的受压承载力，还应按轴心受压构件验算其受压承载力，此时，不考虑弯矩，但应考虑稳定系数 δ 的影响。

$$N \leqslant \delta f_{cc} b(b-2e_0) \tag{5-16}$$

式中：N——轴向力设计值；

δ——素混凝土构件的稳定系数，对于重力式挡土墙可取1.0；

f_{cc}——素混凝土的轴心抗压强度设计值，其值由表查得 f_c 值再乘以系数0.95；

e_0——受压自混凝土的合力点至截面重心的距离；

b——截面宽度，挡土墙计算中多取1.0m。

当 $e \geqslant 0.45y'$，应在混凝土受拉区配置构成钢筋，否则满足式(5-17)方可不配构造筋。

$$N \leqslant \frac{y_m f_{et} bh}{\frac{be_0}{h}-1} \tag{5-17}$$

式中：f_{et}——素混凝土抗拉强度设计值；

y_m——截面抵抗矩塑性系数，对于挡土墙计算截面为矩形时，$y_m=1.75$；

b、h——单位长和挡土墙的厚度。

(2)受剪承载力计算

抗滑挡土墙其断面尺寸一般很大，通常可不进行其受剪承载力的计算。对于石砌或砌块砌筑的挡土墙，当尚需验算其抗剪承载力时，可按受弯构件受剪承载力计算

$$V \leqslant f_v bz \tag{5-18}$$

式中：V——剪力设计值；

f_v——砌体的抗剪强度设计值；

b——截面宽度，挡土墙为单位延长米；

z——内力臂，$z = I/S$，在挡土墙计算时，截面为矩形，$z = 2h/3$；

I——截面惯性矩；

S——截面面积矩；

h——截面高度，即挡土墙的厚度。

对于挡土墙，特别是重力式挡土墙，截面大、剪应力很小，通常可不作剪力承载力计算，如计算时可用下式进行

$$V \leqslant \frac{2hf}{3} \tag{5-19}$$

三、锚杆(索)设计

1. 锚杆(索)的作用、特点及适用条件

锚杆是一种将拉力传至稳定岩层或土层的结构体系，主要由锚头、自由段和锚固段组成，如图5-10所示。

(1)锚头：锚杆外端用于锚固或锁定锚杆拉力的部件，由垫墩、垫板、锚具、保护帽和外端锚筋组成。

(2)锚固段：锚杆远端将拉力传递给稳定地层的部分锚固深度和长度应按照实际情况计算获取，要求能够承受最大设计拉力。

(3)自由段：将锚头拉力传至锚固段的中间区段，由锚拉筋、防腐构造和注浆体组成。

(4)锚杆配件：为了保证锚杆受力合理、施工方便而设置的部件，如定位支架、导向帽、架线环、束线环、注浆塞等(图5-11)。

锚杆的分类方法较多，通常可以按应用对象、是否预先施加应力、锚固机理

以及锚固形态进行分类。

按应用对象可分为岩石锚杆(索)和土层锚杆(索)。岩石锚杆是指内锚段锚固于各类岩层中的锚杆,而自由段可以位于岩层或土层中。土层锚杆是指锚固于各类土层中的锚杆,其构造、设计、施工与岩石锚杆有共同点,也有其特殊性。

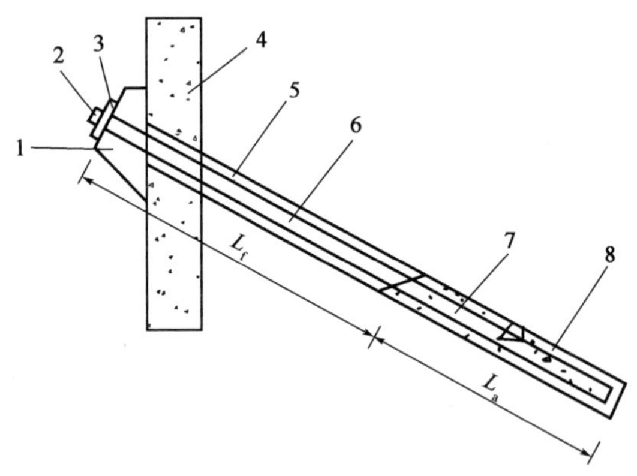

图 5-10　锚杆结构示意图

1-台座;2-锚具;3-承压板;4-支挡结构;5-钻孔;6-自由隔离层;7-钢筋;8-注浆体;L_f-自由段;L_a-锚固段

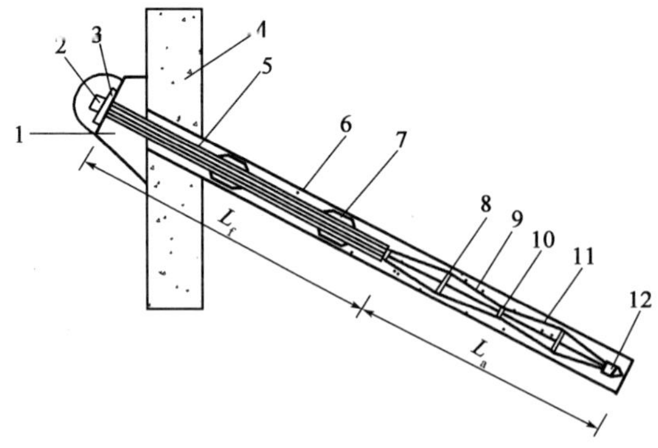

图 5-11　锚索结构示意图

1-台座;2-锚具;3-承压板;4-支挡结构;5-自由隔离层;6-钻孔;7-对中支架;8-隔离架;9-钢绞线;10-架线环;11-注浆体;12-导向帽;L_f-自由段;L_a-锚固段

按是否预先施加应力分为预应力锚杆(索)和非预应力锚杆(索),目前在公路滑坡处治中广泛采用预应力锚索加固技术。

按锚固形态分为圆柱形锚杆、端部扩大头型锚杆(索)(图 5-12)和连续球型锚杆(索)(图 5-13)。

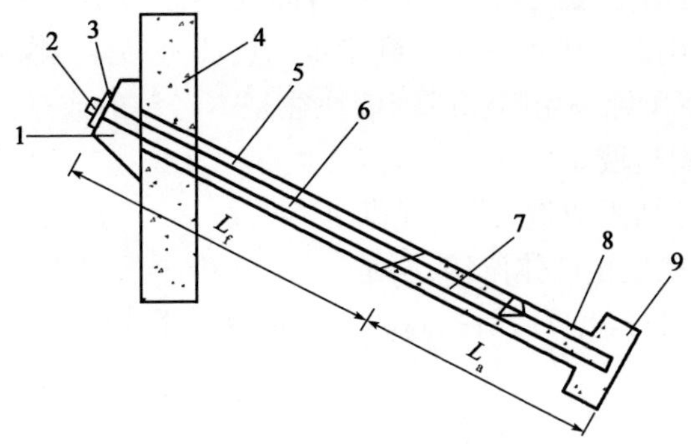

图 5-12　端部扩大头型锚杆

1-台座;2-锚具;3-承压板;4-支挡结构;5-钻孔;6-自由隔离层;7-钢筋;8-注浆体;9-端部扩头体;L_f-自由段;L_a-锚固段

除此之外,按锚固机理还可分为有黏结锚杆、摩擦型锚杆、端头锚固型锚杆和混合型锚杆。目前在边坡加固工程中广泛采用锚钉也是一种较短的黏结型锚杆,它是通过在边坡中埋入短而密的黏结型锚杆使锚杆与坡体形成复合体系,增强边坡的稳定性;这种锚杆一般适用于土质地层和松散的岩石地层。

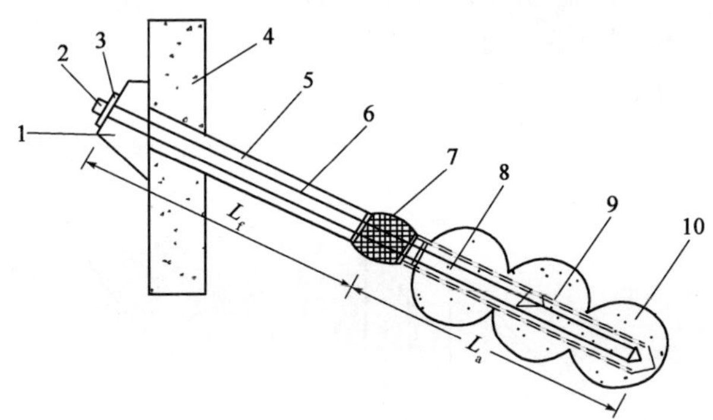

图 5-13　连续球型锚杆

1-台座;2-锚具;3-承压板;4-支挡结构;5-钻孔;6-自由隔离层;7-止浆密封装置;8-预应力筋;9-注浆导管;10-锚固体;L_f-自由段;L_a-锚固段

2. 锚杆(索)在边坡处治中的应用

在边坡工程中,当潜在的滑体沿剪切滑动面的下滑力超过抗滑力时,将会出现沿剪切面的滑移和破坏。在坚硬的岩体中,剪切面多发生在断层、节理、裂隙等软弱结构面上。在土层中,砂性土的滑面多为平面,黏性土的滑面一般为圆弧状。有时也会出现沿上覆土层和下卧基岩间的界面滑动。为了保持边坡的稳定,一种办法是采用大量削坡直至达到稳定的边坡角;另一种办法是设置支挡结构。在许多情况下单纯采用削坡或挡墙往往是不经济的或难以实现的,这时可采用锚杆(索)加固边坡。

采用锚杆(索)加固边坡,能够提供足够的抗滑力,并能提高潜在滑移面上的抗剪强度,有效地阻止坡体位移,这是一般支挡结构所不具备的力学作用。在土层中,边坡安设锚杆(索)后所提高的安全系数可用式(5-20)条分法公式计算(图5-14)。

$$k=\frac{f(\sum_{i=1}^{m}N_i+P_{\mathrm{N}})+\sum_{i=1}^{m}c_iL_i}{\sum_{i=1}^{m}T_i+P_{\mathrm{T}}} \tag{5-20}$$

式中:N_i——作用在第 i 条滑面上的法向力;

T_i——作用在第 i 条滑面上的切向力;

c_i——第 i 条滑面上的黏聚力;

L_i——第 i 条滑面上的长度;

P_{N}——锚杆锚固力沿滑面法向的分力;

P_{T}——锚杆锚固力沿滑面切向的分力;

f——滑面上的摩擦系数。

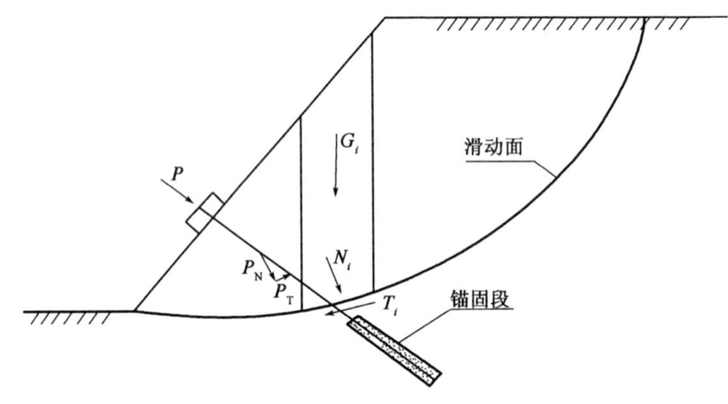

图5-14 锚固边坡的稳定性分析

在岩体中,由于岩石产状及软硬程度存在严重差异,岩石边坡可能出现不同的失稳和破坏模式,如滑移、倾倒、转动破坏等。锚杆的安设部位、倾角为抵抗边坡失稳与破坏最有利的方向,一般锚杆轴线应当与岩石主结构面或潜在的滑移面呈大角度相交，如图 5-15 所示。

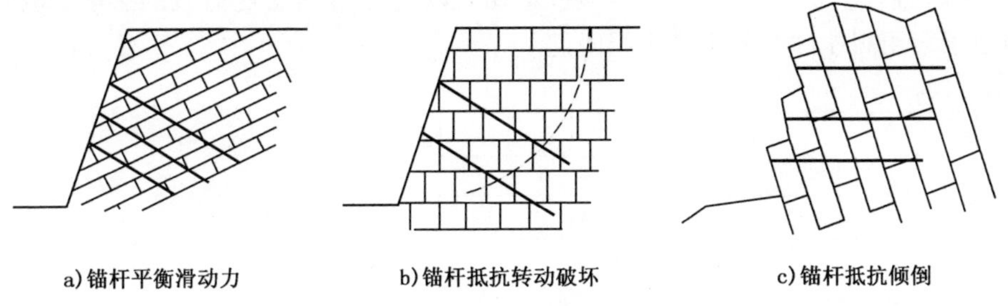

a)锚杆平衡滑动力　　b)锚杆抵抗转动破坏　　c)锚杆抵抗倾倒

图 5-15　锚杆增强岩石边坡的稳定性

3. 锚杆(索)设计的基本原则

在计划使用锚杆的边坡工程中，应充分研究锚固工程的安全性、经济性和施工的可行性。设计前认真调查边坡工程的地质条件，并进行工程地质勘察及有关的岩土物理力学性能试验，以提供锚固工程范围类的岩土性状、抗剪强度、地下水、地震等资料。对于土质边坡还应提供土体的物理性质和物理状态指标。

设计锚杆的使用寿命应不小于公路或被服务建筑物的正常使用年限，一般使用期限在两年以内的工程锚杆应按临时锚杆设计，使用期限在两年以上的锚杆应按永久性锚杆进行设计。永久性锚杆的锚固段不应设在有机质土、液限大于 50% 或相对密度小于 0.3 的土层中。因有机质土会引起锚杆的腐蚀破坏；液限大于 50% 的土层由于其高塑性，会引起明显的徐变而导致锚固力不能长期保持恒定；相对密度小于 0.3 的土层松散，不能提供足够的锚固力。

4. 锚杆(索)的设计程序

对边坡锚杆(索)加固设计，首先必须进行边坡工程地质调查，在掌握地质情况的基础上，对边坡的破坏方式进行判断，并分析采用锚杆方案的可行性和经济性，如果采用锚杆方案可行，开始计算边坡作用在支挡结构物上的侧压力，根据侧压力的大小和边坡实际情况，选择合理的锚杆形式，并确定锚杆数量、布置形式、承载力设计值，计算锚筋截面、选择锚筋材料和数量。在确定锚筋后，按照锚筋承载力设计值进行锚固体设计(包括锚固段长度、锚固体直径、注浆材料和工艺等)。如果采用预应力锚杆，还要确定预应力张拉值和锁定值，并给出张拉程序。最后是进行外锚头和防腐构造设计，并给出施工建议、试验、验收和监测要求。锚杆设计流程图如图 5-16 所示。

锚杆的布置与安设角度，原则上应根据实际地层情况，以及锚杆与其他支挡

结构联合使用的具体情况确定,一般有如下基本要求:

(1)锚杆上覆地层厚度应不小于4.0m,以避开车辆反复荷载的影响,也避免由于采用高压注浆使上覆土层隆起。

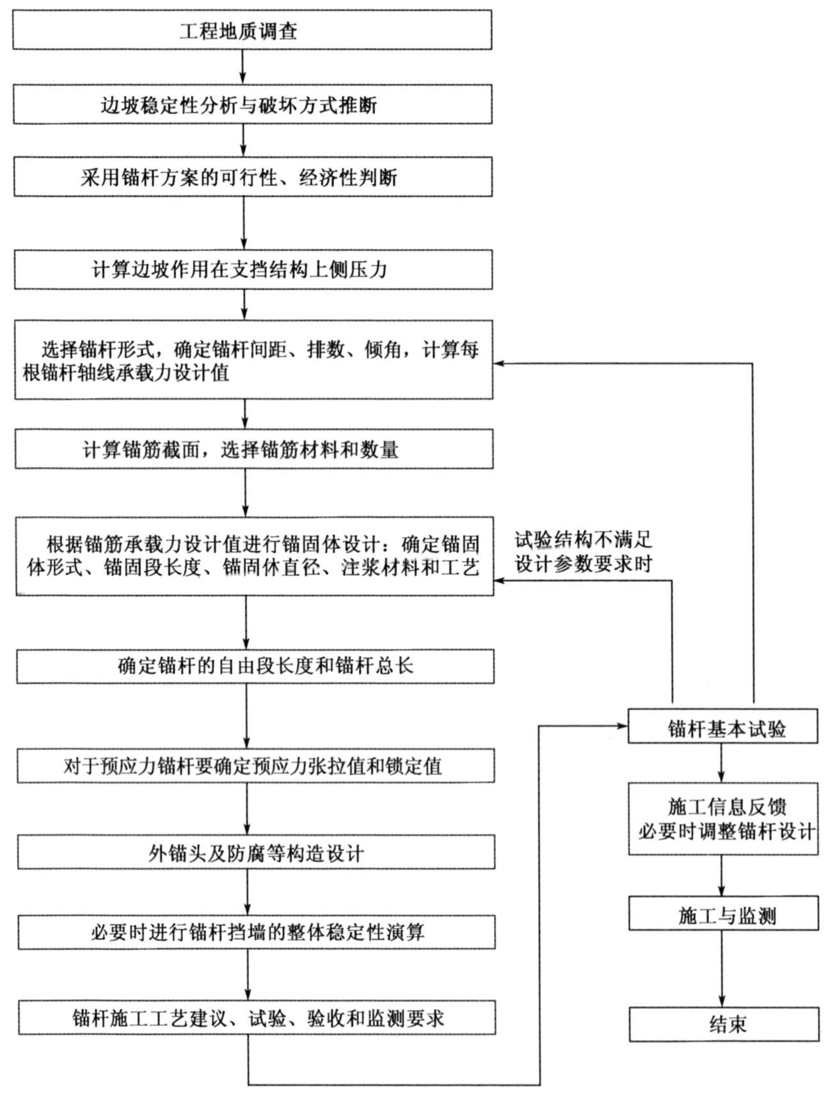

图5-16　锚杆设计流程图

(2)锚杆水平与垂直间距宜大于2.5m,以避免应力集中,同时不得小于

1.5m,以免群锚效应发生而降低锚固力。

(3)锚杆的安设角度,需要考虑邻近状况、锚固地层位置和施工方法。一般锚杆的俯角不小于15°,不大于45°;俯角越大,越有利于抵抗侧压力的水平分力,但同时由于垂直分力加大,会引起护壁桩向下压力增大的不利影响。实际工程中,应根据锚固地层的位置选择合适的安设角度。

除此之外,对于预应力锚索,可根据两种方法综合确定最优锚固角。

(1)理论分析表明,锚索满足下式是最经济的:

$$\beta = \theta - (45° + \varphi/2) \tag{5-21}$$

式中:β——锚索倾角;

θ——滑面倾角;

φ——滑面内摩擦角。

(2)对于注浆锚索,根据经验,锚固角度必须大于11°,否则,须增设止浆环进行压力注浆。

5. 锚杆(索)锚固设计荷载的确定

锚杆(索)锚固设计荷载的确定,应根据边坡的推力大小和支护结构的类型综合考虑确定。首先,应当计算边坡的推力或侧压力,然后根据支挡结构的形式,计算该边坡要达到稳定需要锚固提供的支撑力。根据这个支撑力和锚杆数量、布置便可确定出锚杆(索)锚固荷载的大小,该荷载的大小作为锚筋截面计算和锚固体设计的重要依据。

6. 锚杆(索)锚筋的设计

按照设计程序,在确定出锚杆轴向设计荷载后,需要对锚杆进行结构设计,结构设计的第一步就是根据锚杆轴向设计荷载计算锚杆的锚筋截面,并选择合理的钢筋或钢绞线配置锚筋;在配置锚筋后可由锚筋的实际面积和锚筋的抗拉强度标准值计算出锚杆承载力设计值,然后方能进行锚杆体和锚固体的设计计算。

(1)锚杆锚筋的截面积计算

假设锚杆轴向设计荷载为N,则可由式(5-22)初步计算出锚杆要达到设计荷载N所需的锚筋截面

$$A_g = \frac{kN}{f_{pk}} \tag{5-22}$$

式中:A_g——由N计算出的锚筋截面;

k——安全系数,对于临时锚杆取1.6~1.8,对于永久性锚杆取2.2~2.4;

f_{pk}——锚筋(钢丝、钢绞线、钢筋)抗拉强度设计值。

(2)锚筋的选用

根据锚筋截面计算值 A_g,对锚杆进行锚筋的配置,要求实际的锚筋配置截面 $A_g \geqslant A_g'$。配筋的选材应根据锚固工程的作用、锚杆承载力、锚杆的长度、数量以及现场提供的施加应力和锁定设备等因数综合考虑。

(3)按实际锚筋截面计算锚杆承载力设计值

假设实际锚筋配置截面为 A_g($A_g \geqslant A_g'$),由下式按实际锚筋计算锚杆承载力设计值

$$N_g = \frac{A_g f_{pk}}{k} \geqslant N \tag{5-23}$$

式中:N_g——实际锚筋配置情况下锚杆的承载力设计值;

k——安全系数,取值同前;

f_{pk}——所配锚筋(钢丝、钢绞线或钢筋)的抗拉强度设计值。

7. 锚杆(索)的锚固力计算与锚固体设计

锚杆(索)的锚固力也可称为锚杆(索)承载力。锚杆极限锚固力(极限承载力)是指锚杆锚筋沿握裹砂浆或砂浆沿孔壁产生滑移破坏时所能承受的最大临界拉拔力,它可以通过破坏性拉拔试验确定。锚杆容许锚固力(容许承载力)是极限锚固力(极限承载力)除以适当的安全系数(通常为 2.0 ~ 2.5),这种锚固力在《公路钢筋混凝土及预应力混凝土桥涵设计规范》(JTG D62—2004)为容许承载力,标准值为设计锚固力提供参考,通常锚杆容许锚固力是锚杆设计锚固力(或称为锚固力设计值)的 1.2 ~ 1.5 倍。在设计时,锚杆的设计荷载必须小于锚固力设计值。

锚杆锚固力的计算方法随锚固体形式不同而异,圆柱型锚杆的锚固力由锚固体表面与周围地层的摩擦力提供;而端头扩大型锚杆的锚固力则由扩座端的面承力及与周围地层的摩擦力提供。

(1)圆柱型锚杆锚固力与锚固长度计算

对于圆柱型锚杆,根据锚固机理,锚杆的极限锚固力可按下式计算

$$P_u = \pi L d q_s \tag{5-24}$$

式中:L——锚固体长度;

d——锚固体直径;

q_s——锚固体表面与周围岩土体之间的极限黏结强度标准值(表 5-2)。

式(5-23)给出了锚杆承载力设计值 N_g(≥锚杆设计荷载),由式(5-24)可得锚杆要达到锚固力设计值 N 所需的最小锚固体长度:

$$L_m \geqslant \frac{kN_g}{\pi d q_s} \tag{5-25}$$

式中：L_m——锚固体长度；

k——安全系数，对于临时锚杆取1.6～1.8，对于永久性锚杆取2.2～2.4；

N_g——锚杆锚固力设计值；

q_s——锚固体表面与周围岩土体之间的极限黏结强度标准值（表5-2）。

（2）端部扩大头型锚杆的锚固力和锚固长度计算

如图5-17所示，端部扩大头型锚杆的极限锚固力由三部分组成：直孔段圆柱型锚固体摩阻力、扩孔段圆柱型锚固体摩阻力以及扩大头端面承载力。前两项摩阻力可由式（5-24）计算，而扩大头端面承载力目前主要运用锚定板抗拔力计算公式近似计算。

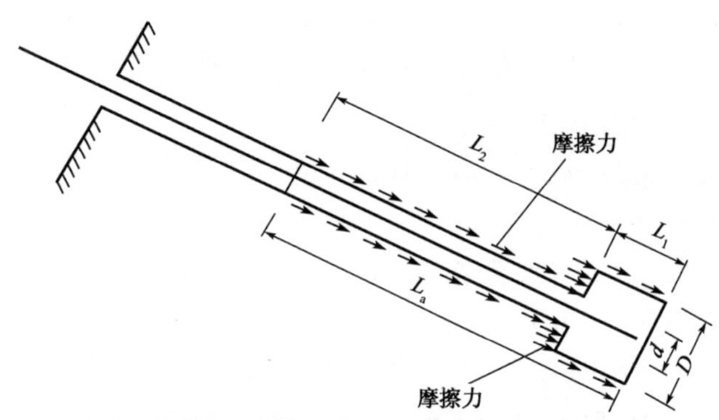

图5-17　端部扩大头型锚杆的锚固力的计算模式

砂土中锚杆的极限锚固力计算

$$P_u = \pi d L_1 q_s + \pi d L_2 q_2 + \frac{1}{4}\pi(D^2 - d^2)\beta_c \gamma h \tag{5-26}$$

黏性土中锚杆的极限锚固力计算

$$P_u = \pi d L_1 q_s + \pi d L_2 q_s + \frac{1}{4}\pi(D^2 - d^2)\beta_c c_u \tag{5-27}$$

式中：P_u——锚杆极限锚固力；

L_1、L_2、D、d——锚固体结构尺寸；

q_s——锚固体表面与周围岩土体之间的极限黏结强度标准值（表5-2）；

h、γ——扩大头上覆土层的厚度和土体重度；

c_u——土体不排水抗剪强度；

β_c——锚固力因数，与 h/D 呈正比例增加，当 $h/D>10$ 时，β_c 保持恒定不再随 h/D 的增加而改变。

已知锚杆的承载力设计值为 N_g，则满足该承载力设计值所需的最小锚固长度可由式(5-26)和式(5-27)求得，为

砂性土

$$kN_g \leqslant \pi dL_1 q_s + \pi dL_2 q_s + \frac{1}{4}\pi(D^2 - d^2)\beta_c \gamma h \tag{5-28}$$

黏性土

$$kN_g \leqslant \pi dL_1 q_s + \pi dL_2 q_s + \frac{1}{4}\pi(D^2 - d^2)\beta_c c_u \tag{5-29}$$

在实际工程设计中，为了便于计算，通常对式(5-28)和式(5-29)根据经验进行简化，简化后的计算公式为

$$N_g \leqslant \frac{1}{k}\pi dL_1 q_s + \frac{1}{k}\pi dL_2 q_s + \frac{1}{4}\pi(D^2 - d^2)B_c c_u \tag{5-30}$$

式中：N_g——锚杆锚固力设计值；

k——安全系数，对于临时锚杆取 1.6～1.8，对于永久性锚杆取 2.2～2.4；

B_c——扩大头承载力修正系数，对于临时锚杆取 4.5～6.5，对于永久性锚杆取 3.0～5.0；

q_s——锚固体表面与周围岩土体之间的极限黏结强度标准值(表 5-2)。

锚固体与周围岩土体间的黏结强度标准值 表 5-2

岩土类别	岩土状态	标准值 q_s(kPa)
淤泥质土	—	20～50
黏性土	坚硬	60～75
	硬塑	50～60
	可塑	40～50
	软塑	30～40
粉土	中密	80～120
砂性土	松散	50～80
	稍密	90～140
	中密	150～210
	密实	220～300

续上表

岩土类别	岩 土 状 态	标准值 q_s(kPa)
岩石	极软岩(泥岩、砂质泥岩、石膏岩)	300 ~ 500
	软质岩(泥岩、砂质泥岩、泥质泥岩)	500 ~ 2000
	硬质岩(砂岩、石灰岩)	2000 ~ 3500

注:1. 表中 q_s 系一次常压灌浆工艺确定,适用于注浆标号 M25 ~ M30;当采用高压灌浆时,可适当提高。
2. 极软岩:岩石单轴饱和抗压强度 $f_p \leqslant 5$MPa;软质岩:岩石单轴饱和抗压强度 5MPa $\leqslant f_p \leqslant$ 30MPa;硬质岩:岩石单轴饱和抗压强度 $f_p \geqslant 30$MPa。
3. 表中数据用作初步设计时计算,施工时宜通过试验检验。
4. 岩体结构面发育时,取表中下限值。

(3)锚筋与锚固砂浆间的最小握裹长度计算

前面对于圆柱型锚杆和端部扩大头型锚杆的极限锚固力计算公式是基于锚固段锚杆体与周围岩土间的极限摩阻力给出的,这种公式的应用条件是锚杆破坏首先从锚固体与周围岩土之间的界面剪切滑移,一般来讲对于土层或较软的岩石满足这种条件。对于坚硬的岩层,如果锚固体与岩层间的极限摩阻力大于锚筋与锚固砂浆之间的极限握裹力,锚杆将首先从锚筋与锚固砂浆之间开始剪切破坏,此时应根据锚筋与锚固砂浆之间的黏结强度来计算锚杆的锚固长度。极限锚固力计算公式为

$$P_u = \pi L n d_g q_g \tag{5-31}$$

式中:L——锚固体长度;

d_g——锚筋直径;

n——锚筋数量;

q_g——锚筋与锚固砂浆之间的极限黏结强度标准值(表 5-3)。

锚杆锚固力设计值为 N_g,锚杆要达到锚固力设计值所需的锚筋与锚固砂浆间的最小握裹长度为

$$L_g \geqslant \frac{kN_g}{\pi n d_g q_g} \tag{5-32}$$

钢筋与砂浆之间的黏结强度标准值　　表 5-3

螺纹钢筋与砂浆面	水泥砂浆强度等级				
	M15	M20	M25	M30	M35
q_s(kPa)	1600	2200	2400	2700	3000

注:1. 当采用两根钢筋点焊成束做法时,黏结力应乘以 0.85 折减系数。
2. 当采用三根钢筋点焊成束做法时,黏结力应乘以 0.7 折减系数。
3. 成束钢筋不应超过三根,钢筋总截面积不应超过孔径面积的 20%,以保证钢筋在砂浆中的锚固效果,除非采用特殊的锚固段钢筋和注浆体设计,并通过试验可适当增加钢筋数量。

8. 锚杆弹性变形计算

锚杆的变形是由锚杆本身在外荷载作用下变形和由于地层徐变引起的变形组成,由地层徐变引起的锚杆变形计算可以通过徐变系数计算锚杆在不同时期的徐变位移。锚杆本身在外荷载作用下的变形以弹性变形为主,下面是锚杆弹性变形的计算方法。

(1)非预应力土层锚杆弹性变形的计算

对于土层锚杆在外荷载作用下,除了锚杆自由段产生弹性变形外,锚固段也存在一部分变形,一般需要通过试验确定,在初步设计时可以近似估算:

$$S_c = \left(\frac{L_f}{E_s A} + \frac{L_a}{3E_c A_c}\right)N_g \tag{5-33}$$

式中:S_c——锚杆弹性变形;

L_f、L_a——锚杆自由段和锚固段长度;

A、A_c——杆体截面面积和锚固体截面面积;

E_s、E_c——杆体弹性模量和锚固体组合弹性模量。

锚固体组合弹性模量可有下式确定

$$E_c = \frac{AE_s + A_m E_m}{A + A_m} \tag{5-34}$$

式中:A_m、E_m——锚固体中砂浆体的截面积和弹性模量。

(2)非预应力岩石锚杆弹性变形的计算

非预应力岩石锚杆的弹性变形主要为锚杆自由段的弹性变形,估算公式为

$$S_c = \frac{L_f}{E_s A}N_g \tag{5-35}$$

(3)预应力锚杆(索)弹性变形的计算

预应力锚杆在受到的轴向拉力小于预应力实际保留值时,可按刚性拉杆考虑;如果承受的轴向拉力大于预应力实际保留值,预应力锚杆将再次产生拉伸变形,此时锚杆的变形量可根据拉力超出预应力保留值的增量代入公式(5-33)和式(5-35)中的 N_g 计算变形量。

如果计算的变形量增量值较小时,预应力锚杆也可近似按刚性拉杆考虑。

9. 锚杆(索)的锁定荷载和锚头设计

对于锚杆,原则上可按锚杆设计轴向力(工作荷载)作为预应力值加以锁定,但锁定荷载应视锚杆的使用目的和地层性状而加以调整。

(1)边坡坡体结构完整性较好时,可将设计锚固力的100%作为锁定荷载。

(2)边坡坡体有明显蠕变且预应力锚杆与抗滑桩相结合,或因坡体地层松

散引起的变形过大时，应由张拉试验确定锁定荷载。通常这种情况下将锁定荷载取为设计锚固力的50%～80%。

(3)当边坡具有崩滑性时，锁定荷载可取为设计锚固力的30%～70%。

(4)如果设计的支挡结构容许变位时，锁定荷载应根据设计条件确定，有时按容许变形的大小可取设计锚固力的50%～70%。

(5)当锚固地层有明显的徐变时，可将锚杆张拉到设计拉力值的1.2～1.3倍，然后再退到设计锚固力进行锁定，这样可以减少地层的徐变量引起的预应力损失。

锚杆头部的传力台座(张拉台座)的尺寸和结果构造应具有足够的强度和刚度，不得产生有害的变形；可采用C25以上的现浇钢筋混凝土结构，一般为梯形断面。

10. 锚杆(索)的防腐设计

对锚杆进行防腐设计时，应充分调查腐蚀环境，并选择适宜的防腐方法。防腐方法应适应岩土锚固的使用目的，即不能影响锚杆各部件(包锚固体、自由段和锚头)的功能，因此对锚杆的不同部位要作不同的防腐结构设计。永久性锚杆应采用双层防腐；临时性锚杆可采用简单防腐，但当腐蚀环境严重时，也必须采用双层防腐。

四、格构锚固设计

1. 格构的作用、特点及适用条件

传统的格构是用毛石、卵石或顶制的空心砖在人工开挖的软质边坡面上，按正方形或菱形干砌或浆砌形成骨架，格构中间种草，以减少地表水对坡面的冲刷，减少水土流失，从而达到护坡和保护环境的目的，该方法在铁路、公路的边坡和路堤防护中已经得到广泛应用。

格构加固技术是利用浆砌块石、现浇钢筋混凝土或预制预应力混凝土进行边坡坡面防护，并利用锚杆或锚索加以固定的一种边坡加固技术。格构技术一般与公路环境美化相结合，利用框格护坡，同时在框格之内种植花草可以达到美观的效果。这种技术在公路高陡边坡加固中被广泛采用，其护坡达到既美观又安全的良好效果。

格构的主要作用是将边坡坡体的剩余下滑力或土压力、岩石压力分配给格构节点处的锚杆或锚索，然后通过锚索传递给稳定地层，从而使边坡坡体在由锚杆或锚索提供的锚固力的作用下处于稳定状态。因此就格构本身来讲仅仅是一种传力结构，而加固的抗滑力主要由格构节点处的锚杆或锚索提供。一般提及的格构加固技术是一种广义的术语，它包含了格构本身和锚杆（索）两部分。

2. 格构的结构形式及其布置

根据格构采用的材料不同，格构可分为浆砌块石格构、现浇钢筋混凝土格构和预制预应力混凝土格构（又称 PC 格构）。其中 PC 格构在日本应用较为广泛，并有较为完善的设计施工规范；目前我国在边坡工程中主要使用浆砌块石和现浇钢筋混凝土格构，格构的常用形式有四种：

（1）方形：指顺边坡倾向和沿边坡走向设置方格状格构（图 5-18）。格构水平间距：对于浆砌块石格构应小于 3.0m，对于现浇钢筋混凝土格构应小于 5.0m。

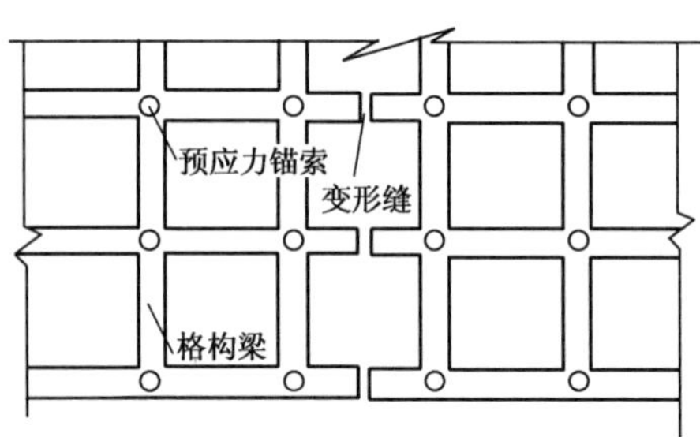

图 5-18　方形格构

（2）菱形：沿平整边坡坡面斜向设置格构（图 5-19）。格构间距：对于浆砌块石格构应小于 3.0m，对于现浇钢筋混凝土格构应小于 5.0m。

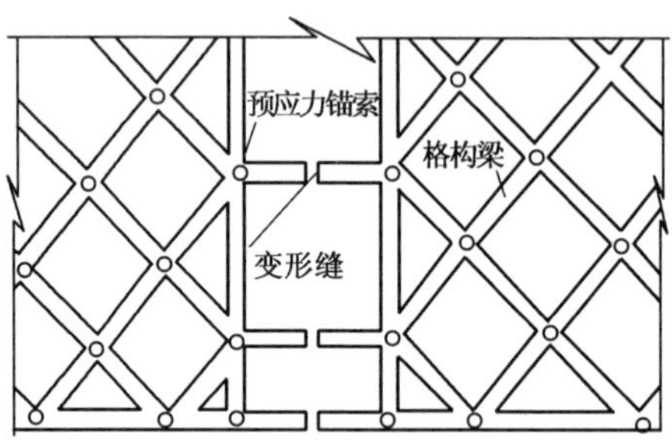

图 5-19　菱形格构

（3）人字形：按顺边坡倾向设置浆砌块石条带，沿条带之间向上设置人字形浆砌块石拱或钢筋混凝土（图 5-20）。格构横向或水平间距：对于浆砌块石格构应小于 3.0m，对于现浇钢筋混凝土格构应小于 4.5m。

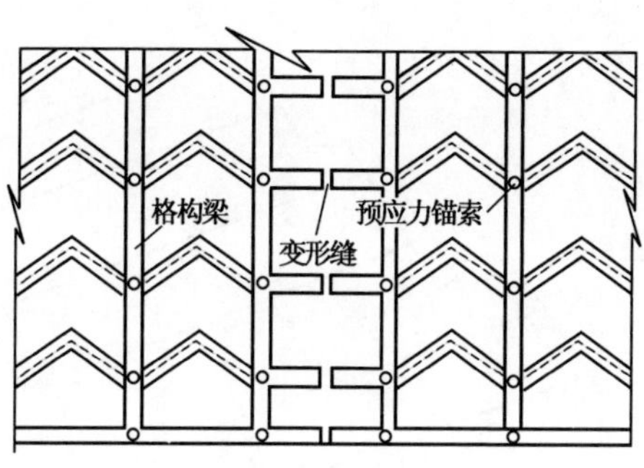

图 5-20　人字形格构

(4)弧形:按顺边坡倾向设置浆砌块石或钢筋混凝土条带,沿条带之间向上设置弧形浆砌块石拱或钢筋混凝土(图 5-21)。格构横向或水平间距:对于浆砌块石格构应小于 3.0m,对于现浇钢筋混凝土格构应小于 4.5m。

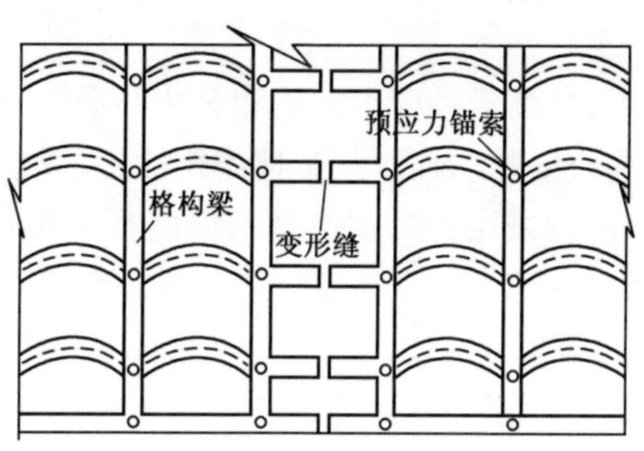

图 5-21　弧形格构

3. 格构加固设计的一般要求

格构设计必须充分考虑工程的服务期限,可按照 50 ~ 80 年服务期进行设计。设计之前,应在调查、收集、分析原有地形、地质资料的基础上,进行详细工程地质勘察,进行现场钻探和各种试验,搞清楚地质体的强度、渗透性、断层和节理的形态与产状,以及边坡的环境地质条件;并对边坡稳定系数进行计算,作为设计的依据。边坡设计荷载应包括边坡体自重、静水压力、渗透压力、孔隙水压力、地震力等。

对于整体稳定性好,并满足设计安全系数要求的边坡,可采用浆砌块石格构进行护坡。采用经验类比法进行设计,坡度一般不大于 35°,即 1∶1.7。当边坡高度超过 30m 时,须设马道放坡,马道宽 1.5 ~3.0m,如图 5-22 所示。

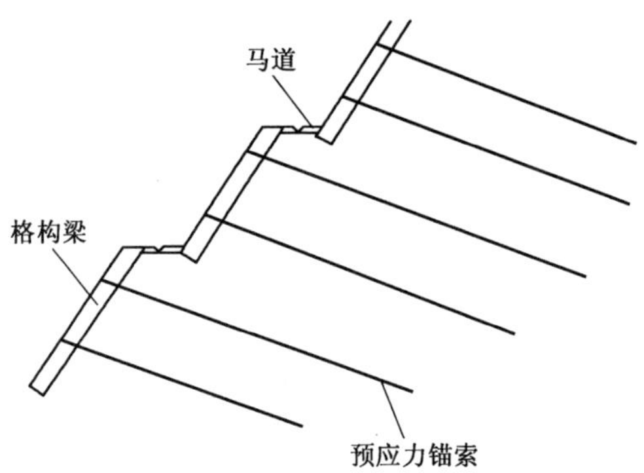

图 5-22　格构加固边坡断面示意图

对于整体稳定性好,但前缘出现溜滑或坍滑的公路滑坡,或坡度大于 35°的高陡边坡,宜采用现浇钢筋混凝土格构进行护坡,并采用锚杆进行加固。采用经验类比和极限平衡法相结合的方法进行设计。锚杆须穿过潜在滑面 1.5 ~ 2.0m,且采用全黏结灌浆。

对于整体稳定性差,且前沿坡面须防护和美化的滑坡,宜采用现浇钢筋混凝土格构与预应力锚索进行防护。而对于整体稳定性差、滑坡推力过大,且前沿坡面须防护和美化的滑坡,宜采用预制预应力钢筋混凝土格构与预应力锚索进行防护。锚固荷载可按锚杆(索)的锚固力计算公式以及有关预应力锚索设计吨位推荐值或规定进行确定。

边坡格构加固设计的内容包括:

(1)边坡稳定性分析和荷载计算。

(2)选择格构形式及加固方案。

(3)拟定格构的尺寸、确定锚杆(索)的锚固荷载。

(4)锚杆(索)的设计计算。

(5)格构内力计算及结构设计。

(6)加固后边坡的稳定性验算。

格构加固技术设计流程如图 5-23 所示。下面主要就锚固荷载和格构设计计算进行探讨。

4. 锚固荷载的计算

对于采用格构加固的高陡边坡设计,首要的问题是计算锚固荷载。边坡在设计所提供的锚固荷载的作用下应处于稳定状态,并且稳定性系数应达到规范要求(对于一级和高速公路取 1.2 ~1.3,二级及以下等级公路取 1.1 ~1.2)。通常情况下，计算锚固荷载应根据边坡的破坏类型确定计算方法。对于无连续滑动面的直立或近直立的边坡，在采用锚杆(索)挡土墙加固时，可以采用土压力理论计算土压力或岩石压力，然后确定锚固荷载，这类问题在挡土墙设计中有详细介绍。而对于具有连续的潜在滑动面的边坡，采用条分法稳定性进行锚固荷载反算，下面仅介绍这种方法。

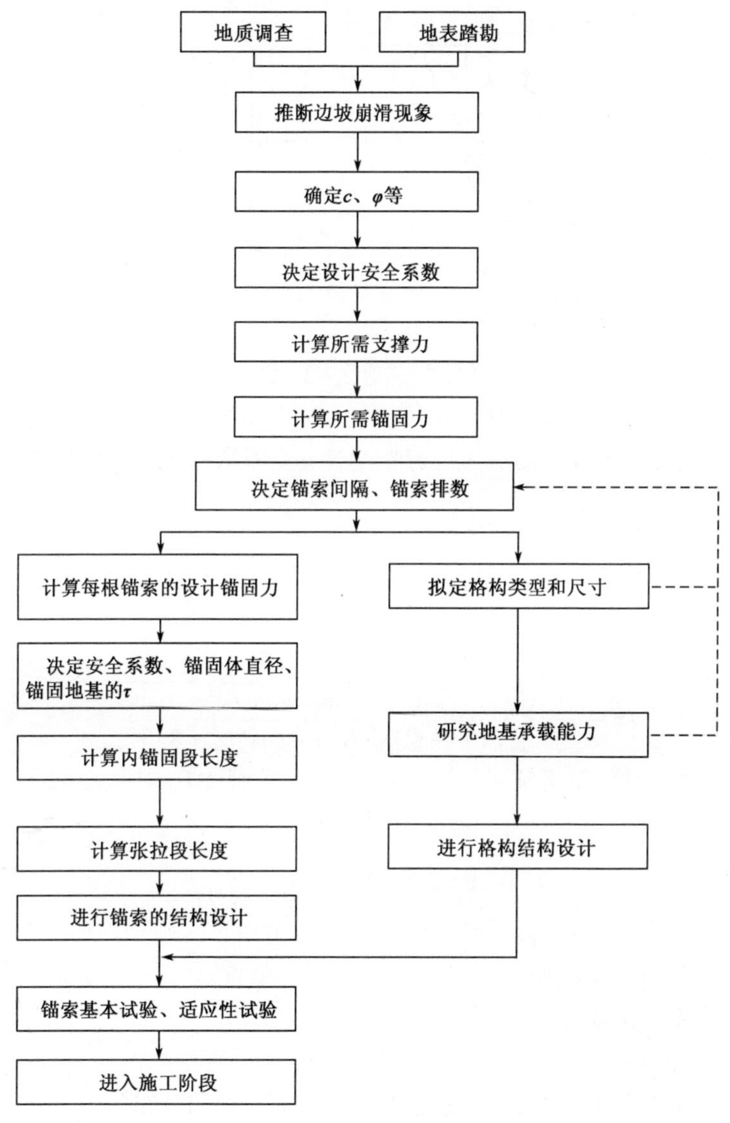

图 5-23 格构加固技术设计流程图

如图 5-24 所示边坡受力分析，取一条块作为独立分析单元，其上的作用力包括坡面荷载 Q、条块重力 W、锚索预应力 L_i、剪切面反力 N、抗滑力 S 以及条间作用力 E 和 V。根据竖向平衡可以得到

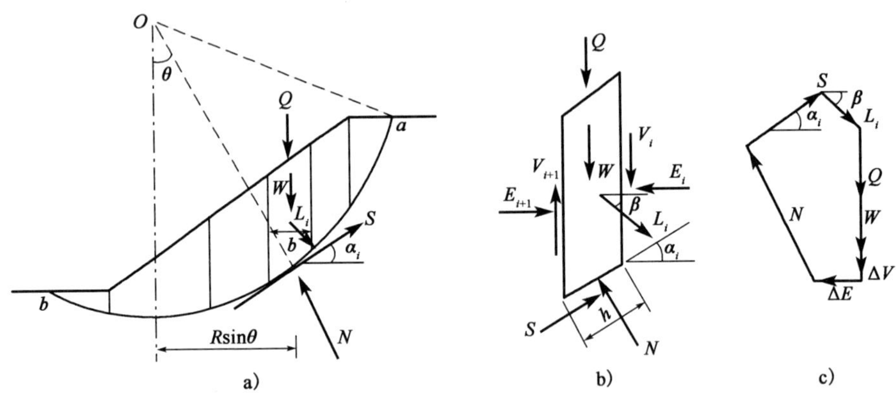

图 5-24　锚固荷载计算图示

$$N\cos\alpha_i - W - Q - (V_i - V_{i+1}) - L_i\sin\beta + S\sin\alpha_i = 0 \tag{5-36}$$

式中，抗滑力 S 可以表示为抗剪强度与安全系数的比，因此可以解出滑面的法向力为

$$N = \left[W + Q + L_i\sin\beta + (V_i - V_{i+1}) - \frac{c_i l_i}{k}\sin\alpha_i\right]\frac{1}{\cos\alpha_i + \tan\varphi_i\sin\alpha_i/k} \tag{5-37}$$

边坡的安全系数

$$F_s = \frac{\sum\frac{c_i b_i + [W + Q + L_i\sin\beta + (V_i - V_{i+1})]\tan\varphi_i}{\cos\alpha_i + \tan\varphi_i\sin\alpha_i/F_s}}{\sum[(W+Q)\sin\alpha_i + L_i\cos(\alpha_i + \beta)]} \tag{5-38}$$

为了简化计算，忽略条间作用力；如果坡面荷载为 0，则上式变为

$$F_s = \frac{\sum\frac{c_i b_i + (W + L_i\sin\beta)\tan\varphi_i}{m_\alpha}}{\sum[W\sin\alpha_i + L_i\cos(\alpha_i + \beta)]} \tag{5-39}$$

式中：$m_\alpha = \cos\alpha_i + \tan\varphi_i\sin\alpha_i/F_s$；

α_i——条块滑面倾角；

b_i——条块滑面长度；

β——锚索倾角；

c_i、φ_i——滑面强度参数，通常假定原整个滑面是均匀分布的。

利用式(5-39)，按照规范确定安全系数后，反算锚索预应力；采用不平衡推

力传递系数法按照上述考虑锚固荷载的原理进行锚固荷载反算，其他因素的影响如地下水、地震等的考虑与边坡稳定性分析完全相同。

5. 格构的结构设计与计算

根据计算求得的锚固荷载和边坡实际情况，确定锚索分布及不同高度的锚索设计锚固力，然后计算格构的内力。为了方便，将两个锚固点之间的格构梁简化为一个简支梁来计算其内力，简化模型如图 5-25 所示。

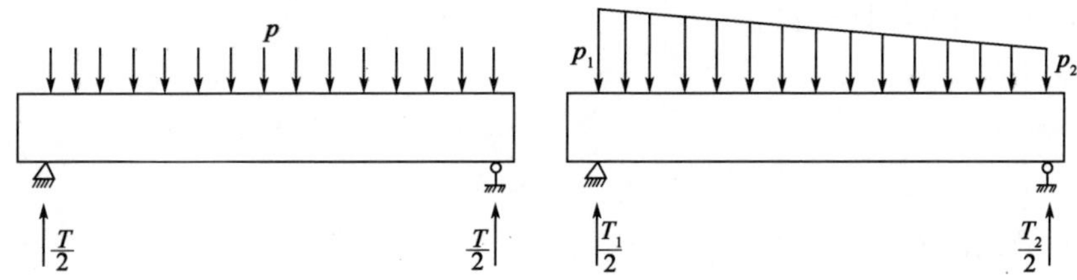

图 5-25　格构内力计算模式

严格地讲，简化模型梁上的分布荷载应根据相应格构所处边坡位置上的岩土压力和设计锚固力确定，但对于某些边坡的岩土压力分布极其复杂，因此通常按最不利原则，用锚索的最大设计荷载 T 近似计算分布荷载 p，即

$$\begin{cases} p_1 = \dfrac{2T_1 - T_2}{l} \\ p_2 = \dfrac{2(2T_2 - T_1)}{l} \end{cases} \tag{5-40}$$

式中：l——两锚索之间格构梁的长度；

T_1、T_2——格构梁两端锚索的设计荷载（$T_1 \geqslant T_2$）。

如果 $T_1 = T_2 = T$，则格构梁上的荷载均匀分布，有

$$p_1 = p_2 = p = \frac{T}{l} \tag{5-41}$$

为了保证锚索在超张拉或边坡变形过程中格构梁的安全性，在设计计算时，常将 T_1、T_2 乘以 1.5 的系数或直接采用锚索的极限荷载代入式（5-41）中进行计算。

按上述计算求得格构梁的荷载后，便可计算格构梁的内力，并按受弯构件考虑来验算格构梁的强度和进行配筋计算。假设计算获得的格构梁的最大弯矩为 M_{max}，截面尺寸为 b、h；截面相对受压高度为 ζ_{jg}，截面有效高度为 h_0，混凝土安全系数 $\gamma_c = 1.25$，钢筋安全系数 $\gamma_s = 1.25$；计算步骤如下：

（1）计算最大配筋率 $\mu_{max} = 0.55R_a/R_g$；最小配筋率为 $\mu_{min} = 0.15\%$。

(2)验算双筋的可能性：

如果$\frac{1}{\gamma_c}R_a bh_0^2\xi_{jg}(1-0.5\xi_{jg}) > M_{max}$，按单筋截面进行设计；否则按双筋截面进行设计。

如果$\frac{1}{\gamma_c}R_a bh_0^2\xi_{jg}(1-0.5\xi_{jg}) > M_{max}$，按单筋截面进行设计；否则按双筋截面进行设计。

(3)单面配筋计算：

受压区高度

$$x \leqslant h_0 - \sqrt{h_0^2 - \frac{2\gamma_c M}{\gamma_b R_a b}} < \xi_{jg} h_0 \tag{5-42}$$

配筋截面积

$$A_g = \frac{R_a bx}{R_g} \tag{5-43}$$

配筋率

$$\mu = \frac{A_g}{bh_0}$$

配筋率应满足要求。

(4)配筋：纵向受力钢筋按计算设置，构造筋按《公路钢筋混凝土及预应力混凝土桥涵设计规范》(JTG D62—2004)要求设置。

6. 格构的构造要求

(1)浆砌块石格构

浆砌块石格构可分为方形、菱形、人字形和弧形四种形式。各种形式格构水平间距均应小于3.0m。浆砌块石断面设计以类比法为主，采用的断面高×宽一般不小于300mm×200mm，浆砌块石格构边坡坡面应平整，坡度一般小于35°。为了保证格构的稳定性，可根据岩土体结构和强度在格构节点设置锚杆，长度一般为3.5m，全黏结灌浆。若岩土体较为破碎和易溜滑时，可采用锚管加固，全黏结灌浆，注浆压力一般为0.5～1.0MPa。

(2)现浇钢筋混凝土格构

现浇钢筋混凝土格构同样有方形、菱形、人字形和弧形四种形式。方形和菱形格构水平间距均应小于5.0m，人字形和弧形格构水平间距均应小于4.5m，钢筋混凝土格构断面设计应采用简支梁法进行弯矩计算，并采用类比法校核。一般断面高×宽不小于300mm×250mm，格构纵向钢筋应采用ϕ14mm以上直径的Ⅱ级螺纹钢筋，箍筋应采用 ϕ6mm 以上直径的钢筋。格构混凝土强度等级不应低于 C25。

现浇钢筋混凝土格构护坡的坡面应平整，坡度一般不大于 70°。当边坡高于 30m 时，应设置马道。为了保证格构护坡的稳定性，根据岩土体结构和强度，在格构节点设置锚杆。锚杆应采用 ϕ25 ~ 40mm 的Ⅱ级螺纹钢加工，长度一般 4m 以上，全黏结灌浆，并与格构钢筋笼点焊连接。若岩土体较为破碎和易溜滑时，可采用锚管加固，锚管用 ϕ50mm 架管加工，全黏结灌浆，注浆压力一般为0.5 ~ 1.0MPa，同样应与格构钢筋笼点焊连接。ϕ50mm 架管设计拉拔力可取为 100 ~ 140kN。锚杆（管）均应穿过潜在滑动面。如果是整体稳定性差或下滑力较大的滑坡时，应采用预应力锚索进行加固。

不论是浆砌块石格构还是现浇钢筋混凝土格构，均应每隔 10 ~ 25m 宽度设置伸缩缝，缝宽 2 ~ 3cm，填塞沥青麻筋或沥青木板。同时为了美化环境和防护表层边坡，在格构间应培土和植草。

五、抗滑桩设计

1. 抗滑桩类型、特点及适用条件

（1）抗滑桩的类型

抗滑桩按材质分类有木桩、钢桩、钢筋混凝土桩和组合桩。

抗滑桩按成桩方法分类，有打入桩、静压桩、就地灌注桩，就地灌柱桩又分为沉管灌注桩、钻孔灌注桩两大类。在常用的钻孔灌注桩中，又分机械钻孔桩和人工挖孔桩。

抗滑桩按结构形式分类，有单桩、排桩、群桩和有锚桩，排桩形式常见的有椅式桩墙、门式刚架桩墙、排架抗滑桩墙（图 5-26），有锚桩常见的有锚杆和锚索，锚杆有单锚和多锚，锚索抗滑桩多用单锚，见图 5-27。

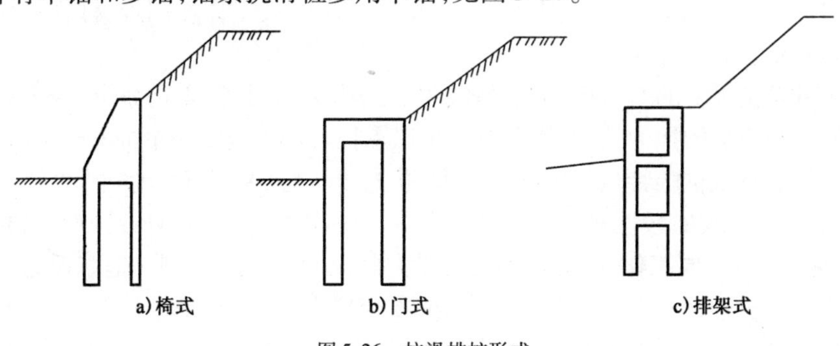

图 5-26 抗滑排桩形式

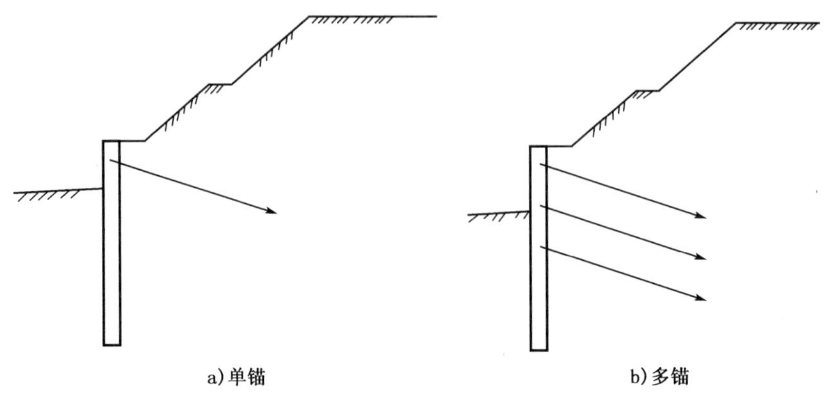

图5-27　有锚抗滑桩

抗滑桩按桩身断面形式分类,有圆形桩、方形桩和矩形桩、"工"字形桩等。

(2)各类桩型的特点及适用条件

木桩是最早采用的桩,其特点是就地取材、方便、易于施工,但桩长有限,桩身强度不高,一般用于浅层滑坡的治理、临时工程或抢险工程。钢桩的强度高,施打容易、快速,接长方便,但受桩身断面尺寸限制,横向刚度较小,造价偏高。钢筋混凝土桩是边坡处治工程广泛采用的桩材,桩断面刚度大,抗弯能力高,施工方式多样,可打入、静压、机械钻孔就地灌注和人工成孔就地灌注,其缺点是混凝土抗拉能力有限。

抗滑桩的施工采用打入时,应充分考虑施工振动对边坡稳定的影响,一般是全埋式抗滑桩或填方边坡可采用,同时下卧地层应有可打性。抗滑桩施工常用的是就地灌注桩,机械钻孔速度快,桩径可大可小,适用于各种地质条件,但对地形较陡的边坡工程,机械进入和架设困难较大,另外,钻孔时的水对边坡的稳定也有影响。人工成孔的特点是方便、简单、经济,但速度较慢,劳动强度高,遇不良地层(如流沙)时处理相当困难,另外,桩径较小时人工作业困难,桩径一般应在1000mm以上才适宜人工成孔。

单桩是抗滑桩的基本形式,也是常用的结构形式,其特点是简单,受力和作用明确。当边坡的推力较大,用单桩不足以承担其推力或使用单桩不经济时,可采用排桩。排架桩的特点是转动惯量大,抗弯能力强,桩壁阻力较小,桩身应力较小,在软弱地层有较明显的优越性。有锚桩的锚可用钢筋锚杆或预应力锚索,锚杆(索)和桩共同工作,改变桩的悬臂受力状况和桩完全靠侧向地基反力抵抗滑坡推力的机理,使桩身的应力状态和桩顶变位大大改善,是一种较为合理、经济的抗滑结构。但锚杆或锚索的锚固端需要有较好的地层或岩层,对锚索而言,

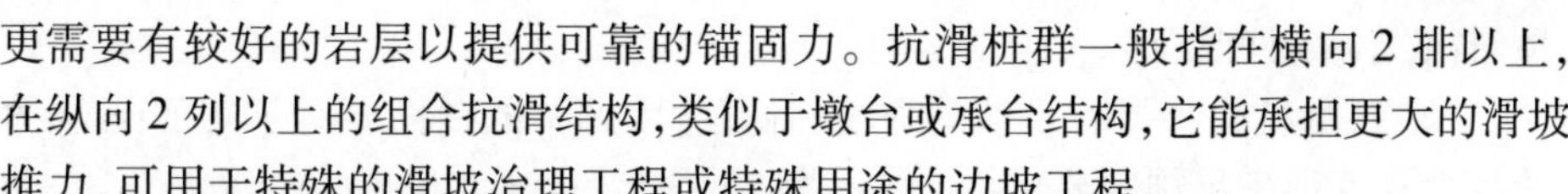

更需要有较好的岩层以提供可靠的锚固力。抗滑桩群一般指在横向2排以上，在纵向2列以上的组合抗滑结构，类似于墩台或承台结构，它能承担更大的滑坡推力，可用于特殊的滑坡治理工程或特殊用途的边坡工程。

2. 抗滑桩设计要求和设计内容

抗滑桩设计计算流程如图5-28所示，一般应满足以下要求：

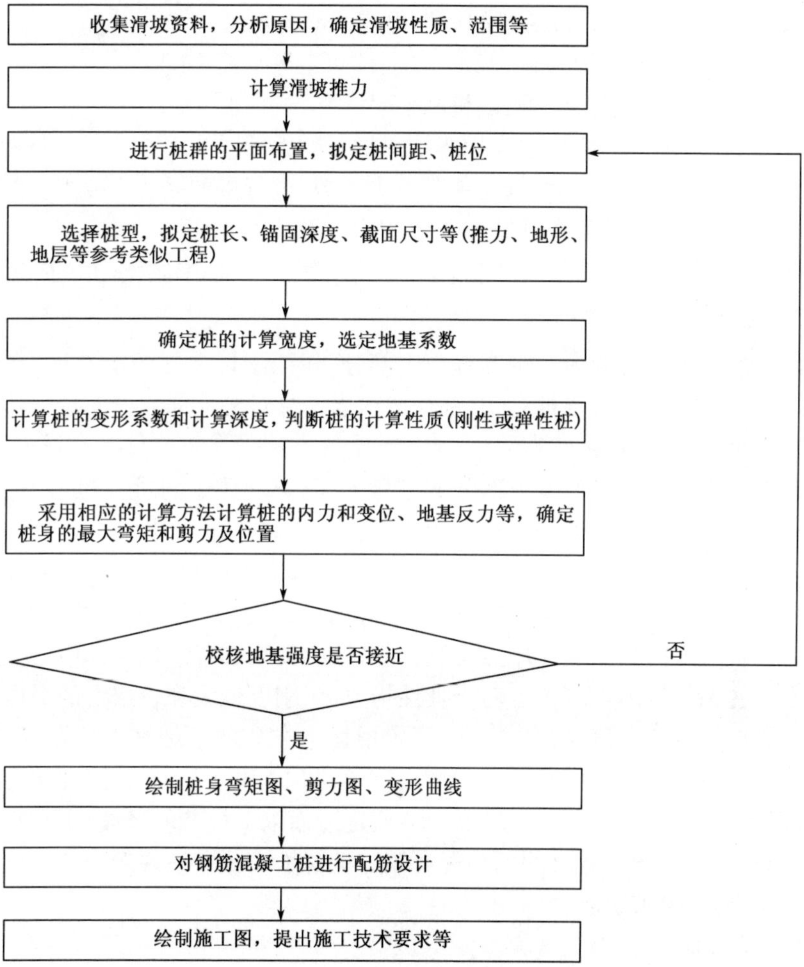

收集滑坡资料，分析原因，确定滑坡性质、范围等
↓
计算滑坡推力
↓
进行桩群的平面布置，拟定桩间距、桩位
↓
选择桩型，拟定桩长、锚固深度、截面尺寸等(推力、地形、地层等参考类似工程)
↓
确定桩的计算宽度，选定地基系数
↓
计算桩的变形系数和计算深度，判断桩的计算性质(刚性或弹性桩)
↓
采用相应的计算方法计算桩的内力和变位、地基反力等，确定桩身的最大弯矩和剪力及位置
↓
校核地基强度是否接近（否→返回“进行桩群的平面布置，拟定桩间距、桩位”）
↓ 是
绘制桩身弯矩图、剪力图、变形曲线
↓
对钢筋混凝土桩进行配筋设计
↓
绘制施工图，提出施工技术要求等

图5-28 抗滑桩设计计算程序

(1)抗滑桩提供的阻滑力要使整个滑坡体具有足够的稳定性，即滑坡体的稳定安全系数满足相应规范规定的安全系数或可靠指标，同时保证坡体不从桩顶滑出,不从桩间挤出。

(2)抗滑桩桩身要有足够的强度和稳定性,即桩的断面要有足够的刚度,桩的应力和变形满足规定要求。

(3)桩周的地基抗力和滑体的变形在容许范围内。

(4)抗滑桩的埋深及锚固深度、桩间距、桩结构尺度和桩断面尺寸都比较适当,安全可靠,施工可行、方便,造价较经济。

根据上述设计要求,抗滑桩的设计内容一般为:

(1)进行桩群的平面布置,确定桩位、桩间距等平面尺度。

(2)拟定桩型、桩埋深、桩长、桩断面尺寸。

(3)根据拟定的结构确定作用于抗滑桩上的力系。

(4)确定桩的计算宽度,选定地基反力系数,进行桩的受力和变形计算。

(5)进行桩截面的配筋计算和一般的构造设计。

(6)提出施工技术要求,拟定施工方案,计算工程量,编制概(预)算等。

3. 抗滑桩设计荷载的确定

作用于抗滑桩上的力系主要有两大部分:作用于桩上部的滑坡推力和桩周地层对桩的反力。对有锚桩,还有锚杆或锚索系统对桩上部的横向拉力和压力。

1)滑坡推力的确定

滑坡推力作用于滑面以上部分的桩背上,其方向假定与桩穿过滑面点处的切线方向平行。滑坡推力的计算采用不平衡推力传递系数法,计算抗滑桩在坡体所受到的不平衡推力。通常假定每根桩所承担的滑坡推力等于两桩中心间距宽度范围内的滑坡推力,即将前述方法计算所得的滑坡推力值乘以桩间距。滑坡推力在桩背上的分布和作用点位置,与滑坡的类型、部位、地层性质、变形情况及地基反力系数等因素有关。对于液性指数小、刚度较大和较密实的滑坡体,从顶层至底层的滑动速度常大体一致,假定滑面上桩背的滑坡推力分布图形呈矩形;对于液性指数较大、刚度较小和密实度不均匀的塑性滑体,其靠近滑面的滑动速度较大,而滑体表层的速度则较小,假定滑面以上桩背的滑坡推力图形呈三角形分布;介于上述两者之间的情况可假定桩背推力分布呈梯形。

2)地基反力的确定

(1)地基反力

当桩前土体不能保持稳定可能滑走时,不考虑桩前土体对桩的反力,仅考虑滑面以下地基土对桩的反力,抗滑桩嵌固于滑面以下的地基中,相当于悬臂桩。当桩前土体能保持稳定,此时抗滑桩按所谓的“全埋式桩”考虑,可将桩前土体(亦为滑体)的抗力作为已知的外力考虑,仍可将桩看成悬臂桩考虑。另外,桩与地基土间的摩阻力、黏着力、桩变形引起的竖向压力,一般来说对桩的安全有利,通常略去不计。

(2)地基反力系数

桩侧岩土体的弹性抗力系数简称为地基反力系数,是地基承受的侧压力与桩在该位置处产生的侧向位移的比值。也即单位土体或岩体在弹性限度内产生单位压缩变形时所需施加于其单位面积上的力。目前常采用的有三种假设:①假设地基系数不随深度而变化,即地基系数为常数的 K 法;②假定地基系数随深度而呈直线变化的 m 法;③地基反力系数沿深度按凸抛物线增大的 C 法。

地基反力系数 K、m 应通过试验确定。一般情况下,试验资料不易获得,对于较完整岩层的地基系数 K 值,见表5-4;非岩石地基的 m 值,见表5-5,可供设计时参考。

较完整岩层的地基系数 K_v 值　　表5-4

序号	饱和极限抗压强度 R(MPa)	K_v (kN/m³)	序号	饱和极限抗压强度 R(MPa)	K_v (kN/m³)	序号	饱和极限抗压强度 R(MPa)	K_v (kN/m³)
1	10	$(1\sim2)\times10^5$	4	30	4.0×10^5	7	60	12×10^5
2	15	2.5×10^5	5	40	6.0×10^5	8	80	$(15\sim25)\times10^5$
3	20	3.0×10^5	6	50	8.0×10^5	9	>80	$(25\sim28)\times10^5$

非岩石地基的 m 值　　表5-5

序号	土 的 名 称	m(kN/m⁴)	序号	土 的 名 称	m(kN/m⁴)
1	流塑性黏土($I_L \geq 1$),淤泥	3000~5000	4	半坚硬的黏性土、粗砂	20000~30000
2	硬塑性黏土($1 > I_L > 0.5$),粉砂	5000~10000	5	砾砂、角砾砂、砾石土、碎石土、卵石土	30000~80000
3	硬塑性黏土($I_L < 0.5$),细砂,中砂	10000~20000	6	块石土、漂石土	80000~120000

当地基土为多层土时,采用按层厚以等面积加权求平均的方法求算地基反力系数。当地基土为2层时,有

$$m = \frac{m_1 l_1^2 + m_2(2l_1 + l_2)l_2}{(l_1 + l_2)^2} \tag{5-44}$$

当地基土为3层时,有

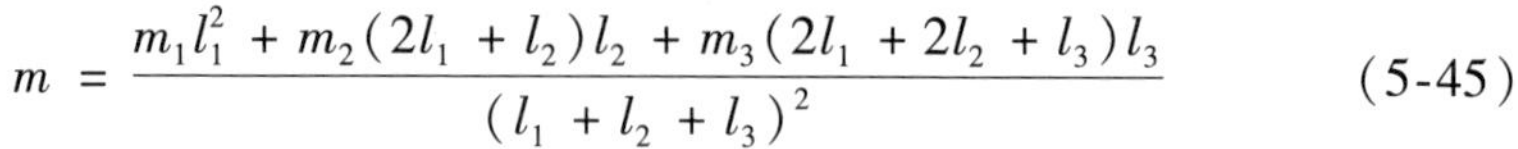

$$m = \frac{m_1 l_1^2 + m_2(2l_1 + l_2)l_2 + m_3(2l_1 + 2l_2 + l_3)l_3}{(l_1 + l_2 + l_3)^2} \tag{5-45}$$

式中：m_1、m_2、m_3——第 1 层、第 2 层、第 3 层地基土的 m 值；

l_1、l_2、l_3——第 1 层、第 2 层、第 3 层地基土的厚度。

其他多层土可仿此进行计算。

当采用 C 法时，地基反力系数式为 $C_x = Cx^{1/2}$，C 为地基反力系数的比例系数，x 为深度。研究表明，当 x 达到一定深度时，地基反力系数渐趋于常数。比例系数 C 值参见表 5-6。

C 法的比例系数 C 值 表 5-6

序号	土　类	C 值($MN/m^{3.5}$)	$[y_0]$(mm)
1	$I_L > 1$ 的流塑性黏土，淤泥	3.9 ~ 7.9	≤6
2	$0.5 \leq I_L \leq 1.0$ 的软塑性黏土，砂土	7.9 ~ 14.7	≤5 ~ 6
3	$0 < I_L < 0.5$ 的硬塑性黏土，细砂，中砂	14.7 ~ 29.4	≤4 ~ 5
4	半干硬性黏土、粗砂	29.4 ~ 49.0	≤4 ~ 5
5	砾砂、角砾砂、砾石土、碎石土、卵石土	49.0 ~ 78.5	≤3
6	块石、漂石夹砂土	78.5 ~ 117.7	≤3

注：$[y_0]$为桩在地面处的水平位移允许值。

(3) p-y 曲线法

上述的 K 法、m 法和 C 法能根据弹性地基上梁的挠曲线微分方程用无量纲系数求解抗滑桩的承载力、内力和变位。但当桩发展到较大的位移，土的非线性特性将变得非常突出。p-y 曲线法则考虑了土的非线性特点，它既可用于小位移，也可用于较大位移的求解。

p-y 曲线法是根据地基土的试验数据来绘制，目前一般采用 Matlock 建议的软黏土 p-y 曲线绘制方法和 Resse 建议的硬黏土和砂性土 p-y 曲线绘制方法。在滨河、滨海的软土地基中，p-y 曲线已得到较多的应用。

4. 抗滑桩的布设

(1) 抗滑桩的平面布置

抗滑桩的平面布置指的是桩的平面位置和桩间距。一般根据边坡的地层性质、推力大小、滑动面坡度、滑动面以上的厚度、施工条件、桩型和桩截面大小、可能的锚固深度以及锚固段的地质条件等因素综合考虑决定。

对于一般边坡工程，根据主体工程的布置和使用要求来确定布桩位置。对滑坡治理工程，抗滑桩原则上应布置在滑体的下部，即在滑动面平缓、滑体厚度较小、

锚固段地质条件较好的地方，同时也要考虑到施工的方便。

(2)抗滑桩的间距

抗滑桩的间距受滑坡推力大小、桩型及断面尺寸、桩的长度和锚固深度、锚固段地层强度、滑坡体的密实度和强度、施工条件等诸多因素的影响，目前尚无较成熟的计算方法。合适的桩间距应该使桩间滑体具有足够的稳定性，在下滑力作用下不致从桩间挤出。可按在能形成土拱的条件下，两桩间土体与两侧被桩所阻止滑动的土体的摩阻力不少于桩所承受的滑坡推力来估计。一般采用的间距为6～10m。当桩间采用了结构连接来阻止桩间楔形土体的挤出，则桩间距完全取决于抗滑桩的抗滑力和桩间滑体的下滑力。

当抗滑桩集中布置成2～3排排桩或排架时，排间距可采用桩截面宽度的2～3倍。

(3)桩的锚固深度

桩埋入滑面以下稳定地层内的适宜锚固深度，与该地层的强度、桩所承受的滑坡推力、桩的相对刚度以及桩前滑面以上滑体对桩的反力等因素有关。原则上由桩的锚固段传递到滑面以下地层的侧向压应力不得大于该地层的容许侧向抗压强度、桩基底的压应力不得大于地基的容许承载力来确定。

锚固深度是抗滑桩发挥抵抗滑体推力的赖以生存的前提和条件，锚固深度不足，抗滑桩不足以抵抗滑体推力，容易引起桩的失效。但锚固过深则又造成工程浪费，并增加了施工难度。可采取缩小桩的间距，减少每根桩所承受的滑坡推力，或增加桩的相对刚度等措施来适当减少锚固深度。

当锚固段地层为土层及严重风化破碎岩层时，桩身对地层的侧压力应符合下列条件

$$\sigma_{max} \leqslant \frac{4}{\cos\varphi}(\gamma l\tan\varphi + c) \tag{5-46}$$

式中：σ_{max}——桩身对地层的侧压应力(kPa)；

γ——地层岩(土)的重度(kN/m^3)；

φ——地层岩(土)的内摩擦角(°)。

5. 抗滑桩桩身截面设计

1)桩的计算宽度确定

抗滑桩受滑坡推力的用产生位移，桩侧岩(土)体对桩产生反力，当岩(土)变形处于弹性变形阶段时，桩受到岩(土)的弹性抗力作用，抗力大小及分布与桩的作用范围有关。试验研究表明，桩在水平荷载的作用下，不仅桩身宽度内的桩侧岩(土)体受挤压，而且桩身宽度以外一定范围内的土体也受到影响，呈现

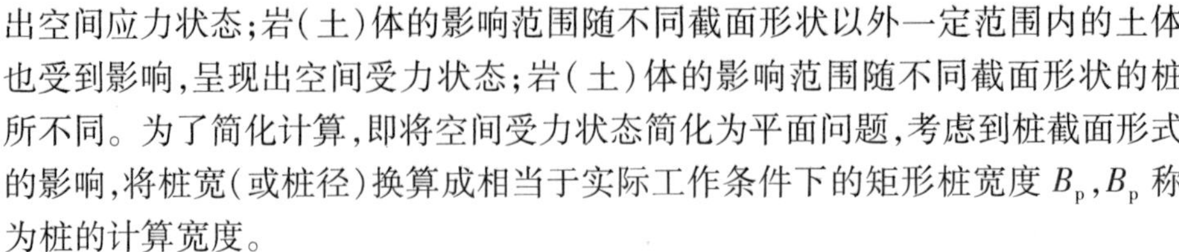

出空间应力状态；岩（土）体的影响范围随不同截面形状以外一定范围内的土体也受到影响，呈现出空间受力状态；岩（土）体的影响范围随不同截面形状的桩所不同。为了简化计算，即将空间受力状态简化为平面问题，考虑到桩截面形式的影响，将桩宽（或桩径）换算成相当于实际工作条件下的矩形桩宽度 B_p，B_p 称为桩的计算宽度。

根据试验资料，对于正面边长 b 大于或等于 1m 的矩形桩或桩径 d 大于或等于 1m 的圆形桩，其计算宽度为

矩形桩

$$B_p = b + 1 \tag{5-47}$$

圆形桩

$$B_p = 0.9(d + 1) \tag{5-48}$$

2）桩的配筋计算和构造设计

（1）桩的配筋计算

抗滑桩从使用安全和经济方面考虑，都宜采用钢筋混凝土桩。

钢筋混凝土桩一般根据所算得的桩身最大弯矩值 M_{max} 进行配筋计算，再验算最大弯矩值断面的抗裂要求、剪力最大截面处的抗剪强度。配筋计算方法与一般钢筋混凝土结构相同，不再赘述。

（2）钢筋混凝土桩的构造要求

①混凝土强度：一般采用 C20，不低于 C15，水下灌注时不低于 C20。

②主筋保护层厚度：一般不小于 35mm，水下灌注混凝土时不小于 50mm。

③主筋不宜小于 8ϕ10，常用 12ϕ16 以上（D600 以上），纵向主筋沿桩身周边均匀布置（圆桩），钢筋净距不应小于 60mm。

④配筋长度（滑面以下）宜采用 $4.0/a$（a 为桩的水平向变形系数），通长配筋。

⑤配筋率一般不低于 0.20% ~0.65%（小桩径取高值，大桩径取低值）。

⑥配筋率一般不低于 ϕ6@200mm，宜采用螺旋箍筋或焊接环式箍筋；钢筋骨架中，应每隔 2m 左右设一道焊接加强箍筋。

⑦钢筋的接长等符合钢筋混凝土构件的构造要求。

六、柔性支护设计

1. 柔性支护结构的工作原理

膨胀土路堑是公路通过膨胀土地层经开挖而形成的构筑物。路堑开挖后，埋藏一定深度的膨胀土体暴露于大气并直接与降雨、蒸发、温度等风化营力发生

作用,膨胀土路堑边坡破坏是复杂地质条件、外界环境变化以及膨胀土胀缩性、超固结性和裂隙性共同作用的结果。裂隙水、地表水的入渗是诱发路基水损害的直接外因,而气候干湿循环作用则是主导因素。在大气干湿循环作用下,随着边坡内部土体反复膨胀收缩、裂隙逐渐发育、水平应力逐渐增大,边坡产生了极其复杂的工程地质作用,在施工中和通车初期容易出现不同形式和不同程度的变形破坏。其中,边坡滑坍是最易发生和最为严重的破坏现象。虽然国内外铁道、公路、水利等部门曾采用土钉墙、重力式挡土墙和抗滑桩等加固措施,同时采取全封闭型的短锚杆喷射混凝土和浆砌片石等防护措施对膨胀土路堑边坡进行加固与防护。但从工程实际情况看,大部分工程在施工过程中即出现坍塌和滑坡,所采取的工程措施不少以失败告终。因此,膨胀土路堑边坡滑坍整治、新开挖路堑边坡的有效支护一直是长期困扰我国铁路、公路和水利建设的技术难题,同时也是世界性技术难题。

目前工程中对膨胀土边坡滑坍处治采用的措施很多,大体可分为柔性支护和刚性支护两大类型。

刚性支护以圬工结构为主,并辅以其他必要综合处理措施,它是目前最常用的处治方法,主要包括土钉墙(含钢纤维混凝土喷锚墙)、重力式挡土墙(含重力式锚杆挡土墙)和抗滑桩三大加固类型,以及全封闭型的短锚杆喷射混凝土(或钢纤维混凝土)和浆砌片石等主要防护措施。其工作原理是以圬工体自重来抵抗(平衡)失去整体平衡的边坡体及其在开挖过程中产生的超固结性应力释放。刚性支护不允许被支护体产生变形,而在水的干湿循环作用下边坡膨胀土体必然干缩湿胀,当膨胀变形较大而得不到释放时,会产生很大的膨胀压力致使刚性支护破坏。正是由于这一原因,膨胀土地区经常可以看到刚性支护体被剪断、推移或鼓胀等现象。

柔性支护是以土工合成材料加筋边坡土体为主,辅以其他必要综合处理措施的处理方案。其特点是不但能承受土压力而且允许土体产生一定变形,可吸收边坡土体因超固结引起的应力释放和含水率变化产生的膨胀能,廖世文(1984 年)的研究表明,若允许膨胀土的线膨胀量达 0.3%,其膨胀力可比无膨胀时最大的膨胀力降低 25%,因此柔性支护非常适合膨胀土路堑边坡;提出并采用柔性支护整治膨胀土堑坡滑坍,是基于对膨胀土路堑边坡破坏的浅层性、渐进性特点和规律的深刻认识。将土工格栅分层摊铺锚固,回填非膨胀土或膨胀土,压实形成足够厚度的柔性加筋体,再辅以坡顶的封闭、加筋体背部及基底的排水处理,可以综合发挥各自的功效,达到稳定边坡的目的。

(1)格栅与填土间摩擦力和咬合力,尤其格栅层间的连接、反包可提供足够的抗剪强度，使加筋体构成一整体来抵抗边坡的破坏。

(2)柔性支护允许边坡产生一定的变形，以释放开挖和吸水膨胀过程中所产生的膨胀势能，实现“以柔治胀”。

(3)坡率为1：1.5、厚度大于3.5m、高度大于2/3坡高的柔性加筋体能覆盖路堑开挖的主要坡面，有足够的自重以抵抗土压力作用。

(4)足够的加筋体厚度(大于干湿循环显著影响区深度)可隔绝或防止气候变化对坡内膨胀土的显著影响，阻止裂隙的发展和浅表层滑坍。

(5)柔性支护结构具有完备的综合防排水体系。排水体系包括坡顶截水沟及截水渗沟、墙背渗水层、墙底排水垫层、墙趾外和墙踵处的排水渗沟；坡表防护体系包括坡顶土工布防水封闭层及坡面植被防护层。

2. 柔性支护的结构特征及适用条件

1)柔性支护结构设置原则

基于综合防护的思想，柔性支护结构体系设计应遵循以下三个原则：

(1)一体化原则：由于机械侵蚀破坏、干缩湿胀破坏、水压力致滑破坏和风化破坏等水损害作用方式之间具有相互联系、相互影响，因此，只有设计一个集支挡、防护和防排水结构为一体的体系才能有效地防治膨胀土路堑边坡的水损害作用。

(2)阻隔原则：边坡水损害严重的范围主要在大气急剧影响层范围内，因此，设计综合防护体系的一个主要目的是在边坡浅表层形成一个阻隔大气急剧影响的人工掩体，以保证综合防护体系下部边坡膨胀土体湿度场不随气候干湿循环作用发生大的变化，从而达到有效处置边坡水损害破坏的目的。为此，要求综合防护体系中支护结构体的竖向厚度不小于膨胀土显著影响区深度(或大气急剧影响层深度)。

(3)保湿防渗原则：干湿循环活动是诱发膨胀土水损害破坏的主要因素，采取保湿防渗措施，尽量避免支护体系自身和路堑土体出现过大的湿度变化也是综合防护体系设计必须遵循的基本原则。

2)柔性支护的结构体系

长沙理工大学发明的膨胀土路堑边坡柔性支护结构综合防护体系主要由以下三个部分组成(图5-29)：

(1)柔性支护结构体：将路堑边坡超挖(超挖宽度由干湿循环显著影响区和边坡坡率决定)，然后用膨胀土分层回填压实，并分层铺设土工格栅将膨胀土反包，形成具有良好整体性的柔性支护结构。

(2)排水系统：包括坡顶截水沟及截水渗沟、墙背渗水层、墙底排水垫层、墙

趾外和墙踵处的排水渗沟。

(3)坡面防护系统:包括坡顶土工布防水封闭层及坡面植被防护层。

在该结构体系中,支挡结构体也起到防护和排水的作用,防排水体系兼有支挡和防护的作用,同时防排水体系为一连续的系统,与支挡防护结构形成一密切联系、共同作用的整体。防排水体系由地表水和地下水两个子系统构成。

由天沟、两布一膜隔水土工布封顶层、植草防护层、平台及坡脚边沟等共同构成地表水防排水子系统。其中,天沟用来截排坡后径流;两布一膜隔水土工布封顶层、植草防护层用来进行坡面隔水防渗;平台及坡脚边沟用来拦截坡面及路面径流。

坡顶渗沟、墙背渗水层、底部隔水排水垫层、坡脚前边沟下渗沟、坡脚后渗沟构成地下水截排水子系统。其中,坡顶渗沟、墙背渗水层、坡脚后渗沟用来截排坡后地下水;底部隔水排水垫层、墙背渗水层、坡脚后渗沟用来截排渗入加筋土墙体中的地下水。

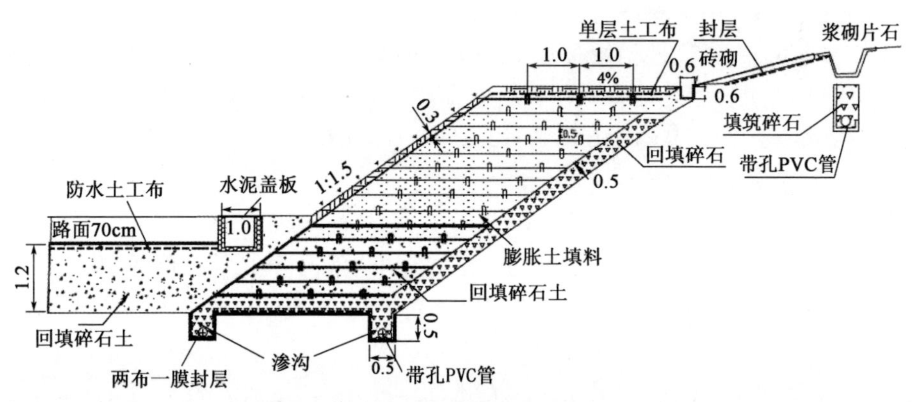

图5-29　膨胀土路堑边坡柔性支护处治方案示意图(尺寸单位:m)

柔性支护结构整体性强,边坡的超挖破坏了原坡体的结构面,柔性结构允许变形可吸收墙后坡体膨胀土变形的能量、有利于坡面排水和坡体排水、阻隔地表水下渗及干湿循环作用,用膨胀土做加筋体填料极具经济和环保效益、施工便捷、技术简单、造价低廉,主要采用机械化施工,而且特别适用于发生滑坍的膨胀土路堑边坡处治和新开挖边坡的防护。

3. 加筋间距

由加筋土体膨胀与格栅变形的相容关系可得

$$\frac{T}{E_{\mathrm{T}}} = \alpha(P, w_0)$$

即

$$\frac{Ph}{E_{\mathrm{T}}} = \alpha(P, w_0) \tag{5-49}$$

式中：α——$x = h/2$ 处土体的有荷膨胀率；

P——膨胀压力；

w_0——试件初始含水率；

E_{T}——格栅弹性模量；

T——格栅受到的张拉力；

h——格栅间距。

由室内试验获得，以填料施工含水率和干密度制备试样进行有荷膨胀试验，得到如下回归公式

$$\alpha = Aw_0\ln N - B\ln N - Cw_0 + D \tag{5-50}$$

式中：A、B、C、D——通过有荷膨胀试验获取的回归系数；

N——上覆压力；

w_0——试件初始含水率。

对宁明灰黑膨胀土制备试样进行有荷膨胀试验，得到有荷膨胀率公式中的相关系数：$A = 0.343$、$B = 0.1044$、$C = 2.2588$、$D = 0.6629$。

将式(5-50)代入式(5-49)得

$$(Aw_0\ln P - B\ln P - Cw_0 + D)E_{\mathrm{T}} = Ph \tag{5-51}$$

加筋体正常工作时，格栅所受的张拉力应小于等于其抗拉强度 T_{s}，即

$$T = Ph \leqslant T_{\mathrm{s}} \tag{5-52}$$

将式(5-52)代入式(5-51)，经变换得

$$\left(Aw_0\ln\frac{T_{\mathrm{s}}}{h} - B\ln\frac{T_{\mathrm{s}}}{h} - Cw_0 + D\right)E_{\mathrm{T}} \leqslant T_{\mathrm{s}} \tag{5-53}$$

除 h 外，式(5-53)中其他量皆为已知，求解后可得到 h，为安全起见，将 h 除安全系数 k，即获得加筋间距。

考虑最不利情况，取南友路灰黑膨胀土填筑含水率为15%，施工干密度为 $1.68 \times 10^3\mathrm{kg/m^3}$，而格栅 TGDG35 的 E_{T} 为 300kN/m，T_{s} 为 35kN/m，代入式(5-53)得 $h \leqslant 0.70\mathrm{m}$，取安全系数为1.4，得最终设计结果 $h = 0.5\mathrm{m}$。

4. 加筋的长度

膨胀土体的胀缩活动主要发生在干湿循环显著影响深度范围内，正确的柔性支护设计应使这部分边坡体受到筋材的约束，因此，沿路基横断面水平方向的加筋长度可由下式计算：

$$L = k \times \frac{H}{\tan\alpha} \quad (5\text{-}54)$$

式中：L——加筋长度(m)；

H——干湿循环显著影响深度(m)；

α——边坡倾角(°)。

可见，柔性支护边坡所需的土工格栅加筋长度主要由工程所在地膨胀土的干湿循环显著影响深度而定。

宁明地区膨胀土的干湿循环显著影响深度 H 为2m，柔性支护边坡的坡率均为1∶1.5，并取安全系数为1.15，由式(5-54)，计算得水平加筋的长度 L 为3.45m，实际采用的加筋长度为3.5m。

第三节　边坡生态防护设计

一、生态防护理念

目前为止，国际上对生态防护技术还没有一个确切的术语，近期一些学者将生态防护技术定义为基于生态工程学、工程力学、植物学、水力学等学科的基本原理，利用活性植被材料，结合其他工程材料在边坡上构建具有生态功能的防护系统，通过生态工程自支撑、自组织与自我修复等功能来实现边坡的抗冲蚀和生态恢复，以达到减少水土流失、维持生态多样性和生态平衡及美化环境等目的的技术。公路的生态防护是结合植物措施与工程措施，除保证边坡基本稳定之外，更要起到恢复自然、改善公路路域环境以及防止边坡受冲刷、减少水土流失等生态功能及利用植物自身的固坡功能使边坡达到长久稳定的目的。由于受公路边坡的坡面特点及立地条件的影响，其植物选择、施工方法以及后期的养护管理较一般绿化工程有相当难度。

二、生态防护功能

边坡生态防护的功能体现在以下几个方面。

1. 稳定边坡

边坡常见的病害就是土壤侵蚀、水土流失、坡面失稳、塌陷或者产生滑坡。生态防护首先通过工程防护作为受力或施力框架来维持边坡的稳定性，其次通过植被恢复，利用植物护坡功能来进一步稳固土体，同时植物根系起到加筋作用，茎叶截留降雨，减小坡面冲刷和侵蚀。

2. 改善公路行车安全条件及路面状况

边坡植被还可以改善公路行车安全条件。如通过视线诱导种植可预示或预告公路线形的变化;通过遮光种植可防止车辆夜间行驶对向灯光的炫目;通过明暗适应种植,当汽车进入隧道时,可帮助驾驶员缩短对明暗急剧变化的适应时间;通过缓冲种植,当车体与路外物发生冲击时,可降低车辆和驾驶员的损伤程度。栽植的树木花草增加了地表植被覆盖度,拦截、抬升部分气流,消除风的动能,可起到降低风速、防止风沙危害的作用(据研究,裸露的公路边坡风速比林地大 15 倍,比草地大 8 倍);覆盖的植物(如路侧的灌木林)能减缓坡面温差及温度变化的影响,从而降低路表的温度,延缓沥青的老化,延长公路使用寿命。

3. 生态及景观功能

边坡开挖在一定程度上会破坏坡体与周围地区的生态环境。采用植被护坡技术可以较大程度地恢复被破坏的生态环境。植被的存在可为一些小动物和微生物的生存与繁殖提供必需的环境,也能逐渐恢复因坡体开挖而遭到破坏的生物链,使已破坏的生态环境得到最大程度恢复;植物对颗粒污染物具有吸滞和阻挡作用,能使空气中的部分颗粒物沉降下来。据称草坪的滞留尘埃的能力比裸露的土地大 70 倍。并且已知植物能吸收的交通污染物质有 CO_2、CO、NH_3、H_2S、SO_2、NO_x、Cl_2 和 Hg、Pb 蒸气及大气中的金属和非金属粉尘;植物的吸声作用会有效减弱交通噪声,据北京园林科学研究所研究测定,20m 宽的草坪,可减小噪声 2dB。特别对于覆盖植被的路堑边坡,相当于隔断视线的声屏障,平均声障衰减量达到 5 ~ 7dB;形成一条人工与自然相结合的风景迷人的公路线。

三、生态防护特点

1. 生态防护区别于常规工程防护的特点

常规的边坡工程防护包括坡面防护及支挡结构防护,坡面防护措施有灰浆或三合土等抹面、喷浆、喷混凝土、浆砌片石护面墙、锚喷护坡、锚喷网护坡等。此类措施主要用以防护开挖边坡坡面的岩石风化剥落、碎落以及少量落石掉块等。如常用于风化岩层、破碎岩层及软硬岩相间互层(如砂页岩互层、石灰岩与页岩互层)的路堑边坡的坡面防护,用于保持坡面的稳定。其所防护的边坡,应有足够的稳定性。对于不稳定边坡先支挡再防护,支挡的结构类型主要有挡土墙、锚杆挡墙、抗滑桩等。这些支挡结构既有防护作用,又有加固坡体的作用。

2. 生态防护区别于一般绿化工程的特点

公路边坡生态防护与一般园林绿化工程相比,具有其独特性:园林绿化工程

是通过精细种植和精心养护来使植物形态优美，实现其观赏价值，其面积小，施工难度低，植物物种选择侧重于观赏性和经济性，有充分的人力和时间去养护，所以对其抗病害和适应性要求不高；而公路的生态防护是结合植物措施与工程措施，除保证边坡基本稳定之外，更要起到恢复自然、改善公路路域环境以及防止边坡受冲刷、减少水土流失等生态功能及利用植物自身的固坡功能使边坡达到长久稳定的目的。其植物选择必然侧重于护坡性和生态性，且由于受公路边坡的坡面特点及立地条件的影响，物种选择要“因地适宜”，能适应路域独特土壤和气候条件，并能有较强的抗病害能力。所以其物种选择和施工方法都要较一般园林绿化工程有相当难度。

四、生态防护作用机理

边坡生态防护的一个主要特征就是或多或少要进行坡面植被建植，在坡体较稳定或存在浅层稳定问题时，通过植物的种植，利用植物与岩土体的相互作用（根系锚固与加筋作用）对边坡表层进行防护、加固，使之既能满足设计对边坡表层稳定的要求，又能恢复被破坏的自然生态环境；当坡体有深层稳定问题时，在工程防护的基础上进行植被恢复，能增强边坡的生态性与景观性，体现了“建绿色通道，走环保之路”的新理念，植被护坡效应机理如图5-30所示。

1. 植物根系的力学效应

植被主要通过其根系的加固作用来提高土壤的抗剪强度，从而增强边坡的浅层稳定性。根系对土的加固作用的大小依赖于根的强度和根的特性，以及根在土壤里的空间分布情况。根的强度和根系结构又受植物的种类和当地土壤条件的影响。

根据植物生长的特点，草本植物的根系一般均为直径小于1mm的须根，根系密度随土壤剖面深度的增加表现出三个显著特点，即在0～30cm土层急剧减少，在30～70cm土层逐渐减少及在70～100cm土层保持最低水平，总根数的90%集中分布在0～30cm的土层内，30～70cm土层内根数约占总根数的8%，70cm以下土层仅占总根数的2%左右。草本植物的根系分布特征决定了对土体的加固作用主要是加筋作用。而木本植物由于其根系主要由深入土壤的垂直根系和较浅层分布的水平根系组成，其根系分布特点决定了对土体的加固作用主要是垂直主根对土的锚固作用和水平根对土的加筋作用。下面将通过对根的形态、含量、根的强度及受力分析来研究护坡植物根系的护坡机理。

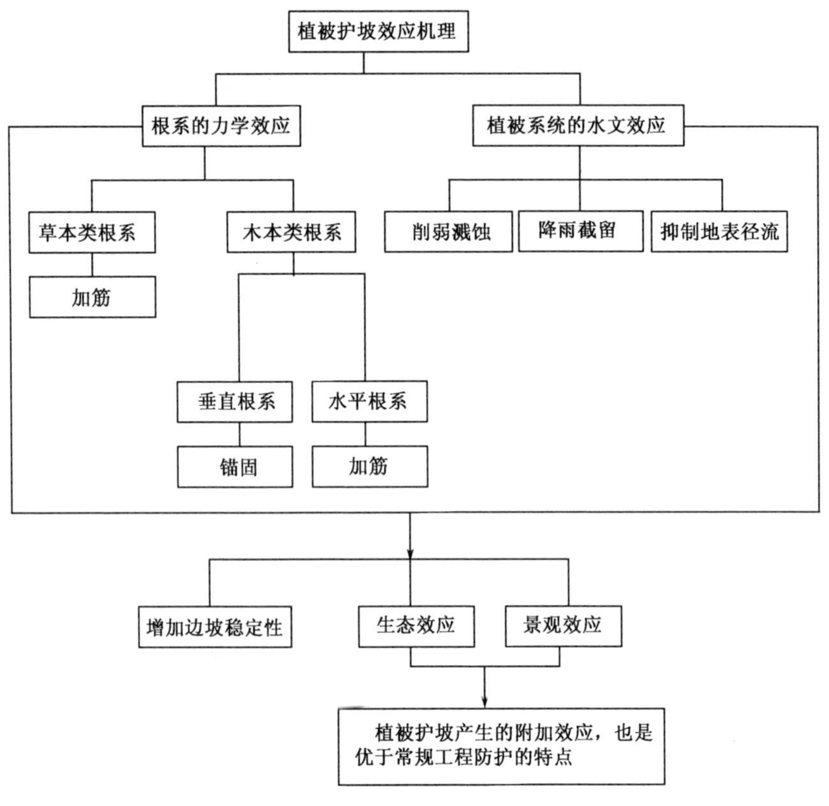

图 5-30　植被护坡效应机理

(1)根系的形态

根系分三部分:主根、铅垂根和横向根。主根是指主要与植物茎干相连的竖向生长的根;铅垂根是指竖向根,生长在主根和横向根上;横向根是指生长在主根上,但其方向是水平的。一般情况下,较深的竖向主根可以穿过较深的潜在受剪面提高边坡的稳定性,从而使边坡不易发生浅层滑动。直径较小的高密集须根在提高土壤的抗剪强度方面要优于分布稀少的大直径根。由于大部分根集中在地表附近,因此,在离地表约 150cm 的范围内,植物浅根可穿过坡体松软的浅层,锚固到较稳定的土体或岩体中,起到预应力锚杆的作用,增强边坡稳定性。研究表明,80% ~90% 的根都集中在 90cm 的深度内,因此在此深度范围内植物根系对土壤的加固作用明显。

(2)土中根的含量

土中根的含量不同,根对土的加筋作用的效果不同,因而植物对边坡稳定性的影响程度就不同。随着深度增加,根在土中的含量越来越少。衡量根在土中的含量的一个常用的指标是“根的面积比率”(Root Area Ratio,简记为 RAR),它指的是在一个土层断面上(水平断面或垂直断面)根的截面面积与总断面面积的比率。根据 Shields 和 Gray(1993 年)研究测得接骨木灌木丛的 RAR 随深度变化的曲线如图 5-31 所示,表明随着深度的增加 RAR 迅速减小。在水平断面上,RAR 一直很小。这说明大部分根是水平伸展的侧根。其实,研究人员最关心的是临界滑移面上的根的面积比率。所以,确定边坡的临界滑移面后我们就可以测出在这个临界面上根的面积率,然后根据后面将详细介绍的根的强度公式算出根系抵抗边坡沿滑移面滑移的定性作用。还有一种衡量土中根的含量的方法就是“根的生物量集度”,即单位体积土中根的质量,它与 RAR 存在一定的转化关系。

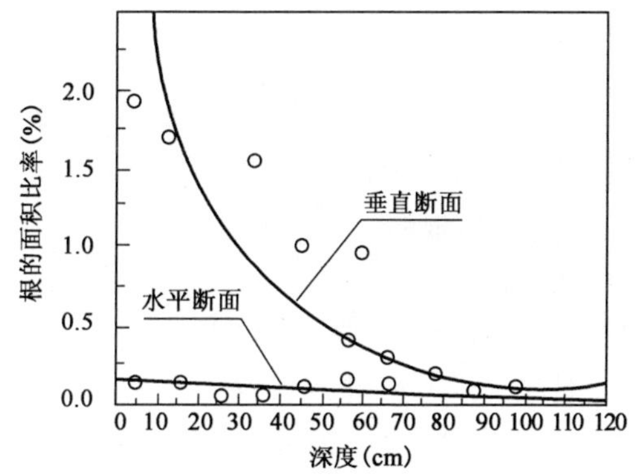

图 5-31　公路边坡接骨木根的面积比率随深度变化曲线

植被根系的生长和根系结构的分布除与植被本身种类有关外,更多的是受环境和土壤条件的控制。

(3)根的强度

在众多根的强度的研究数据中可以发现一个规律:根的强度可以达到 70MPa,一般位于 10 ~ 40MPa 之间,针叶状树木的根比落叶乔木的根的强度低,而灌木的根的强度并不比乔木的根的强度低,灌木根的抗拉强度几乎与树根的抗拉强度相当。所以,存在浅层滑动的边坡中,可以用灌木代替乔木,这样不仅能起到加固作用,而且灌木的重量远小于乔木的重量;同时灌木也没有乔木的刚性大,且有易被风吹倒的缺点。

根的强度受直径影响很大,很多研究表明,随着直径的增加,根的强度有降低的趋势。根的抗拉强度和直径之间存在如下关系:

$$T = nD^m \tag{5-55}$$

式中：T——树根的抗拉强度；

D——树根的直径；

n、m——给定树种的经验常数。

由式(5-55)可看出，根的抗拉强度随着直径的增加而降低。植物的根的强度一般随着直径的增大而减小。细小的根对土的抗剪强度的提高具有较大的贡献，这是由于细根不但具有较高的抗拉强度，而且由于比同样 RAR 的粗根具有较大的表面面积，所以和土之间的摩擦力较大，抵抗拉脱的能力强。

植被虽然可以提高边坡土壤的抗剪强度和稳定性，但是，由于伐木、火灾、移植等原因造成植物移走时，根会慢慢腐烂，强度降低，造成边坡稳定性降低。当植被被砍伐后，强度最大、直径最小的根的强度最先消失。砍伐后的根的抗拉强度会随时间而降低，如式(5-56)所示。

$$T_{rt} = T_{ro}e^{-bt} \tag{5-56}$$

式中：T_{ro}——树根活着时的抗拉强度；

T_{rt}——被砍伐 t 个月后树根的抗拉强度；

b——树根腐烂概率；

t——树桩的年龄(砍伐和取样所间隔的时间)；

e^{-b}——根的强度腐蚀率(根的强度降低率)。

根的抗拉强度降低到原来活着时强度的一半时，所需要的时间为

$$t_{0.5} = \frac{\log 0.5}{\log e^{-b}} \tag{5-57}$$

式中：$t_{0.5}$——在植被被砍伐后根强度的“半衰期”。

有研究表明，树被砍伐 29 个月后，树根的抗拉强度会从 18MPa 降低到 3MPa 左右，而根的直径将从 5.3mm 增加到 8.3mm 左右，说明树在被砍伐后较小直径的根会快速腐烂并消失。

(4)根受力分析

植被对土壤的加固作用主要表现为深根的锚固作用和浅根的加筋作用。植被根系的存在可以提高土壤的黏聚力，锚固作用可以提高土壤的抗剪强度，使原土体的抗剪强度向上推移了距离 Δc，加筋作用又限制了土体的侧向膨胀而使 σ_3 增加到 σ_3'，在 σ_1 不变的情况下使最大剪应力减小(图 5-32)，在这两种作用的共同影响下，能使边坡岩土体的承载力提高。

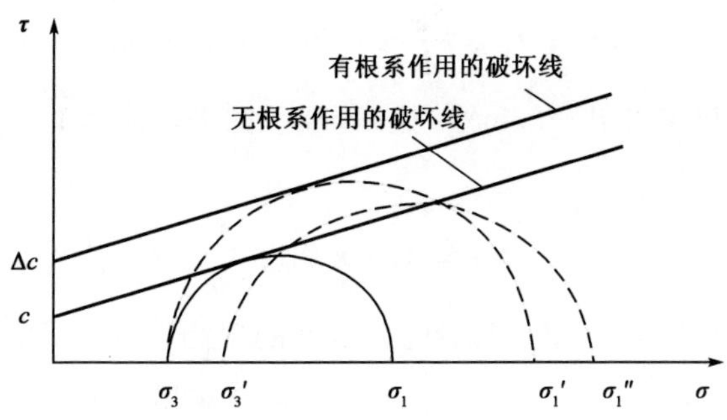

图 5-32　根系对土壤的加筋作用

现有研究表明,根纤维提高土的抗剪强度主要是通过根土接触面的摩擦力把土中的剪应力转换成根的拉应力来实现的,此平衡模式假定根系垂直锚固于土层中。其表达式为

$$\nabla S = t_{\mathrm{R}}(\sin\theta + \cos\theta\tan\varphi) \tag{5-58}$$

式中:∇S——由于根系加筋作用所增加的土体的抗剪强度;

t_{R}——单位面积上根产生的拉应力;

θ——剪切变形角;

φ——土体的内摩擦角。

根的平均抗拉强度可以用下式表示

$$t_{\mathrm{R}} = T_{\mathrm{R}} \times \frac{A_{\mathrm{R}}}{A} \tag{5-59}$$

式中:T_{R}——根的平均抗拉强度;

A_{R}/A——根的面积比率,按下式计算。

$$\frac{A_{\mathrm{R}}}{A} = \frac{\sum n_i a_i}{A} \tag{5-60}$$

式中:n_i——植被的根茎为 i 的根的数目;

a_i——植被的根茎为 i 的根的横截面积。

则根的强度为

$$T_{\mathrm{R}} = \frac{\sum T_i n_i a_i}{\sum n_i a_i} \tag{5-61}$$

式中:T_i——植被的根茎为 i 的根的强度。

将式(5-59)代入式(5-58)中,得

$$\nabla S = T_R \times \frac{A_R}{A} \times (\sin\theta + \cos\theta\tan\varphi) \tag{5-62}$$

Wu etal. 1979 年提出，$(\sin\theta + \cos\theta\tan\varphi)$ 的平均值为 1.2，所以式(5-62)可简化为

$$\nabla S = 1.2 \times T_R \times \frac{A_R}{A} \tag{5-63}$$

由式(5-63)可得出结论：土壤抗剪强度的提高值 ∇S 完全依赖于根的平均抗拉强度 T_R 和根的面积比率 A_R/A，并与它们成正比关系。

2. 植被系统的水文效应

在自然界降雨情况下，边坡不断经受降雨的袭击，其中一部分下渗，一部分在边坡面汇集，形成径流，产生冲刷。降雨对边坡的破坏大致分为以下几类：溅蚀、溶蚀、片蚀、沟蚀、溜坍。边坡植物系统具有增强土壤抗侵蚀的能力，通过降雨截留、径流延滞、土层固结等作用减缓坡面侵蚀。

(1)削弱溅蚀：边坡植物防护的植被覆盖率高，交错的植被叶系使降水不能直接降落于边坡土体表面，而只能沿着叶系下落，由于叶面的脉络对流过的水滴有分割效应，使水滴变小。经过叶系后，水滴的动能、体积均大为减小，从而使水滴对地表的冲击大为减小。

在无植被时，质量为 m 的雨滴从距地表 H 的高空落下，假设不考虑雨滴下落时所受的空气阻力，雨滴的动能为

$$E_1 = mgH \tag{5-64}$$

若地表有植被层，植被层距地表高度为 h，则雨滴落到植被后由于其动能被覆盖植被的缓冲作用所消耗，因此雨滴的速度减小为零，假定雨滴又被分散为 n 个质量相等的小雨滴，则每个小雨滴到达地表时所具有的动能为

$$E_2 = \frac{mgh}{n} \tag{5-65}$$

对于草本植被层，可认为 $h=0$，则雨滴到达地表时的动能 E_2 为 0，可认为植被完全消除了雨滴的溅蚀。

(2)降雨截留：植被主要通过茎叶来实现降雨截留功能，其密实的树叶组成的树冠拦阻了雨水。一部分降雨直接被植被的茎叶暂时存储在其中，重新蒸发到大气中，另一部分流经茎叶形成二次降雨，落到坡面。

(3)坡面植被增加了地表糙度，从而降低了径流的流速。坡面径流一般携带大量的土类，易造成水土流失。由于植被根茎的阻拦作用以及叶系对降水的缓冲作用，不仅使土壤表面免受雨水的直接冲击，还大为减小了降水形成的地表

径流的流速，并可阻止大股水流的形成。由于地表径流流速、流量的减小，边坡土体流失大为减少，从而土体结构受扰动较小，地表水下渗量也减小。

3. 植被系统的生态效应

根据土质学、植物生理学、生态学与土力学的有关原理，土壤与植被在它们形成和演化的过程中形成了一个相对整体的生态环境系统。植被系统生态效应的重要性可由植被破坏后导致的各类环境问题加以确定。植被与气候相互影响、相互作用，并起到调节局部小气候的作用；同时，植物具有光合作用，能够吸收大气中的有毒有害物质，降低其浓度，从而起到净化空气的作用。植被与土壤及其他生物也是相互依存和相互促进的，由于发达、密集的根系在边坡表层土壤中穿插、挤压、分割及网络作用和根系分泌分解产物的胶结作用，有助于防止边坡的风化剥落。另外，根茎腐解过程中，为土壤微生物增加了碳、氮和其他生物养料，因而导致各类土壤微生物大量繁殖，有助于边坡生态环境的恢复，从而走向良性循环。一方面，土壤影响着植被的分布及生长，植物群落是动物生存的栖息地，也是它们食物的直接或间接供给者；另一方面，植被在很大程度上决定着土壤的发育，动物在植被的形成和发展分布中也有巨大的作用，任何一方都不能离开对方而单独存在。两者之一的破坏或发展将导致另一者的破坏和发展，而这个相对整体的生态环境系统在最终发展与演化过程中形成了一个具有生命特征的“生物功能体”。

4. 植被系统的景观效应

人类眼睛能看到的光线波长是从380mm到760mm，感光最舒服的光色是波长为553mm的绿色，而由绿色引起的紧张状态最低，所以边坡植被可以满足视觉上的色彩舒适感；绿色植物给予人们的美感效应，是通过植物固有的色彩、形态、风韵等个性特色和群体景观效应所体现出来的，季节的变化，光线、气温、风雨霜雪等气象因子作用于植物，使植物呈现朝夕不同、四时互异、丰富多彩的景色变化。边坡植物据不同的地质状况、环境、气候条件，优选乔、灌、藤、花、草进行合理配置，有机地融入各种边坡之中，可使公路成为一道人工与天然相协调，动静相宜的风景画。

五、生态防护方法

边坡工程规模大、项目多、涉及面广，土石填挖工程形成的大量土石裸露边坡，破坏了既有植被，对当地生态环境影响较大。以往通常采用单纯的工程防护，如浆（干）砌片石、喷锚防护等，这些工程措施都导致原有植被破坏、水土流

失、滑坡、边坡失稳等一系列生态环境和工程问题。国家已经十分重视工程建设中的生态建设和环境保护，工程建设中的生态建设、环境保护已提上议程，这对整个工程建设的可持续发展战略的实施起到了推动作用。近十多年来人们开发出了多种既能起到良好边坡防护作用，又能改善工程环境、体现自然环境美的边坡植物防护新技术，与传统的坡面工程防护措施共同形成了边坡工程植物防护体系。

根据不同的边坡土质条件，采用不同的施工方法和施工工艺可将边坡植物防护技术分为：①人工种草护坡；②平铺草皮护坡；③液压喷播植草护坡；④土工网植草护坡；⑤化学植草护坡；⑥行栽香根草护坡；⑦蜂巢式网格植草护坡；⑧客土植生植物护坡；⑨喷混植生植物护坡。

1. 人工种草护坡

人工种草护坡，是通过人工在边坡坡面简单播撒草种的一种传统边坡植物防护措施。多用于边坡高度不高、坡度较缓且适宜草类生长的土质路堑和路堤边坡防护工程。具有施工简单、造价低廉等特点。但由于草籽播撒不均匀，草籽易被雨水冲走，种草成活率低等原因，往往达不到满意的边坡防护效果，而造成坡面冲沟、表土流失等边坡病害，导致大量的边坡病害整治、修复工程。该技术近年应用较少。

2. 平铺草皮护坡

平铺草皮护坡，是通过人工在边坡面铺设天然草皮的一种传统边坡植物防护措施。具有施工简单、工程造价较低等特点。适用于附近草皮来源较易、边坡高度不高且坡度较缓的各种土质及严重风化的岩层和成岩作用差的软岩层边坡防护工程，是设计应用最多的传统坡面植物防护措施之一。但由于施工后期养护管理困难，平铺草皮易被冲走，且成活率低，工程质量往往难以保证，达不到满意的边坡防护效果，而造成坡面冲沟、表土流失、坍滑等边坡病害，导致大量的边坡病害整治、修复工程。近年来，由于草皮来源紧张，使得平铺草皮护坡的使用逐渐受到了限制。

3. 液压喷播植草护坡

液压喷播植草护坡，是国外近十多年新开发的一项边坡植物防护措施，是将草籽、肥料、黏着剂、纸浆、土壤改良剂、色素等按一定比例在混合箱内配水搅匀，通过机械加压喷射到边坡坡面而完成植草施工的。其特点是：①施工简单、速度快；②施工质量高，草籽喷播均匀发芽快、整齐一致；③防护效果好，正常情况下，喷播一个月后坡面植物覆盖率可达 70% 以上，两个月后形成防护、绿化功能；

④适用性广；⑤工程造价低。目前，国内液压喷播植草护坡在公路、铁路、城市建设等部门边坡防护与绿化工程中使用较多。

4. 土工网植草护坡

土工网植草护坡，是国外近十多年新开发的一项集坡面加固和植物防护于一体的复合型边坡植物防护措施。该技术所用土工网是一种边坡防护新材料，是通过特殊工艺生产的三维立体网，不仅具有加固边坡的功能，在播种初期还起到防止冲刷、保持土壤以利草籽发芽、生长的作用；随着植物生长、成熟，坡面逐渐被植物覆盖，这样植物与土工网就共同对边坡起到了长期防护、绿化作用。土工网植草护坡能承受4m/s以上流速的水流冲刷，在一定条件下可替代浆（干）砌片石护坡。目前，国内土工网植草护坡在公路、堤坝边坡防护工程中使用较多，铁路部门使用相对较少。

5. 化学植草护坡

该项技术是国外近十多年新开发的一项边坡化学植草防护措施。如HYCEL_OH液，通过专用机械，将新型化工产品HYCEL_OH液用水按一定比例稀释后和草籽一起喷洒于坡面，使之在极短时间内硬化，而将边坡表土固结成弹性固体薄膜，达到植草初期边坡防护目的，3～6个月后其弹性固体薄膜开始逐渐分解，此时草种已发芽、生长成熟，根深叶茂的植物已能独立起到边坡防护、绿化双重效果，具有施工简单、迅速，不需后期养护，边坡防护、绿化效果好等特点。尽管HYCEL_OH液植草护坡具有理想的边坡防护、绿化效果，但由于该技术所用的这种HYCEL_OH液还未能实现国产化，使得其工程造价较高，综合造价达40元/m^2左右，故目前还无法推广应用。目前只在京九铁路等个别工点进行了尝试性使用。

6. 行栽香根草护坡

香根草是近十多年才被人们“重新发现”的一种禾本科植物，具有长势挺立，在3～4个月内可长成茂密的活篱笆；根系发达、粗壮，一年内一般可深入地下2～3m；根系抗拉强度大，达75MPa，耐旱、耐涝、耐火、耐贫瘠、抗病虫、适应能力极强等特点。行栽香根草护坡就是在土质边坡上行栽香根草进行边坡防护的一种工程措施，该技术充分利用了香根草的优良特征，具有显著增强边坡稳定性和理想的固土护坡功能，大有取代传统片石护坡之趋势。目前国内应用较少，还有待于在公路、铁路、堤坝、城市建设等边坡防护工程中进一步试验推广。

7. 蜂巢式网格植草护坡

蜂巢式网格植草护坡，是一项类似于干砌片石护坡的边坡防护技术。其是

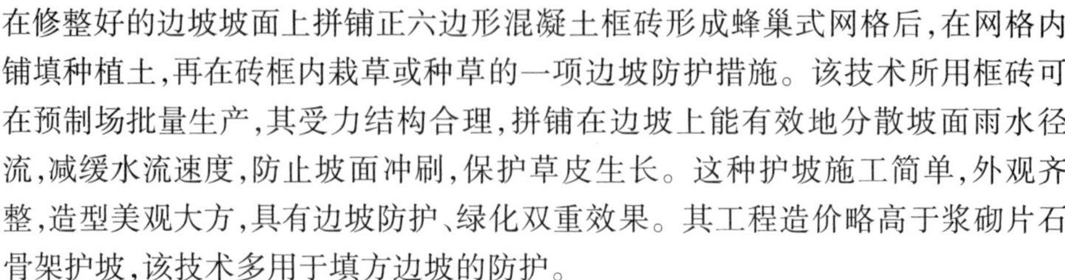

在修整好的边坡坡面上拼铺正六边形混凝土框砖形成蜂巢式网格后，在网格内铺填种植土，再在砖框内栽草或种草的一项边坡防护措施。该技术所用框砖可在预制场批量生产，其受力结构合理，拼铺在边坡上能有效地分散坡面雨水径流，减缓水流速度，防止坡面冲刷，保护草皮生长。这种护坡施工简单，外观齐整，造型美观大方，具有边坡防护、绿化双重效果。其工程造价略高于浆砌片石骨架护坡，该技术多用于填方边坡的防护。

8. 客土植生植物护坡

客土植生植物护坡，是在边坡坡面上挂网机械喷填（或人工铺设）一定厚度适宜植物生长的土壤或基质（客土）和种子的边坡植物防护措施。该技术的特点是可根据地质和气候条件进行基质和种子配方，从而具有广泛的适应性，多用于普通条件下无法绿化或绿化效果差的边坡。由于客土可以由机械拌和，挂网实施容易，因此施工的机械化程度高，速度快，无论从效率和成本上都比浆砌片石和挂网喷混凝土防护要优越，而且植被防护效果良好，基本不需要养护即可维持植物的正常生长。该技术在公路边坡防护中已被大量应用，在日本等国家已经被作为边坡绿化的常规方法加以应用。

9. 喷混植生植物护坡

喷混植生植物护坡，是在稳定岩质边坡上施工短锚杆、铺挂镀锌铁丝网后，采用专用喷射机，将拌和均匀的种植基材喷射到坡面上，植物依靠“基材”生长发育，形成植物护坡的施工技术。其具有防护边坡、恢复植被双重作用，可以取代传统的喷锚防护、片石护坡等圬工措施。该技术使用的种植基材由种植土、混合草灌种子、有机质、肥料、团粒剂、保水剂、稳定剂、pH 缓解剂和水等组成，其种植基材的配方是成功的关键，良好的配方能够达到在陡于 1∶0.75 的岩质边坡上既具备一定的强度保护坡面和抵抗雨水冲刷，又具有足够的空隙率和肥力以保证植物生长。该技术已广泛应用于铁路、公路、水利等各类岩石边坡绿化防护工程。

各类边坡植物防护技术的主要作用及应用条件各不相同。随着边坡植物防护技术的推广应用，各类边坡植物防护技术已发展成为公路、铁路绿色通道建设中的重要组成部分，但也存在一些难点问题。

（1）边坡植草的退化

在公路、铁路等工程建设中，其边坡绿化防护上投入的资金比例较低，在低投入、低养护或无养护情况下，边坡草坪处于自生自养状态，极易退化、死亡。因为人工种植草种生长较弱、品种单一，随着时间的增长，在养分水分供应较差的

边坡上都会呈现不同程度的草坡退化现象，这是一个十分突出和严重的问题。若草被退化得不到解决，不仅造成重复建设、资金浪费，而且起不到边坡绿化防护效果，最终可能会引起水土流失、坡面坍塌等许多不良后果。

(2)喷播时的植物种子配比与最终植物状态

在较短的时间内把开挖的边坡恢复到自然状态，施工者将面临储如①植物种子的配比如何确定；②如何考虑当地自生优势群落的结构特点进行种子配比；③如何确定喷播时的植物配比与最终形成的植物群落之间的动态关系等问题。只有对这些问题作详尽的调查研究分析，才能正确指导施工，否则边坡的植物生长将无法实现人工强制绿化向原始植物群落的顺利演替。

(3)干旱对土体很薄的坡面植物构成威胁

开挖后的岩石边坡，岩石层厚、整体性好，坡体高陡，对边坡进行植物绿化后，随着时间的增长，秋冬季干旱、夏伏季炎热，土体养分逐渐流失，土壤肥力降低，如何解决边坡呈现的无土、缺水、缺肥的状态及边坡植被面临的干、热威胁，这将直接影响到边坡最终的绿化效果和生态效益。

边坡绿化工程中的难点问题，是对边坡生态防护可持续发展和环境科学技术的挑战，边坡生态防护技术涉及工程力学、生物学、土壤学、肥料学、园艺学、环境生态学等学科，必须不断在这些理论领域有所突破，积极引进开发新材料、新工艺及配套施工机械设备，充分吸收新的科研成果、先进技术和工程施工经验，注重国际和行业间的技术交流与合作。总之，提高边坡生态防护技术的科技含量，是边坡绿化防护工程成功的重要环节。

目前在边坡绿化防护工程中，液压喷播、客土喷播、喷混植生是典型的生态防护施工技术；在边坡绿化养护工程中，滴灌、渗灌、注水根灌、插管根灌、膜孔灌等是具有节约水资源、提高成活率、促进草灌木植物生长的灌溉技术；在土壤肥力方面，ABT生根粉、菌根菌、农菌及各种微生物肥料的应用，是具有促进植物生根、生长和发育，提高植物的生理机能和抗逆性的技术。在这些新技术的应用过程中，还有许多问题和工艺需要探讨、改进，从而使其成本更低、操作更为简单、效果更好。随着边坡生态防护各项科研技术的不断深入，其各项新技术新工艺的应用将日趋完善和成熟。

六、生态防护设计

1. 生态防护体系建立模式

路基边坡防护应根据当地气候、水文、地形地质及筑路材料等情况，采取有效的防护措施防治路基病害，保证路基稳定。应遵循“因地制宜、就地取材；以防为主,防治结合;经久耐用,节省造价;造型美观、顺应自然、环境景观协调”的原则选择防护形式,建立生态防护体系。其常规的生态防护体系建立的基本步骤如图5-33所示。

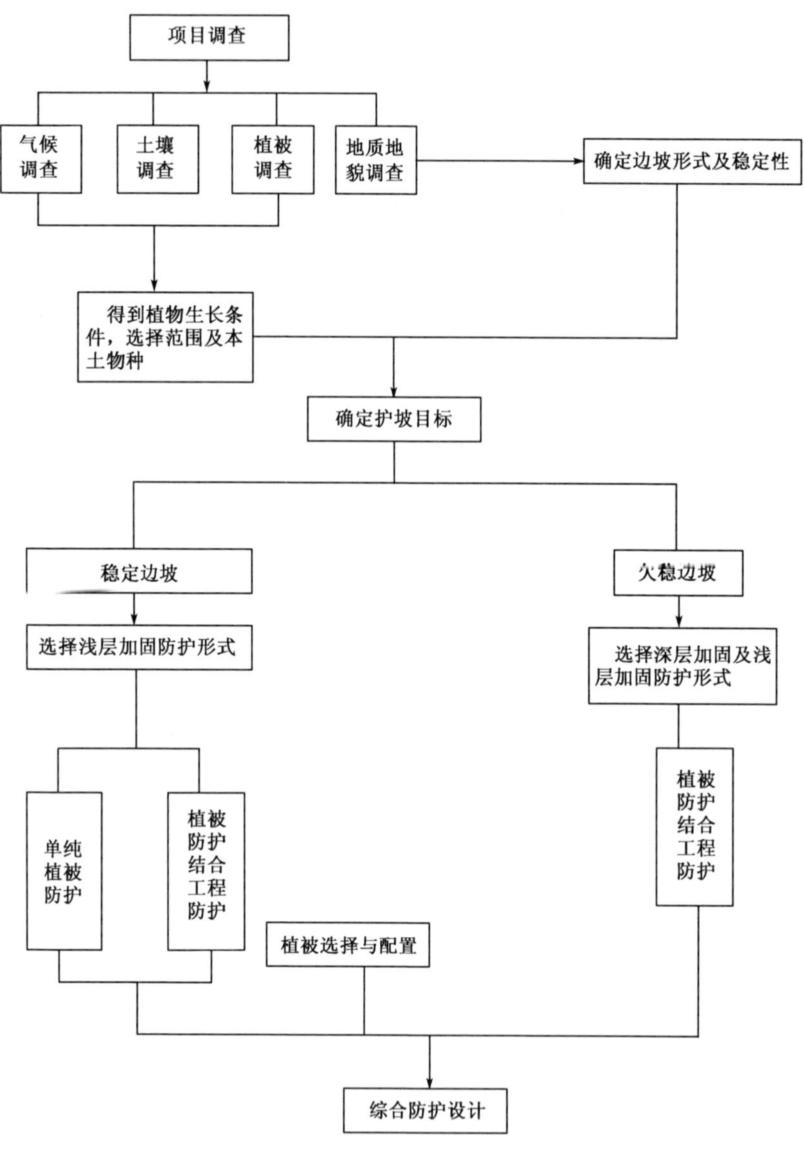

图5-33 常规的生态防护体系建立的基本步骤

2. 生态防护体系设计内容

生态护坡的设计、施工及选材都与其所处的工程环境、气候及地质条件息息相关。因此，在设计选择生态护坡方法时，要充分了解该施工区域内边坡的结构，结合当地的地质、气候条件，选择合适的加固措施及经济性、观赏性好的草种，根据所处的地理位置及地质条件采用方便、经济的保证边坡稳定的护坡措施。

一般来说，生态护坡的设计内容主要包括如下五个方面：

(1)工程相关情况的调查，主要包括周边的气候、地质地貌、土壤及植被调查。

(2)根据沿线地质勘察资料，依据《公路路基设计规范》(JTG D30—2015)，通过稳定验算和工程类比法，确定边坡形式。

(3)生态防护形式的选取与具体设计。

(4)恢复植被物种选择与配置。

(5)综合防护方案设计。

3. 综合防护设计

综合防护设计是指综合若干种生态防护形式配合使用，必要时也补充圬工防护，是生态防护体系的具体实现。体系的建立包括了对各种情况的考虑和处理，有着更强的适应性和针对性，可以在因地制宜、节省造价的前提下达到有效的生态防护效果。一般情况下，公路边坡，特别是高陡路堑边坡，因其地质岩性和地形的差异，每个断面都各不相同，为了满足边坡稳定、减小造价及减少占地，常常需要分级设置不同坡率，选取不同防护形式配合进行。

不同坡率采用不同的防护形式。一是根据防护形式适应性研究结论，针对每一级坡面及坡率要选取最适合的生态防护形式；二是不同防护形式配合设置，可以扬长避短，而且景观性会相对更强。所以在实际工程中，综合防护设计也是一个很重要的内容，例如在一个三级削坡的风化破碎岩石路堑边坡上，可采用一级坡率为1∶0.5，二级和三级坡率为1∶0.75，坡脚处设置浆砌片石护面墙(圬工防护)2～3m高，用于稳固坡脚，其上设置锚杆框架梁植草护坡，二级边坡和三级边坡采用窗孔护面墙植草护坡；这样一来，在坡脚处设置不足3m高的浆砌片石护面墙，其上采用锚杆框架梁植草护坡，既有效稳固了坡脚，防止冲刷，又不致由于实体护面墙圬工体积大而大幅增大造价，结合锚杆框架梁内的植草，可弥补其环保和景观性不足的缺点；在二级和三级边坡上采用较缓坡率，选取窗孔护面墙植草护坡，相对于锚杆框架梁一坡到顶，在达到同样护坡功能的前提下，可以大幅降低造价,并因形式的差异性带来景观上的错落有致。

第四节 动态设计

一、动态设计与信息化施工

1. 动态设计

(1)动态设计思路

边坡工程动态设计的思路是在边坡工程地质勘察成果的基础上,采用边坡开挖与加固各阶段的数值仿真模拟手段进行边坡坡形坡率和防护加固工程的预设计;然后在边坡工程施工过程中贯彻动态设计理念,采用信息化施工反馈技术,根据边坡开挖揭示地质条件变化和监控量测反馈的结果,对预设计文件进行调整优化与仿真模拟,直至边坡防护加固工程竣工验收;必要时尚需进行必要的补强加固设计,以保证边坡防护加固工程的可靠与安全。其总体思路如图 5-34 所示。

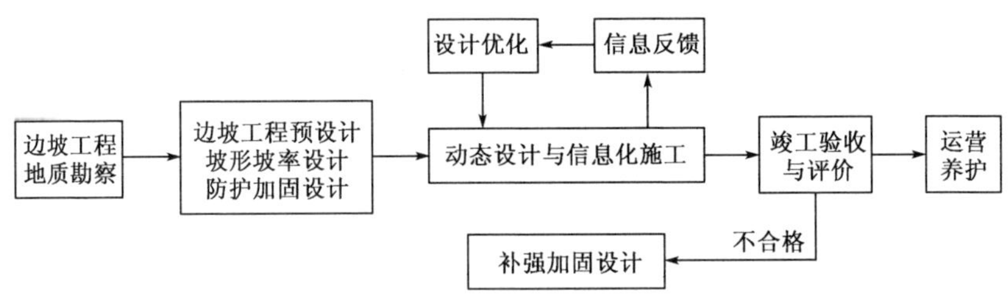

图 5-34 边坡工程动态设计思路

边坡工程动态设计思路的核心就是贯彻动态设计和信息化施工的理念,贯彻这一理念是基于复杂边坡工程的工程特点,以及勘察设计对边坡对象认识的不足,力求使边坡工程设计能根据环境背景和工程对象的变化不断深化认识,逐步调整和完善相应的工程地质模式、数值分析模型和计算控制参数,从而使得边坡工程设计逐步完善,以确保边坡防护加固工程对策的科学性和可靠性。

(2)动态设计流程

根据边坡工程设计的特点,以边坡工程动态设计的思路为基础,结合前述的有关边坡工程地质基础理论、岩土工程数值计算理论、边坡开挖松弛区和变形破坏机理研究的成果,补充边坡开挖支护模拟技术和稳定性数值计算方法,着重完善边坡信息化施工反馈的技术与方法。并将这些研究成果融入边坡工程设计的实施过程，可以建立一整套边坡工程动态设计的实用方法，其基本操作流程如图5-35所示。

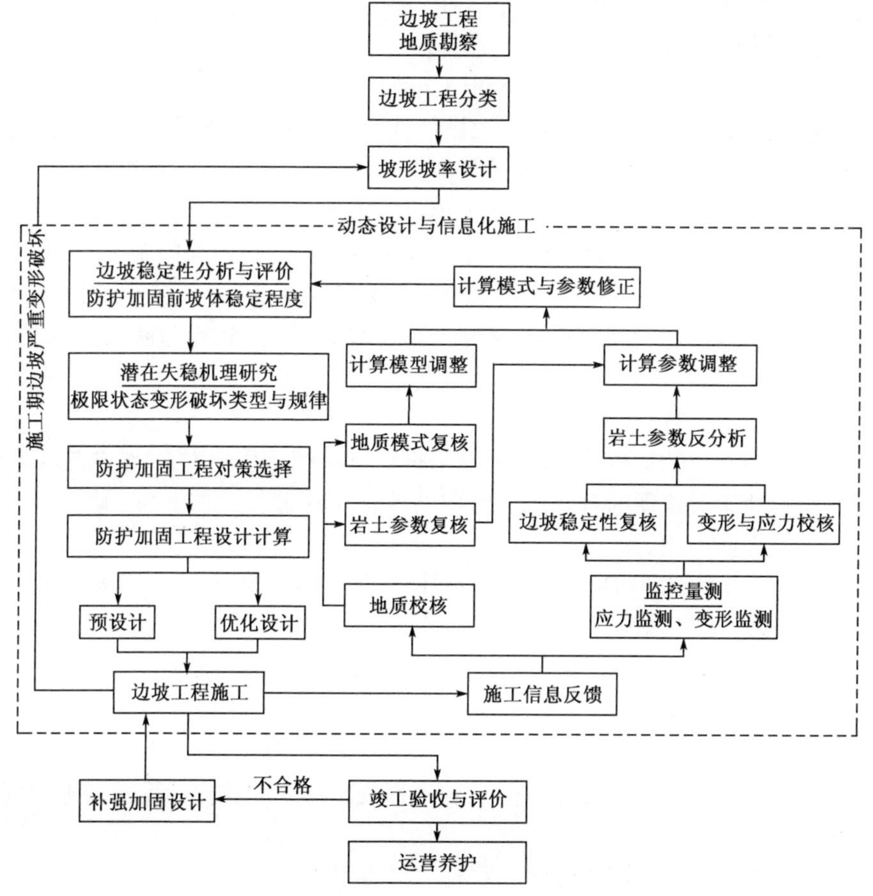

图5-35　边坡工程动态设计流程图

整个操作流程有正分析和反分析两条主线。正分析是在边坡工程地质勘察的基础上对边坡工程进行实用分类和基本坡形坡率设计，然后运用数值仿真技术对边坡防护加固工程进行预设计和施工期动态调整与设计优化；反分析是在施工期采用信息反馈技术对地质条件进行校核，并结合监控量测的结果，对边坡数值计算模式和岩土物理力学参数进行动态调整，以修正和完善工程设计方案。

在实际边坡工程设计中，正分析和反分析同等重要。正分析以数值仿真设计技术为核心，包含开挖模拟、支护模拟和稳定系数计算等新内容，提供了虚拟化仿真设计的技术手段;反分析则主要包含边坡工程地质校核、监控量测分析和岩土工程反分析计算三项主要内容,提供了对预设计进行调整优化的信息来源。

2. 信息化施工

1)信息化施工基本原理

边坡工程信息化施工是指充分利用当前边坡开挖揭露的工程地质条件和监控量测到的岩土及结构应力变形等大量信息反馈。通过与预设计阶段掌握的资料进行比较和分析,在判断前期设计与施工合理性的基础上,修正边坡仿真设计计算模式和岩土力学参数,预测后期工程可能出现的新行为与新动态,并进行防护对策与施工方案再优化,以指导后期边坡工程开挖与防护加固施工,确保边坡工程安全可靠。边坡工程信息化施工原理包含信息采集、分析处理和修正反馈三个方面的内容,这三方面内容既贯穿于高边坡动态设计的全过程,也反映了信息化施工所采用的主要技术手段和处理方法。

2)地质校核与修正

信息化施工中的地质校核,主要是依据影响边坡工程的因素,结合施工开挖揭露的工程地质对象而综合确定。常用的校核方法遵循由浅入深的原则,主要包含以下三方面的内容。

(1)通过对开挖的边坡对象进行总体评估,按照边坡工程实用分类确定边坡的基本类型。若边坡工程类型与设计存在较大的偏差,常需要实施紧急性的防护对策和施工方案调整,这在实际施工中并不是极为鲜见的个案。

(2)根据边坡开挖面揭露的工程地质条件,着重从地层岩性条件、地质构造条件、结构面组合条件、坡体结构特征和地下水运移规律五个方面进行边坡地质复核。以这些对比复核的结果作为边坡工程地质模式和数值计算模型进行调整的依据。

(3)对边坡岩土体与结构面的物理力学参数进行评估,作为对数值计算模型中岩土参数进行调整的重要依据。

3)工程巡查与监测

信息化施工中的监控量测,主要是从变形监测和应力量测两个方面来丰富其内容,可以结合边坡工程反分析方法得出非常有意义的成果。变形监测一般包含地表变形监测、深部变形监测、裂缝变形监测和宏观巡查四个方面的内容。通过将这些成果纳入到边坡工程反分析的总体框架内,可以进行有关岩土力学参数的反演分析,作为对数值仿真模型中计算参数进行调整的另一个重要来源。

4)优化设计与施工控制

在公路边坡工程建设过程中,应加强前期工作,即勘察设计工作,特别是边

坡工程地质勘察工作。在边坡工程施工过程中,应加强边坡监控量测工作。特别是在边坡开挖期间和长时期降雨期间,应加强坡体变形巡查与监测,实时把握坡体变形动态信息,并反馈设计,指导施工。施工中如何从各种受误差影响而失真的参数中找出相对真实之值,对施工状态进行实时识别(监测)、调整(变更)、评估(预测),对设计目标的实现是至关重要的。上述工作一般需以现代控制论为理论基础来进行,称之为施工控制。

边坡工程施工控制的内容主要有几何(变形)控制、应力控制、稳定控制、安全控制。

二、仿真设计技术

1. 开挖卸载模拟

有限元等数值算法可以模拟复杂地质条件下的分步开挖过程,其基本原理是通过将开挖面上的应力完全解除,使其成为应力自由面,以模拟复杂岩土体对工程开挖卸荷的力学响应过程。

数值计算中对开挖问题的计算处理是,首先计算挖去的岩土体对保留岩体施加的开挖释放荷载,然后将此开挖释放荷载作用于保留岩土体,采用增量迭代计算求解开挖后系统的平衡状态,达到模拟开挖的目的。目前,数值计算常用的开挖模拟处理方法主要有开挖体应力解除法和开挖面应力解除法两种。

(1)开挖体应力解除法

该方法是使开挖体内应力为零从而达到解除开挖面应力的目的。一般是首先计算开挖岩土体与保留岩土体接触单元的节点力,将该节点反向施加于保留岩土体上作为开挖释放荷载,同时将被开挖单元从程序中删除,其开挖释放荷载计算如下

$$P = \sum_{i=1}^{m} \int_{V_i} \boldsymbol{B}^{\mathrm{T}} \sigma_0 \mathrm{d}V \tag{5-66}$$

式中:P——开挖荷载;

m——挖去的单元总数;

V——单元;

$\boldsymbol{B}$——单元应变矩阵;

σ_0——开挖区初始应力场。

该方法的实施步骤如下:①在初始应力场条件下计算第一级开挖面上各单元的节点力;②将此节点力作为开挖释放荷载反作用于第一级开挖后的保留岩土体上,并将已开挖单元删除,进行有限元计算;③将上一步计算所得的第二级

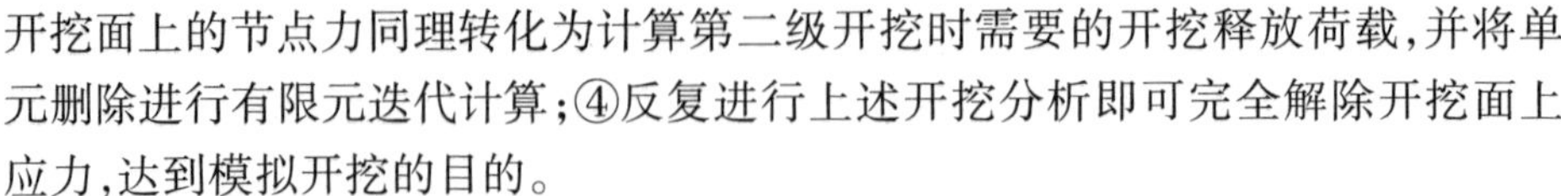

开挖面上的节点力同理转化为计算第二级开挖时需要的开挖释放荷载,并将单元删除进行有限元迭代计算;④反复进行上述开挖分析即可完全解除开挖面上应力,达到模拟开挖的目的。

(2)开挖面应力解除法

该方法的实施步骤与开挖体应力解除法类似,其区别在于是通过直接解除开挖面上的应力来模拟开挖过程,因此其开挖释放荷载的计算不仅应考虑开挖单元接触节点的节点力,还应计其开挖单元所受的各种外荷载产生的等效节点荷载。其开挖等效荷载以下式表示

$$P = \sum_{i=1}^{m}\int_{V_i} \boldsymbol{B}^{\mathrm{T}}\boldsymbol{\sigma}_0 \mathrm{d}V - \sum_{i=1}^{m}\left[\int_{v_i} \boldsymbol{N}^{\mathrm{T}} f \mathrm{d}V + \int_{s_i} \boldsymbol{N}^{\mathrm{T}} \bar{P} \mathrm{d}s\right] \tag{5-67}$$

式中:P——开挖荷载;

m——挖去的单元总数;

V——单元;

$\boldsymbol{B}$——单元应变矩阵;

σ_0——开挖区初始应力场;

$\boldsymbol{N}$——单元位移形函数矩阵;

f——初始应力场单元内受到的体力;

$\bar{P}$——引起初始应力场的已知应力边界上的面力。

从基本原理看,开挖问题即是将开挖面上的应力完全解除,使其成为应力自由面,因此两种方法的本质是一致的,只是从不同的角度来计算开挖释放荷载。事实上在商业化岩土工程分析程序中,这两种典型处理方法都有采用,体现了各软件本身对有限元开挖问题的理解。

2. 支挡加固模拟

如何在数值模拟中体现用以稳定边坡的支挡加固结构的作用和影响是边坡工程数值仿真分析中非常重要的内容。由于加固高边坡的工程结构形式各异,并且这些支护结构与边坡岩土体的相互作用机理相当复杂,要在数值分析中准确地模拟这些结构的加固机理,使之与实际结构的受力状态和变形破坏特征相符合,无疑是一件非常艰巨的工作。

三、反分析技术

1. 反分析的目的和意义

基于现场量测信息为数值分析提供实用的“计算参数”的反分析方法,从20

世纪70年代开始发展至今，作为工程预测分析的一部分，有着良好的应用前景。

反分析的基本思想最先由Kavanxh（1973年）、Gioda等人提出，Sakurai（1983年）首次给出了均匀地应力与岩体弹性模量的有限元反分析数值解。近十几年来，国内外许多研究者做了大量研究与应用工作，并发展了弹塑性、黏弹性、黏塑性等非线性反分析；在确定性反分析的基础上发展了灰色系统、模糊数学等非确定性反分析；在有限元法反分析的基础上发展了边界元、离散元、半解析元等反分析法。有力地推动了现场量测误差的处理、优化、校验等技术的发展。

结合公路边坡工程实践的特点，基于边坡防护加固工程设计计算参数的不确定性，在边坡开挖施工过程中，充分利用坡体现场量测信息或坡体宏观变形动态响应，通过边坡工程仿真模拟技术，反馈修正计算参数、优化设计方案、指导边坡工程施工，对边坡工程研究与实践具有重要的理论意义和实用价值。

2.反分析方法

岩土工程的反分析技术首先起源于地下工程的开挖设计，然后很快得到了各国学者的普遍重视。边坡工程反分析技术主要涉及边坡工程数值仿真模拟技术、应力与变形监控量测技术两类。在边坡工程信息化施工中的应用主要是考虑应力反分析、位移反分析和稳定性反分析。

（1）应力反分析

传统的应力反分析方法是采用坡体岩土实测的应力资料，对边坡场区的初始应力场条件进行反演和确定，是岩土工程反分析计算研究较早、发展较为成熟的方法。

对于路堑边坡这种近地表开挖工程，一般地应力的影响较小，但是随着山区公路的大力发展，路堑边坡高度已经突破了传统概念。例如云南元墨高速公路路堑边坡已达300m高，对于这种峡谷地带的深路堑开挖工程，应该考虑场区初始地应力对边坡稳定性的影响。

因此，根据有限的场区地应力量测资料，采用边坡工程应力反分析方法对场区初始应力场进行反演分析，是一种较为经济和有效的方法；但是地应力量测需要采用昂贵的设备，测点较为分散，而且影响因素较多，可靠性相对较差，不便于在边坡工程中推广应用。

应力反分析方法的另一个应用是利用现场监测的结构应力变化信息来反演边坡的稳定状态。对于边坡工程这种分阶段开挖工程来说，不同的施工工序和施工方法将对边坡稳定性产生重要影响。一般而言要求采用逐级开挖逐级支护的施工方案，这样前阶段已经施工完成的支护结构将随着后续开挖而产生结构应力和变形的调整以发挥阻滑加固作用。在实际工程中，锚固工程的预应力状态是最容易采集到的监测信息之一,因此这种方法在路堑边坡工程中具有很好的应用前景。

(2)位移反分析

边坡的位移反分析是基于岩土体位移的实际量测结果,通过建立合理的数值计算模型,反演分析边坡岩土强度和应力条件等参数,或对边坡稳定性进行预测。

边坡工程施工过程中比较容易获取的变形信息一般有坡体宏观位移、坡体深部位移和结构变形位移、坡体宏观位移一般采用大地测量方法获取,可以直接与边坡数值模型建立关联;坡体深部位移不仅可以直接参与数值模型,而且可以作为对边坡稳定度的判断依据。结构变形位移常与结构应力监测成果互为补充,作为边坡工程反分析的依据资料。

对于复杂的岩土材料来说,易于测得,也是比较可靠的数据就是边坡岩土体的位移。由于位移量测系统的建立,相对难度较低,相应的宏观位移测值也较可靠,特别是钻孔深部位移测斜技术的发展可以较为准确地捕捉到边坡滑动面附近的位移量值,结合岩土数值模拟技术的进步,使边坡的位移反分析技术逐步成熟,在路堑边坡的工程设计中具有实用价值。

(3)稳定度反分析

边坡工程中研究较早的是边坡的稳定度反分析,也是边坡工程反分析中最常用、最有效和应用较为成熟可靠的分析手段。

由于边坡的极限平衡计算和数值模拟计算都可以给出安全系数这一定量评判标准,这样当边坡工程施工过程中出现变形破坏时,就可以通过考查边坡滑动这一现象。基于对边坡稳定度的正确判断,对边坡岩土强度参数以及岩土的应力和变形进行反演分析,应用最多的当属对边坡滑带岩土强度 c、φ 值的反演计算。

3. 反分析的技术特点

反分析的目的大多是为了确定“正确的计算参数”,体现在反分析的内容上大都是反分析岩土体变形参数和地应力。更有意义的反分析在于将反分析的成果用于对该工程或同等条件工程的安全性与经济合理性的评价和预测。这就要求不仅反分析地应力与岩土体变形参数,还要反分析岩体强度参数与支护参数。

在边坡工程中,具体的开挖步序与支护方案对实测位移有直接影响,反分析中如果不考虑这些直接因素的影响,则反分析已无任何实际意义可言。因此,模拟实际工程开挖过程与支护方法的仿真反分析方法更为重要。

反分析所采用的模型大都很简单,如均质各向同性体、均匀初始地应力场、竖向应力为自重应力等。这些简化假定同多数工程实际不符,而岩土体中通常都存在的节理、裂隙、软弱夹层等不连续面在大多数反分析中都未能予以考虑,这就使得反分析所得的参数只是一种"等效参数"或"综合参数"。它的意义也仅限于利用这种模型及所得参数进行同一工程的后续计算与数值分析方面,而不能将反分析结果同试验结果进行比较,更不能与另一不同地质构造、不同介质力学模型、不同地层应力场的工程进行比较。

第六章　公路边坡工程加固与防护技术

公路边坡工程加固与防护技术众多,不同方法与技术可针对不同类型的边坡进行治理,但在实际工程中,如何因地制宜地处理与利用好这些边坡加固与防护技术并不是一件容易的事,应在通过公路边坡工程勘察并掌握详细地质资料的基础上,根据设计方案制订相应的施工组织方案,确定施工流程、施工方法、施工顺序、施工机械、工程进度、质量管理和安全管理等事项。

第一节　公路边坡工程加固与防护鉴定

既有公路边坡加固前应进行边坡工程鉴定,其包括工程安全性、正常使用性、耐久性和施工质量等的鉴定。进行边坡工程安全性鉴定的应用条件包括:

(1)遭受灾害、事故或其他应急鉴定时。

(2)存在较严重的质量缺陷或出现影响边坡工程安全性、适用性或耐久性的材料劣化、构件损伤或其他不利状态时。

(3)进行改造、扩建及使用环境改变时。

(4)需要进行整体维护、维修时。

(5)达到设计使用年限拟继续使用时。

(6)其他可能发生的需要鉴定的情况。

当使用维护中需要进行常规性的检查,或有特殊使用要求时,可进行边坡工程正常使用性鉴定。当边坡工程存在耐久性问题时,应进行边坡工程耐久性鉴定。

一、鉴定程序与内容

(1)初步调查。宜包含下列工作内容:

①查阅边坡工程资料,包括边坡工程勘察资料、设计图、设计变更资料、竣工图表资料、历次检测(监测)、加固和改造资料、质量或事故处理报告等。

②调查边坡工程历史,如原始施工、维修、加固、改造、用途变更、使用条件改

变以及受灾等情况。

③现场考察,根据资料核对实物,调查边坡工程实际使用情况,查看已发现的问题,听取有关人员的意见等。

④拟定鉴定方案。

公路边坡工程的鉴定程序如图6-1所示。

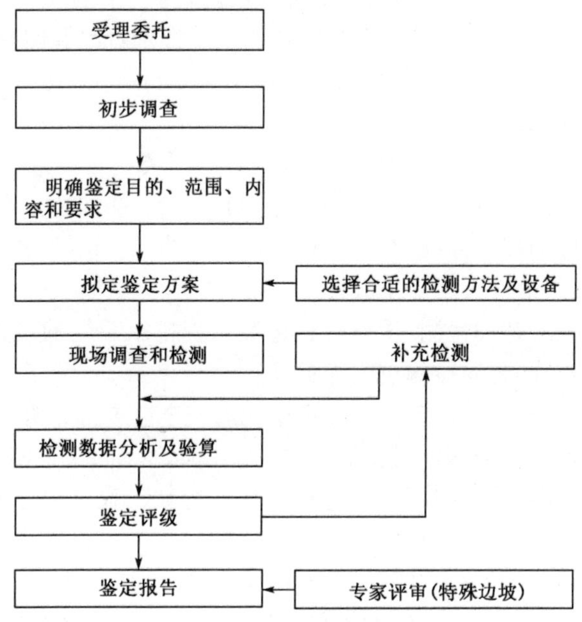

图6-1　鉴定程序

鉴定方案应根据鉴定对象的特点和初步调查的结果,鉴定的目的、范围、内容和要求制订。鉴定方案宜包括下列内容:

①工程概况,主要包括边坡工程类型、边坡总高度、周边环境,边坡设计、施工及监理单位,建造年代等。

②鉴定的目的、范围、内容和要求。

③鉴定依据,主要包括检测、鉴定所依据的标准及有关的技术资料等。

④检测项目和选用的检测方法以及抽样检测的数量。

⑤检测鉴定人员和仪器设备情况。

⑥鉴定工作进度计划。

⑦所需要的配合工作。

⑧检测中的安全措施。

⑨检测中的环保措施。

(2)详细调查与检测。宜根据实际需要选择下列工作内容:

①详细研究相关文件资料。

②调查核实使用条件:应对设计、施工、用途、维修、加固等建设、使用历史进行调查,同时对永久荷载、可变荷载、偶然荷载作用和间接作用进行调查,当环境作用对边坡安全性影响较大时应进行环境作用调查。

③材料性能检测分析:当图纸资料有说明且不怀疑材料性能有变化时,可采用设计值;当无图纸资料或存在问题时,应按国家现行有关检测技术标准,现场取样进行检测或现场测试。

④支护结构、构件的检查和抽样检测:当有图纸资料时,可进行现场抽样复核;当无图纸资料或图纸资料不全时,应通过对支护结构的现场调查和分析,再按国家现行有关检测技术标准,对重要和有代表性的支护结构、构件进行现场抽样检测;检测数据离散性大时应全数检测。

⑤附属工程的检查和检测:重点检查边坡工程排水系统的设置和其排水功能,对其他影响安全的附属结构也应进行检查。

根据详细调查与检测数据,对各鉴定单元的安全性进行分析与验算,包括整体稳定性和局部稳定性分析。对支护结构、构件的安全性、正常使用性和耐久性进行分析,对出现的问题查找原因并进行分析。边坡工程可划分成若干鉴定单元进行鉴定评级,并应符合下列规定:

①安全性评级分为四个等级,正常使用性评级分为三个等级。

②当鉴定单元可划分为构件和子单元时,应按表6-1规定的工作内容进行鉴定单元的评级。

③当鉴定单元不能细分为构件、子单元时,应根据鉴定单元的实际检测数据,直接对其安全性进行评级。

④对复杂鉴定单元,可将其分成若干独立的子单元,按表6-1进行独立子单元的评级。

鉴定单元评级的层次、等级划分及工作内容 表6-1

层次	一		二		三
层名	鉴定单元		子单元		构件
安全性鉴定	等级	A_{su}、B_{su}、C_{su}、D_{su}	等级	A_u、B_u、C_u、D_u	a_u、b_u、c_u、d_u
	稳定性分析子单元评级综合分析		支护结构	整体性能	—
				承载功能	承载功能、连接和构造
			附属工程	排水功能	—

续上表

层次	一		二		三
层名	鉴定单元		子单元		构件
正常使用性鉴定	等级	A_{ss}、B_{ss}、C_{ss}	等级	A_s、B_s、C_s	a_s、b_s、c_s
	子单元评级综合分析		支护结构	使用情况	变形、裂缝、损伤、腐蚀
				位移	空间位移
			附属工程	功能与状况	—

边坡工程鉴定工作完成后，应及时绘制鉴定报告，鉴定报告应包括工程概况，鉴定的目的、范围、内容和要求，鉴定依据，调查、检测项目的实测数据，检测数据的分析、验算及结果，鉴定结论及建议，附件等。

二、调查与检测

使用条件的调查与检测应包括边坡工程上的作用、使用环境和使用历史三部分，调查中应考虑使用条件在目标使用年限内可能发生的变化。

边坡工程鉴定应通过现场踏勘、资料查阅和向委托方、知情人员及边坡工程周边居民调查，了解边坡工程使用、维护和改造历史。

边坡工程作用的调查和检测，可选择表6-2中的项目。

边坡工程的作用调查检测项目　　表6-2

作用类别	调查、检测项目
永久作用	1. 土压力、水压力、预应力等直接作用，地基变形等间接作用； 2. 坡顶堆载、建(构)筑物恒载等
可变作用(荷载)	1. 人群荷载； 2. 汽车荷载； 3. 冰、雪荷载； 4. 其他移动荷载等
偶然作用	1. 地震作用； 2. 水灾、爆炸、撞击等

边坡工程及周边环境的变形与裂缝的调查、检测应符合下列规定：

(1)调查范围为边坡工程塌滑区及其影响范围内的地面、建筑物、需保护的管线等。

(2)对已发生变形或出现裂缝的部位应做出标识和记录;对地面或结构体裂缝深度、宽度、走向应采用相应的仪器设备进行检测或观测,并对其变化趋势进行监测或判断。

边坡工程现场检测应符合下列规定:

(1)检测项目和内容应包括地基基础、支护结构和附属工程的几何特征、材料性能和结构性能等。

(2)检测时应确保所使用的仪器设备在检定或校准周期内并处于正常工作状态,仪器设备的精度应满足检测项目的要求。

三、评价与鉴定

公路边坡工程的鉴定评级包括安全性鉴定评级和使用性鉴定评级。边坡工程鉴定的构件、子单元和鉴定单元的评级标准应符合表6-3和表6-4的要求。

安全性鉴定评级标准　　表6-3

鉴定对象	等级	分级标准	处理要求
构件	a_u	构件承载能力不低于设计要求的100%,符合国家现行标准的安全性要求	不必采取措施
	b_u	构件承载能力不低于设计要求的95%,基本符合国家现行标准的安全性要求	可不采取措施
	c_u	构件承载能力不低于设计要求的90%,不符合国家现行标准的安全性要求,影响安全	应采取措施
	d_u	构件承载能力不低于设计要求的90%,严重不符合国家现行标准的安全性要求,已严重影响安全	必须及时或立即采取措施
子单元	A_u		可能有个别次要构件宜采取适当措施
	B_u	无d_u级构件且c_u级构件不超过20%,无影响承载功能的变形,整体符合国家现行标准的安全性要求	可能有极少数构件应采取措施

续上表

鉴定对象	等级	分级标准	处理要求
子单元	C_u	d_u 级构件不超过构件总数的 10%，且 d_u 级构件不危及支护结构整体安全性，局部有影响承载功能的变形，不符合国家现行标准的安全性要求	可能有极少数构件必须立即采取措施
	D_u	d_u 级构件超过构件总数的 10% 或 d_u 级构件危及支护结构整体安全性，有影响承载功能的变形，严重不符合国家现行标准的安全性要求	必须立即采取措施
鉴定单元	A_{su}	符合国家现行标准的安全性要求	可能有个别次要构件宜采取适当措施
	B_{su}	符合国家现行标准的安全要求，无影响整体的安全构件	可能有极少数构件应采取措施
	C_{su}	不符合国家现行标准的安全性要求，影响整体安全，应采取措施	可能有极少数构件必须立即采取措施
	D_{su}	严重不符合国家现行标准的安全性要求，严重影响整体安全	必须立即采取措施

使用性鉴定评级标准　　表 6-4

鉴定对象	等级	分级标准	处理要求
构件	a_s	符合国家现行标准的正常使用要求，能正常使用	不必采取措施
	b_s	符合国家现行标准的正常使用要求，但构件可能有不影响正常使用的裂缝或其他欠缺	可不采取措施
	c_s	不符合国家现行标准的正常使用要求，影响正常使用	应采取措施
子单元	A_s	符合国家现行标准的正常要求	可能有个别次要构件宜采取适当措施

续上表

鉴定对象	等级	分级标准	处理要求
子单元	B_s	符合国家现行标准的正常使用要求，b_s 级构件不超过构件总数的 20%，且不含 c_s 级构件，不影响整体正常使用	可能有极少数构件应采取措施
	C_s	不符合国家现行标准的正常使用要求，影响整体正常使用	应采取措施
鉴定单元	A_{ss}	符合国家现行标准的正常要求	可能有个别次要构件宜此采取适当措施
	B_{ss}	符合国家现行标准的正常使用要求，有 B_s 级子单元，但无 C_s 级子单元，不影响整体正常使用	可能有极少数构件应采取措施
	C_{ss}	不符合国家现行标准的正常使用要求，影响整体正常使用	应采取措施

1. 支护结构构件的鉴定与评级

边坡工程单个构件的划分应符合下列规定：

(1)锚杆：一根锚杆为一个构件。

(2)抗滑桩：一根抗滑桩为一个构件。

(3)肋柱：两根锚杆所区分的一段肋柱为一个构件。

(4)肋梁：两根肋柱所区分的一段肋梁为一个构件。

(5)挡墙：两个变形缝所分割的挡墙段为一个构件。

(6)挡板：按肋梁、肋柱或桩区分的挡板段为一个构件。

锚杆安全性鉴定评级宜按下列规定进行：

(1)调查锚杆已有技术资料，根据已有技术资料对锚头、锚杆杆体、锚固段承载力进行验算。

(2)锚杆可现场抽样检测，检测项目及抽样数量宜符合下列规定：对锚杆外锚头固端质量进行全数检查。对发现有质量缺陷的外锚头进行全数检测；对未发现有质量缺陷的外锚头抽其总数的 5%，且不应少于 3 个进行检测，并对外锚头锚固性能进行评价；有条件时，对锚杆杆体施工质量进行检测；采取有效安全措施或预加固措施后，抽取锚杆总数的 5%，且每种类型锚杆不应少于 3 根，进行锚杆抗拔试验，检验其抗拔承载力。

锚杆的耐久性应根据边坡修建年代、锚杆材料选择、防腐措施、环境类别和作用等级,及当地工程经验类比进行评估;确有必要,可局部开挖探坑检测锚杆腐蚀情况,按国家现行有关标准评估其耐久年限。

2. 子单元的鉴定评级

支护结构的安全性应按支护结构的整体性、承载功能和变形两个项目进行评级,其中整体性和承载功能评级见表6-5和表6-6。

支护结构整体性评定等级　　表6-5

评定等级	A_u 或 B_u	C_u或 D_u
支护结构布置和构造	支护结构布置合理,形成完整的体系;传力路径明确或基本明确;结构形式和构件选型、整体性构造和连接等符合或基本符合国家现行标准的规定,满足安全性要求或不影响安全	支护结构布置不合理,基本上未形成或未形成完整的体系;传力路径不明确或不当;结构形式和构件选型、整体性构造和连接等不符合或严重不符合国家现行规范的规定,影响安全或严重影响安全

支护结构承载功能和变形评定等级　　表6-6

评定等级	A_u	B_u	C_u	D_u
支护结构承载功能和变形	构件集中,不含 c_u 级和 d_u 级的构件,b_u 级构件不超过30%,无影响承载功能的变形	构件集中,不含 d_u 级构件,c_u 级构件不超过20%,无影响承载功能的变形	构件集中,d_u 级构件不超过构件总数的10%,且 d_u 级构件不危及支护结构整体安全性,局部略有影响承载功能的变形	构件集中,d_u 级构件超过构件总数的10%,或 d_u 级构件危及支护结构整体安全性,有影响承载功能的变形

子单元正常使用性评定应符合下列规定:

(1)A_s 级:子单元所含构件无变形或已有变形,但满足国家现行标准规定,无 c_s 级构件,b_s 级的构件数量较少,使用状况良好。

(2)B_s 级:子单元所含构件已有变形、裂缝,但其最大值基本满足国家现行标准规定,c_s 级构件不超过构件总数的20%。

(3)C_s 级:子单元所含构件已有变形、裂缝,但其最大值不满足国家现行标准规定,且 c_s 级构件超过构件总数的20%。

3. 鉴定单元的鉴定评级

(1)鉴定单元安全性的鉴定评级应符合下列规定：

①当附属工程安全性评定为 B_u 级以上时，应以支护结构和鉴定单元稳定性评级中的最低评定等级，作为鉴定单元的安全性等级。

②当附属工程安全性等级为 C_u 级，支护结构和鉴定单元稳定性评级不低于 B_u 级时，鉴定单元安全性评级应为 B_u 级。

③当附属工程安全性等级为 D_u 级，支护结构和鉴定单元稳定性评级不低于 C_u 级时，鉴定单元安全性评级应为 C_u 级。

④其他情况应以支护结构和鉴定单元稳定性评级中的最低评定等级，作为鉴定单元安全性评定等级。

(2)鉴定单元使用性评定应符合下列规定：

①A_{ss}级：B_s 级子单元不应超过子单元总数的 1/3。

②B_{ss}级：无 C_s 级子单元。

③C_{ss}级：有 C_s 级子单元。

第二节　公路边坡工程加固与防护设计计算

一、设计原则

边坡工程可分为下列两类极限状态：

(1)承载能力极限状态：对应于支护结构达到承载破坏、锚固系统失效或坡体失稳。

(2)正常使用极限状态：对应于支护结构和边坡的变形达到结构本身或邻近建(构)筑物的正常使用极限或影响耐久性能。

公路边坡工程设计采用的荷载效应最不利组合应符合下列规定：

(1)按地基承载力确定支护结构立柱(肋柱或桩)和挡墙的基础底面积及其埋深时，荷载效应组合应采用正常使用极限状态的标准组合，相应的抗力应采用地基承载力特征值。

(2)边坡与支护结构的稳定性和锚杆锚固体与地层的锚固长度计算时，荷载效应组合应采用承载能力极限状态的基本组合，但其荷载分项系数均取 1.0，组合系数按现行国家标准的规定采用。

(3)在确定锚杆、支护结构立柱、挡板、挡墙截面尺寸、内力及配筋时，荷载

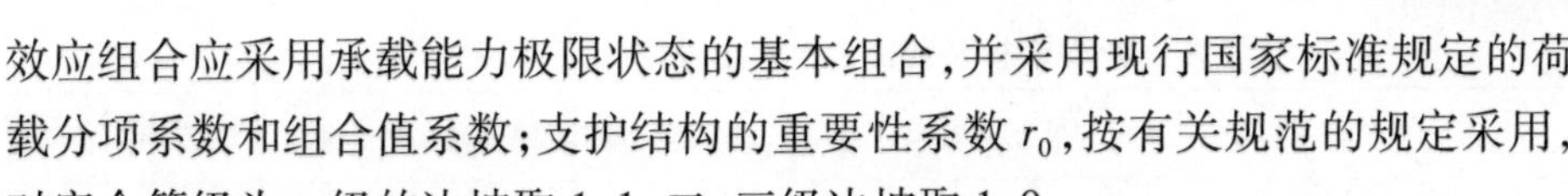

效应组合应采用承载能力极限状态的基本组合，并采用现行国家标准规定的荷载分项系数和组合值系数；支护结构的重要性系数 r_0，按有关规范的规定采用，对安全等级为一级的边坡取 1.1，二、三级边坡取 1.0。

（4）计算锚杆变形和支护结构水平位移与垂直位移时，荷载效应组合应采用正常使用极限状态的准永久组合，不计入风荷载和地震作用。

（5）在支护结构抗裂计算时，荷载效应组合应采用正常使用极限状态的标准组合，并考虑长期作用影响。

（6）抗震设计的荷载组合和临时性边坡的荷载组合应按现行有关标准执行。

公路边坡工程应按下列原则考虑地震作用的影响：

（1）边坡工程的抗震设防烈度可采用地震基本烈度，且不应低于边坡破坏影响区内建筑物的设防烈度。

（2）对抗震设防的边坡工程，其地震效应计算应按现行有关标准执行；岩石基坑工程可不作抗震计算。

（3）对支护结构和锚杆外锚头等，应采取相应的抗震构造措施。

公路边坡工程的设计应包括支护结构的选型、计算和构造，并对施工、监测及质量验收提出要求。

公路边坡支护结构设计时应进行下列计算和验算：

（1）支护结构的强度计算：立柱、面板、挡墙及其基础的抗压、抗弯、抗剪及局部抗压承载力以及锚杆杆体的抗拉承载力等均应满足现行相应标准的要求。

（2）锚杆锚固体的抗拔承载力和立柱与挡墙基础的地基承载力计算。

（3）支护结构整体或局部稳定性验算。

（4）对变形有较高要求的边坡工程可结合当地经验进行变形验算，同时应采取有效的综合措施保证边坡和邻近建（构）筑物的变形满足要求。

（5）地下水控制计算和验算。

（6）对施工期可能出现的不利工况进行验算。

二、设计参数

采用锚固加固法加固时，根据边坡工程的支护形式和鉴定单元安全性等级，新增锚杆及传力结构的抗力发挥系数 ζ_t 宜按表 6-7 采用。

新增锚杆及传力结构的抗力发挥系数 ζ_t　　表 6-7

边坡支护形式	鉴定单元的安全等级	非预应力锚固加固法	预应力锚固加固法
重力式挡墙	B_{su}	0.80	1.00
	C_{su}	0.75	0.95
	D_{su}	0.70	0.90
悬臂式、扶壁式挡墙	B_{su}	0.85	1.00
	C_{su}	0.80	0.95
	D_{su}	0.75	0.90
锚杆(索)挡墙	C_{su}	0.70	0.95
	D_{su}	0.65	0.90
岩石锚喷边坡	C_{su}	0.90	1.00
	D_{su}	0.85	0.95
桩板式挡墙	B_{su}	0.85	1.00
	C_{su}	0.80	0.95
	D_{su}	0.75	0.90

注:1. 锚固段为土层时,抗力发挥系数宜比表中数值降低 0.05。
2. 考虑新增传力结构构件重力作用时,抗力发挥系数取 1.00。

采用抗滑桩加固法加固重力式挡墙、桩板式挡墙时,根据边坡工程的支护形式和鉴定单元安全性等级,新增抗滑桩及传力结构的抗力发挥系数宜按表 6-8 采用。

新增抗滑桩及传力结构的抗力发挥系数 ζ_L　　表 6-8

边坡支护形式	鉴定单元的安全等级		
	B_{su}	C_{su}	D_{su}
重力式挡墙	0.85	0.80	0.75
桩板式挡墙	0.90	0.85	0.80

注:1. 抗滑桩与预应力锚杆组合加固时,抗力发挥系数按表 6-7 采用。
2. 抗滑桩埋入段为土层时,抗力发挥系数宜比表中数值降低 0.05。
3. 考虑新增抗滑桩及传力结构构件重力作用时,抗力发挥系数取 1.00。

第三节　公路边坡工程加固与防护方法

一、削方减载法

1.概念

在公路边坡设计中,通过控制边坡的高度和坡度而无须对边坡进行整体加固就能使边坡达到自身稳定的边坡设计方法,通常称之为坡率法;坡率法是通过控制边坡的高度和坡度,使边坡对所有可能的潜在滑动面的下滑力和阻滑力处于安全的平衡状态。若公路边坡出现滑坡预兆,可通过削方减载的方法减缓滑动趋势,因而在公路边坡处理中被大量采用,工程中又称为削坡(或刷坡),具体分析可参照第五章内容。

2.使用范围

削方减载法是一种比较经济、施工方便的边坡处理方法,在公路路基边坡中广泛使用,适用于岩层、塑性黏土和良好的砂性土中,并要求地下水位较低,放坡开挖时有足够的场地。削方减载法可分别与砂袋堆码、锚钉边坡、锚板支护等方法联合应用形成组合边坡。例如当不具备全高放坡时,上段可采用削方减载法,下段可采用土钉墙、喷锚、挡土墙等方法以稳定边坡。

由于减重是在滑坡后缘挖除一定数量的滑体而使滑坡稳定下来,因而它适用于推动式滑坡或由塌落形成的滑坡,并且滑床上陡下缓,滑坡后缘及两侧的地层稳定,不致因刷方而引起滑坡向后或向两侧发展。与减重相对应的堆载阻滑技术则主要适用于牵引式滑坡,同时应注意堆载不要引起次一级的滑面。

在一般情况下,滑坡减重和堆载阻滑都只能减小滑体的下滑力或增大阻滑力,不能改变其下滑的趋势,因此它们常与其他整治措施配合使用。

二、锚固法

岩土锚固技术是一种把受拉杆件埋入地层中,以提高岩土自身强度和自稳能力的工程技术;由于这种技术大大减轻结构物的自重、节约工程材料并确保工程的安全和稳定,具有显著的经济效益和社会效益,因而目前在工程中得到极其广泛的应用。岩土锚固的基本原理就是利用锚杆(索)周围地层岩土的抗剪强度来传递结构物的拉力以保持地层开挖面的自身稳定。由于锚杆锚索的使用,可以提供作用于结构物上以承受外荷载的抗力;可以使锚固地层产生压力区并

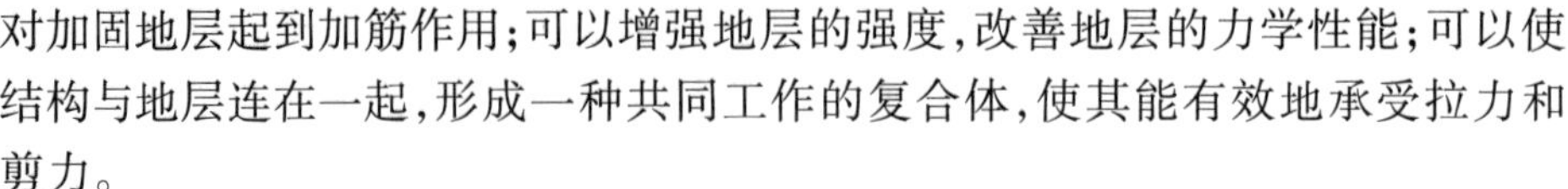

对加固地层起到加筋作用;可以增强地层的强度,改善地层的力学性能;可以使结构与地层连在一起,形成一种共同工作的复合体,使其能有效地承受拉力和剪力。

锚杆锚索在加固技术和作用方面存在以下不同:

(1)锚杆材料通常由螺纹钢等杆状硬性材料组成,是一种主动的硬性支护方式,锚索则通常由钢绞线等索状柔性材料组成,是一种主动的柔性支护方式。锚索允许被加固体有较大的变形和位移,而锚杆则在被加固体发生较大变形和位移的情况下发生破坏。

(2)锚杆的加固深度一般在数米到十余米,而锚索的加固深度一般在数十米甚至百余米。

(3)锚杆所能提供的加固力较小,而锚索加固则能提供数倍于锚杆的加固力。

(4)以硬性材料为主的锚杆加固技术,经不断发展已形成不同于锚索的独特体系。因此,以硬性材料为主的锚杆与以柔性材料为主的锚索实际上已发展成为差异越来越大的两个不同的锚固体系。

对于风化严重、节理裂隙发育、岩体破碎的边坡,锚杆护坡的最大优点是锚杆主要起支撑混凝土骨架的作用,用锚杆加固后可使锚杆骨架梁与边坡岩体成为一个整体;另外,用天沟截水的方法可使大气降水沿着骨架的沟槽引出坡面,防止降水对坡面的冲刷,保护坡面免受冲蚀。

锚杆加固边坡可取得以下三种效果:

(1)锚固效果:边坡稳定性的改善靠伸入滑面以下的锚固段起作用,滑体滑动时锚杆受拉,对滑面增加摩擦阻力。

(2)抗剪效果:当边坡发生滑动破坏时,锚杆在滑面位置受剪,起到抗剪作用。

(3)虚拟重力挡墙效果:当锚杆不够长,达不到滑动面时,加锚的岩体如同一虚拟重力挡土墙起到支撑作用,主要作用还是增加滑动面的抗滑摩擦阻力。

三、抗滑桩法

抗滑桩的平面布置指的是抗滑桩的平面位置和桩间距。一般根据边坡的地层性质、推力大小、滑动面坡度、滑动面以上的土层厚度、施工条件、桩型和桩截面大小、可能的锚固深度以及锚固段的地质条件等因素综合考虑决定。

对一般公路边坡工程,根据主体工程的布置和使用要求而确定布桩位置。

适用于抗滑桩的桩型有钢筋混凝土桩、钢管桩、H 型钢桩等,最常用的是钢

筋混凝土桩。

抗滑桩桩型的选择应根据滑坡性质、滑坡处的地质条件、滑坡推力大小、工程造价、施工条件和工期要求等因素综合考虑，按安全、可靠、经济、方便的原则，结合设计人员的工程经验来选择。

1. 钢筋混凝土桩

钢筋混凝土桩是抗滑桩用得最多的桩型，其断面形式主要有圆形、矩形。圆形断面可机械钻孔成桩，也可人工挖孔成桩，桩径根据滑坡推力和桩间距而定，从 $\phi600 \sim \phi2000$，最大可达到 $\phi4500$。矩形断面可充分发挥其抗弯刚度大的优点，适用于滑坡推力较大，需要较大刚度的地方，一般为人工成孔抗滑桩，断面尺寸 $b \times h$ 一般为 1000mm × 1500mm、1200mm × 1800mm、1500mm × 2000mm、2000mm × 3000mm 等。

当滑坡推力大、桩间距大时，选择较大桩径或断面尺寸较大的桩，反之则选择断面尺寸或桩径较小的桩。

2. 钢管桩

钢管桩一般为打入式桩，其特点是强度高、抗弯能力大、施工速度快，可快速形成桩排或桩群。钢管桩桩径一般为 $D400 \sim D900$，常用的是 $D600$。

钢管桩适合于有沉桩施工条件和有材料可供利用的地方，或工期短、需要快速处治的滑坡工程。

3. H 型钢桩

H 型钢桩与钢管桩的特点和适用条件基本相同，其型号有 HP200、HP250、HP310、HP360 等。

四、注浆法

1. 注浆加固技术的概念

注浆加固技术用液压或气压把能凝固的浆液注入物体的裂隙或孔隙，以改变注浆对象的物理力学性质，以满足各类工程的需要；注浆加固技术与工程问题、地质特征、注浆材料和压浆技术等直接相关，如果忽视其中任何一个环节，都可能造成注浆工程的失败。工程问题、地质特征是注浆加固技术的前提，注浆材料选择和压浆技术是注浆加固技术的关键。

随着注浆技术和相关技术的迅速发展，今天注浆法已成为解决各类工程问题的非常重要的手段，许多不能满足工程要求的物体，几乎都可以借助注浆技术解决问题。例如某些化学浆液可以注入 0.01mm 的小裂隙，某些浆液的结石强度可高达60MPa。

注浆的对象可以是岩石、土体、混凝土等材料。在公路边坡注浆加固中，注浆对象主要是岩层和土体。注浆通过把浆液注入岩石的裂隙或土体的孔隙，待浆液凝固后，使岩层和土体的强度大大提高，并改变岩土的力学性状，从而增强岩土的稳定性。

2. 注浆法的分类

注浆法的分类很多，可以按解决的工程问题、浆液的品种、注浆对象、浆液的分布状态和注浆功能等进行分类。

按解决的工程问题可以分为坝基注浆、隧道注浆、基坑注浆、边坡加固注浆、混凝土结构物补强注浆等。

按注浆材料的品种可分为水泥注浆、化学注浆、混合注浆。

按注浆对象可分为岩石注浆、砂砾注浆、黏土注浆。

按注浆功能可分为防渗注浆、加固注浆、基础托换注浆。

对于上述注浆的分类，不管哪一类注浆，其实质都是为了减小物体的渗透性以及提高物体的力学强度和抗变形能力。所以都可归属于防渗注浆和加固注浆的范畴。

3. 注浆加固设计

1）设计内容和程序

对边坡进行注浆加固设计，主要内容包括：边坡工程地质调查、注浆方案选择、注浆标准的确定、边坡注浆位置的确定、浆液的配方设计、钻孔的布置与注浆压力的确定以及注浆后边坡的稳定性验算等。注浆加固设计流程如图6-2所示。

2）注浆方案与注浆标准的确定

公路边坡工程一般都是永久性工程，注浆的目的主要是提高承载力和抗滑稳定性，根据不同的地层可由表6-9选择相应的注浆方案和常用浆材。

公路边坡注浆加固的方案选择　　表6-9

岩土类别	适用的注浆原理	注浆方法	常用浆材
岩层	渗入性注浆，劈裂注浆	自上而下分段注浆法	水泥浆或硅粉水泥浆
岩石堆积体、松散岩体	渗入性注浆	自上而下分段注浆法	水泥浆或水泥砂浆
断层带、滑带	渗入性注浆、劈裂注浆	自上而下分段注浆法	水泥浆或先灌水泥浆后灌改性环氧树脂

续上表

岩 土 类 别	适用的注浆原理	注 浆 方 法	常 用 浆 材
卵石、砾石	渗入性注浆	自上而下分段注浆法	水泥浆或硅粉水泥浆
砂土、粉细砂	渗入性注浆、劈裂注浆	自上而下分段注浆法	硅粉水泥浆或酸性水玻璃
黏性土	压密注浆、劈裂注浆	自上而下分段注浆法	水泥浆或硅粉水泥浆

注:在边坡注浆中采用自上而下分段注浆法,每段4m,孔口至地下1~2m留空。

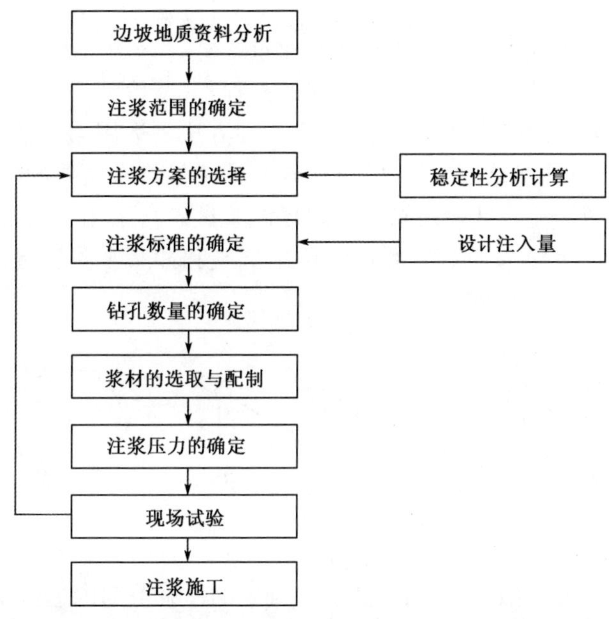

图6-2　注浆加固设计流程图

注浆标准是指注浆后应达到的质量标准,在边坡工程中,由于边坡的地质条件千差万别,稳定性差异较大,因而很难规定一个统一的标准,基本原则是要求边坡稳定性安全系数达到公路规范的规定。一般而言,可以根据边坡的地质情况和要求的稳定性安全系数求边坡岩土体的强度参数(c、φ 值),以该强度参数作为对边坡注浆加固设计的标准值。

3)注浆材料及配方设计原则

用于公路边坡注浆加固的浆液一般要求具有流动性好、稳定性高、无毒、无污染等特点,一般采用水泥浆,水泥强度等级不低于32.5MPa,水灰比采用逐级变换方式,一般用2∶1~5∶1开灌,然后根据耗浆量逐渐变换水灰比,最后为

0.5∶1,具体参数还要通过现场灌浆试验确定。

浆液存在凝结时间问题,凝结时间应根据边坡的具体情况进行适当的调整,这是进行浆液配方设计时必须要考虑的因素之一。对于干燥且裂隙不发育的边坡,浆液应有足够长的凝结时间,以保证注浆达到预定的影响范围;反之如果边坡中地下水丰富或裂隙发育孔隙尺寸较大,应尽量缩短凝结时间,以防止浆液过分稀释或大量流失。一般浆液的凝结时间可分为极限注浆时间、零变位时间、初凝时间和终凝时间,在进行注浆设计时应视具体情况的需要分别予以考虑。

4)浆液扩散半径的确定及注浆孔平面布置

准确确定浆液扩散半径对注浆工程的工程量、造价和注浆效果有重要的意义。浆液扩散半径的确定有两种方法:第一种方法是运用第三节的理论公式进行计算,该计算值虽然是近似的,但对注浆设计仍然具有重要的参考价值;第二种方法是通过现场注浆试验来确定。现场注浆试验可采用三角形、矩形或圆形布孔方法(图6-3),通过对观测孔进行压水试验和冲浆观测确定出浆液的扩散半径。

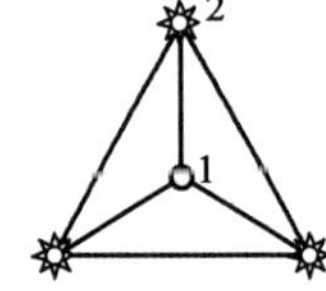

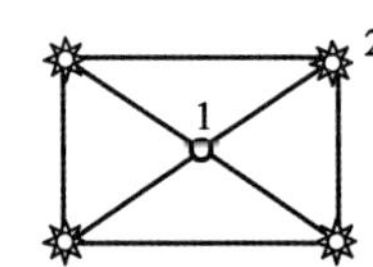

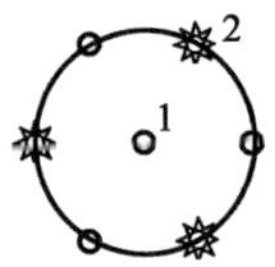

图6-3　注浆试验钻孔布置

1-检查孔;2-注浆孔

在确定了浆液扩散半径后,在边坡上确定的注浆范围内进行注浆孔的布置,钻孔布置的原则如下:

(1)注浆钻孔深度取决于堆积体的厚度,以及所要求的地基承载力。一般以提高地基承载力为目的的灌浆深度可小于15m;以提高滑带抗剪强度为目的的灌浆应深达滑带下滑床2m。

(2)注浆孔应呈梅花状分布,间距为注浆半径的2/3,一般为1.0~2.0m(图6-3)。

(3)钻孔设计孔径为91~127mm,一般用127mm。

(4)在注浆孔设计时应适当地考虑用于注浆检查的测量孔。

5)灌浆压力确定

浆液的扩散能力与注浆压力的大小密切相关,如果提高注浆压力将有助于使一些微裂缝张开,提高可灌性,同时由于浆液扩散能力增强,使得钻孔数量减少。但是,当灌浆压力超过地层压重和强度时,将有可能导致地层破坏。因此一般以不使地层结构破坏或仅发生局部少量破坏作为确定注浆压力的基本原则。

注浆压力可以通过注浆试验确定。图6-4所示为从注浆试验中获得的注浆压力与注浆量的关系曲线。从曲线上可以看出当注浆压力达到某一值 P_f 时,注浆量突然增大,这表明在注浆压力为 P_f 时,地层结构发生破坏,孔隙尺寸已被扩大,因而可以把 P_f 作为地层的容许注浆压力值。当缺乏试验资料,或在进行现场灌浆试验前预定一个试验压力时,可用理论公式计算确定容许压力,然后在灌浆过程中根据具体情况再作适当的调整。

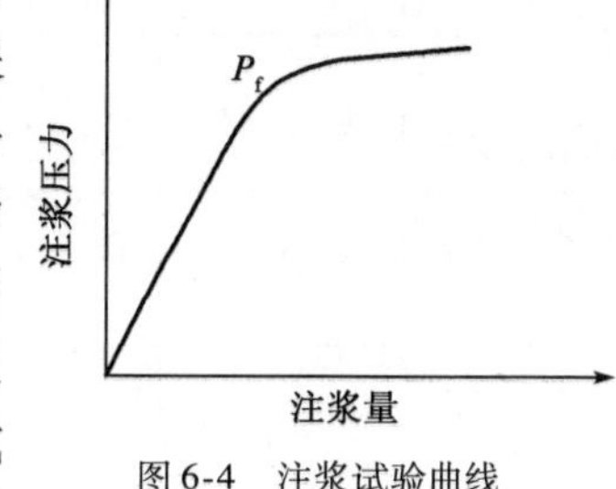

图6-4 注浆试验曲线

砂砾地层和岩石的注浆压力计算公式如下:

(1)砂砾地基注浆压力

$$P_B = C(0.75T + K\lambda h) \tag{6-1a}$$

或

$$P_B = \beta\lambda T + CK\lambda h \tag{6-1b}$$

式中:P_B——容许注浆压力(100kPa);

T——覆盖层厚度;

h——地面至注浆段的深度;

β——系数,取值1~3;

K——与注浆方式有关的系数,自上而下注浆取0.8,自下而上注浆取0.6;

λ——与地层性质相关的系数,渗透性强时取低值;

C——与注浆系数有关的系数,第一期注浆孔取1,第二期注浆孔取1.25,第三期注浆孔取1.5。

(2)岩石注浆压力

$$P_B = P_0 + mD \tag{6-2}$$

式中:P_B——容许注浆压力;

D——注浆段深度;

P_0——表面段容许注浆压力,可查表6-10;

m——注浆段每加深1m容许增加的应力,可查表6-10。

P_0 和 m 值选用表　　表 6-10

岩性	P_0 (100kPa)	m(100kPa)				
		注浆方法		注浆期次		
		自上而下	自下而上	1	2	3
裂隙少，结构密实	1.5～3.0	2.0	1.0～1.2	1.0	1.0～1.25	1.0～1.5
略受风化的岩石	0.5～1.5	0.1	0.5～0.6	1.0	1.0～1.25	1.0～1.5
严重风化的岩石	0.25～0.5	0.5	0.25～0.30	1.0	1.0～1.25	1.0～1.5

除了上述确定注浆压力的方法外，也可根据场地条件，采用1.0～8.0MPa。灌浆耗浆量采用不同级别的注浆压力，一般可按1.0、2.0、2.5、3.0、3.3、4.0、5.0、6.0、8.0逐级增大。在规定注浆压力下，注浆孔（段）注入率小于0.4L/min，稳定30min即可结束注浆。

五、排水法

1. 方法概述

排水是边坡加固工程中的一项重要措施。滑坡治理和高边坡工程的实践证明，排水对于提高边坡的稳定性具有至关重要的作用，通常也是一种比较经济的方案。

排水系统包括地表排水工程和地下排水工程。

地表排水的目的是最大限度地把雨水从地表排走，防止其渗入边坡内。地表排水包括布置于边坡以及边坡周边的沟渠和管道等。

地下排水的目的是最大限度地降低已在边坡内形成的地下水位的高度。在一些规模较大的边坡和滑坡治理工程中，这是一项战略性的工程措施。地下排水由排水廊道和排水孔组成。排水孔可以和廊道相连，也可以从坡面以仰孔的形式从地面打入。在各种挡土结构和边坡的结合部，通常需要布置由透水反滤材料组成的排水体和排水孔，这一类排水设施也属于地下排水工程的范畴。

排水工程设计应在天然排水体系上综合考虑汇流条件，将排水工程措施与天然的排水体系组成一套完整的排水系统，达到有效集流、安全排放的目的。

边坡坡面排水设施的布设应充分利用地形和天然水系。形成完善的排水系统，并做好进出口位置的选择和处理，使水流顺畅，不出现堵塞、溢流、渗漏、淤积、冲刷、冻结等,以免造成对路基、路面和毗邻地带的危害。地表排水设施主要由各种沟和管组成,它们分别承担一定汇水面积范围内地表水的汇集和排泄功能,并将各项设施组合成一个地表水顺畅地汇集、拦截和排引到路界外的系统。

当滑体上存在地表排水,且必须保留时,应进行防渗处理,并与拟建排水系统相接。

滑坡体上及其后缘周边排水沟和截水沟,必须严格做好防水止水措施,以防水流沿沟体裂缝集中入渗。

2. 坡面排水

1)坡面排水沟渠

坡面排水沟渠可分为排水沟、边沟、截水沟、急流槽和跌水。

排水沟渠的设计要考虑防冲刷和防淤的要求。公路设计规范规定,各种坡面排水沟渠的设计,应符合下列要求:

①沟渠纵坡坡度和出水口间距的设计,应使沟内水流的流速不超过沟渠最大允许流速;超过时应对沟渠采取防冲刷措施。

②为防止沟渠淤塞,沟底纵坡坡度一般不宜小于0.5%。土质沟渠的最小纵坡为0.25%;沟壁铺砌沟渠的最小纵坡为0.12%。

③沟渠的顶面高度应高出设计水位0.1~0.2m。

(1)排水沟

可以通过改变排水沟设置方向来调整水流速度。一般来说,对于水流速度接近于2m/s的排水沟,可以采用圆弧弯曲的方法来改变水流的方向,圆弧半径不应小于3倍的排水沟宽度;对于流速大于2m/s的水流,可以采取增大圆弧的半径的方法来实现水流速度调节;为了不使水流溢出,也可通过给出足够高的出水高度来实现排水沟方向的改变,也可考虑将排水沟渠做成台阶式(也称多级跌水),此时需考虑因紊流导致的超高。

排水沟的形状一般设计为矩形或梯形,也可以做成U形。为了防止水流进入水渠等自然河沟中冲刷排水沟端部,排水沟端部往往加设一道隔水墙,隔水墙一般低于排水沟底1~1.5m。

边坡地表排水的排水沟应该设置成U形混凝土衬砌或半圆形排水沟。

(2)边沟

边沟的用途是汇集和排除路面、路肩和边坡坡面上流下的表面水。以往设计中,各级公路的边沟都习惯采用梯形(土质)和矩形(岩质)横断面。采用何种形式宜按公路等级、所需排水设计流量、设置位置和土质或岩质选定。但对于高速公路和一级公路，在行驶车辆偏离出路基时，梯形和矩形边沟容易造成较大的安全事故，宜采用浅三角或碟形横断面；而在流量大、过水断面相应较大时，为减少开挖量，可采用设有槽孔盖板的矩形横断面。

边沟纵坡坡度通常与路线纵坡坡度相同或相近。设计时，纵坡坡度、出水口位置和沟壁的允许流速或冲刷防护，三者是综合在一起考虑的，应相互协调一致。

边沟一般宜通过急流槽与排水沟或自然沟渠相接。

(3)截水沟

当边坡上方地表径流量大时，应设置拦截地表径流的截水沟。截水沟应结合地形和地质条件沿等高线布置，将拦截的水顺畅地排向自然沟谷或水道。如果滑坡体的界限基本明确，应在滑坡体的周界外设置截水沟，对于设于路面的截水沟，通常设在路堑坡顶5m或路堤坡脚2m以外，如土质良好、路堑边坡不高或沟壁进行铺砌时，前者也不小于2m。公路规范规定，截水沟坡度为1:1.0～1:1.5；沟底宽度和沟的深度不宜小于0.5m，地质或土质条件差，有可能产生渗漏或变形时，应采取相应的防护措施。截水沟长度以200～500m为宜；超过500m时，可在中间适宜位置增设泄水口，由急流槽或急流管分流排引。当自然边坡较缓时，宜采用梯形截水沟；当山体陡峭时，宜采用矩形截水沟。截水沟的流水一般通过急流槽汇入到边沟、排水沟或自然沟渠中。对于几级挖方边坡，每级边坡平台均应设置平台截水沟，平台截水沟一般有上凸式和下凹式两种形式。上凸式在高速公路中较为常用。平台截水沟常通过急流槽、接水沟将水引至边沟或截水沟中。

(4)急流槽

急流槽是集中排泄路面水、挖方边坡流水的重要措施，一般有以下几种类型：路堤急流槽，截水沟接边沟的路堑急流槽，截水沟接排水沟的急流槽，边沟接排水沟的急流槽。

(5)跌水

跌水为人工排水沟渠的特殊形式，用于陡坡地段，沟底纵坡可达到100%，是山区路基及边坡排水常见的结构物。由于纵坡大，水流湍急、冲刷作用严重，所以跌水必须用浆砌块石或水泥混凝土砌筑，且应埋设牢固。涵—洞排泄单级跌水如图6-5所示。等截面多级跌水结构图如图6-6所示。

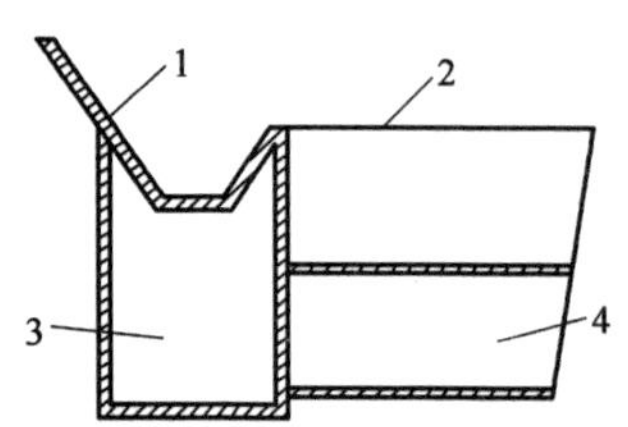

图6-5　涵—洞排泄单级跌水

1-边沟；2-路基；3-跌水井；4-涵洞

2)沟渠的连接

控制不同渠水面积的沟渠汇合,形成下一级干渠,接合部往往是排水设计的一个重点。此处容易产生紊流,也容易发生堵塞。在接合部,支渠的宽度宜为干渠宽度的一半,这些沟渠宜局部加深以防止水紊动和飞溅,则应设计缓冲墙或集水坑。

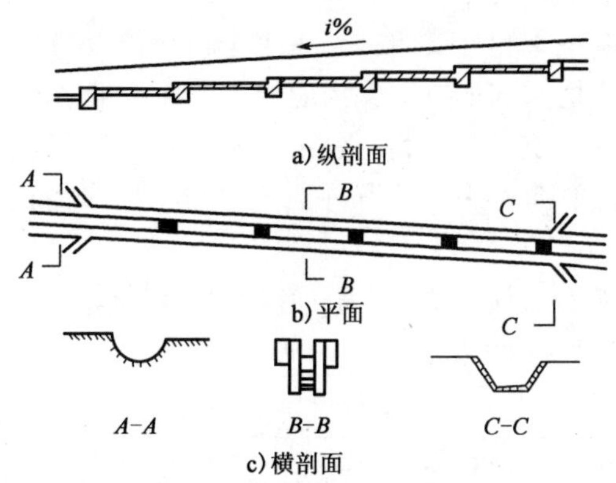

图6-6　等截面多级跌水结构图

3)防冲和防淤

对于易冲刷的坡面,应将拦污栅(拦沙坝)和截砂井设置在坡脚或其他易于检查和维护的区域。在设计中,应保证排水系统中的水全部通过截砂井或拦污栅。

由于拦污栅易于被小树枝或水中的漂浮物堵塞,因此设计的栅缝(或泄水孔)应该足够大,以确保部分堵塞后水流仍然能通过。香港边坡设计手册建议,一般条件下,按50%的栅缝被堵塞来设计;对于植被覆盖茂密的坡面来说,按75%的栅缝被堵塞来设计。对于易腐蚀的陡峭坡面,在设置截砂井时应将日常维护作为重点。如果受空间限制不能设置截砂井,则可考虑在坡脚排水沟设置集水井,采用人工或者机械的方法来清除集水坑的泥沙。

在暴雨中,大块的石头随着水流一起运动,由于大块的石头可能破坏和堵塞排水系统,因此设置集石井以便于维护。由于排水系统的堵塞会导致局部入渗的加剧,为了防止大面积的破坏,应该及时地检查和维护。

3. 地下排水

地下排水的工程措施有:渗沟、盲沟、渗井、排水洞、排水孔、集水井、盲洞等。边坡地下排水工程中应用较多的是渗沟、盲沟、排水洞、排水孔、集水井。下面分别介绍这几种地下排水设施。

1)渗沟

渗沟按作用的不同,可分为支撑渗沟、边坡渗沟及截水渗沟三种。

(1)支撑渗沟

支撑渗沟一般深度(高度)为2~10m,用以支撑不稳定的滑坡体,兼起排除和疏干滑坡体内地下水的作用。

①支撑渗沟有主干和分支两种。主干平行于滑动方向,布置在地下水露头处或由土中水形成坍塌的地方。支沟应根据坡面汇水情况合理布置,可与滑动、移动方向成30°~40°交角,并可伸展到滑坡范围以外,以起拦截地下水的作用。如滑坡推力大,范围广,可采用抗滑桩挡土墙与支撑渗沟相结合的结构形式,以支撑滑坡体。

支撑渗沟的平面形状一般有“Ⅲ”形和“YYY”形。渗沟横向间距视土质情况,可采用表6-11所列的数据。

渗沟横向间距　　表6-11

土　质	渗沟横向间距(m)	土　质	渗沟横向间距(m)
黏土	6~10	亚黏土	10~15
重亚黏土	8~12	破碎岩层	15

②结构。支撑渗沟的深度一般以不超过10m为宜,宽度一般采用2~4m,视渗沟深度、抗滑需要及便于施工等因素而定。

支撑渗沟的基底应埋入滑动面以下0.5m,并设置2%~4%的排水纵坡,当滑动面较陡时,可修筑成台阶,台阶宽度视实际情况而定,一般不应小于2m,为进一步加强支撑作用,可在台阶底部设置浆砌片石的石牙,形成呈30°的直角三角形。为防止淤泥,渗沟进水侧壁及顶端应设置反滤层。在寒冷地区,渗沟出口应考虑防冻措施。

(2)边坡渗沟

当滑坡前缘的路基边坡上有地下水均匀分布或坡面有大片潮湿时,修建边坡渗沟可以疏干和支撑边坡,同时也能起到截阻坡面径流和减轻坡面冲刷的作用。

边坡渗沟的平面形状有垂直的、分支的及拱形的等,分支渗沟的主沟主要起支撑作用,而支沟则起疏干作用。分支渗沟可相互连接呈网状布置。拱形渗沟由于拱部易变形而失去作用,故不宜推广使用。

边坡渗沟的间距取决于地下水的分布、流量和边坡土质等因素。一般采用6~10m。边坡渗沟的深度一般不小于2m,宽度为1.5~2.0m。基底应设置于

边坡湿土层以下的稳定土层内，并铺设防渗层，另外，为加强对边坡的支撑作用，基底可修筑成台阶状。

(3)截水渗沟

设置在有丰富的地下水进入可能发展的范围5m以外的稳定土体上，平面上呈环形或折线形，深度一般不小于10m，截水渗沟断面大小可不受流量控制，主要取决于施工方便。基底应埋入最低一层含水层下的不透水或基岩内。当基底未埋入完整基岩时，应采用浆砌片石修筑沟槽。渗沟的迎水沟壁应设反滤层，背水沟壁应设隔渗层。在不致冲刷四周孔壁圬工的前提下，尽量采用较陡的流水纵坡。

截水渗沟的排水管高度不小于1m，以便养护人员进入检查、疏通。

截水渗沟一般深而长，为便于维修与疏通孔道，在直线每隔30~50m或渗沟的转弯处、变坡处应设置检查井。检查井井壁应设泄水孔，以排除附近的地下水。

2)盲沟

盲沟类型应根据当地材料、土质等条件选择，如乱石盲沟、多孔管(花管)盲沟、无砂管盲沟或瓦管盲沟等。

盲沟利用其透水性将地下水汇集到沟内，并沿沟排至指定地点。其水力特征属于紊流。设置在上侧路基边沟下面的盲沟，用以拦截流向路基的层间水，防止路基边坡坍塌和毛细水上升危害路基。设置在路基两侧边沟下面的盲沟，用以降低地下水位，防止毛细水上升至路基工作区范围内形成水分积聚而造成冻胀；设在路基挖方与填方交界处的横向盲沟，用以拦截和排除路堑下面层间水或小股泉水，使路基填土不受水害影响。

纵向盲沟平行于道路中线设置，可根据道路宽度确定设置一条或两条；横向盲沟宜与道路中线成45°~90°角，间距为10~20m。

简易盲沟的沟槽内填满颗粒材料，沟的横断面为矩形，亦可做成上宽下窄的梯形，沟壁倾斜约1∶0.2，底宽b与深宽h之比大致为1∶3，$h=1.0\sim1.5$m，$b=0.3\sim0.5$m。盲沟的底部和中部填以粒径较大(3~5cm)的碎石，其空隙较大，水可在空隙中流动。粗粒碎石两侧和上部，按一定比例分层(层厚约10cm)填以较细粒径的粒料，逐层粒径大致按6倍递减。盲沟顶面和地面，一般设有厚30cm以上的不透水层，或顶部设有双层反铺草皮。

简易盲沟的排水能力较小，不宜过长，沟底具有1%~2%的纵坡，出水底面高程应高出沟外最高水位20cm，以防水流倒渗。

寒冷地区的暗沟，应作防冻保温处理或将暗沟设在冻结线以下。

盲沟应设在土工织物或粒料反滤层，以防止淤塞盲沟，失去排水功能。

3)排水洞

排水洞是人工开挖的隧道,通常在隧道的周围还设置一定深度的排水孔,形成一个有效地降低地下水位的排水系统。由于岩体中的地下水属于裂隙渗流,因此这样的排水系统可以截留地下水,达到降低边坡内地下水的目的。

(1)排水洞的布置

排水洞一般平行于边坡走向方向布置,必要时可在其他方向布置支洞,以穿过可能的阻水带,扩大控制地下水的范围。对于较高的边坡,通常需要在不同高程布置若干条排水洞以最大范围地排走山体内的地下水。

(2)排水洞剖面和结构

对于土体和风化严重的岩体中开挖的隧道需进行衬砌支护。为了保证支护结构的整体性,宜采用全断面支护的形式。这一形式也可防止排水洞收集的水又通过洞底渗入边坡内。使用混凝土衬砌时,在施工中需预留孔,以便随后布置辐射状态排水孔,将岩体内的地下水引入洞内。

4)排水孔

(1)排水孔的分类

排水孔是地下排水的一种重要方式。排水孔施工简单、快速,而且可以控制较大范围的地下水,排水孔道通常分为以下两种:

①通过坡面(包括挡土墙面)打排水孔,以疏干地下水。

②与地下水排水廊道或抽水井相连,以增加这些排水建筑物的控制范围。

(2)排水孔的功能

排水孔的布置应具备以下功能:

①排水孔应具有足够大的直径来保证水流通畅,以达到降低地下水位的目的。

②应保证进入排水孔的水全部流出孔外,因此,在坡面上一般宜以上仰角布置排水孔,坡度一般为3% ~10%。

③排水管应具备足够的强度和刚度,在保证本身完整的同时,防止出现孔壁坍塌。

④排水管中一般凿有排水孔,形成花管。为保证排水孔不发生淤塞,通常用起反滤作用的材料保护。

⑤在坚硬的岩体中大排水孔,可考虑不做任何保护,直接使用该孔排水,但是此类排水孔极易因孔壁坍塌淤堵,通常对其长期有效性存在较大的疑虑。因此,排水孔中通常插入一定材质的排水管。按材质分,排水管通常可分为金属排水管、硬质塑料排水管和透水软管三种。

5)集水井

当通过排水洞和排水孔汇集的地下水不能依靠重力自动排出坡外时,可以考虑用集水井排水工程。在坍塌图体外的相对稳定区域,选择地下水最集中的位置,设置直径大于3.5m的竖井,并在井壁上设置短的水平钻孔,一般为2~3层,使附近的地下水汇集到井中,可以采用附有浮动开关的水泵自动地把水排到地表。

集水井的深度一般为15~30m,对于不稳定的区域设置集水井时,集水井应达到比滑动面浅的部位即行停止;对于稳定的区域或滑坡区域外,集水井应到达基岩,并深入基岩2~3m。

在分布有地下水系地区的附近,要考虑集水井的安全问题,集水井最好选在坚硬的地基上。也就是水,不要过分依靠井壁来汇集涌水,而应依靠水平钻孔来集水,这样比较安全。

六、其他方法

1. 格构加固

格构加固技术是利用浆砌块石、现浇钢筋混凝土或预制预应力混凝土进行边坡坡面防护,并利用锚杆或锚索加以固定的一种边坡加固技术。格构技术一般与公路环境美化相结合,利用框格护坡,同时在框格之内种植花草可以达到极其美观的效果。这种技术在山区高速公路高陡边坡加固被广泛采用,其护坡达到即美观又安全的良好效果。

2. 抗滑挡土墙加固

抗滑挡土墙一般为重力式挡土墙,以其重量与地基的摩擦阻力抵抗滑坡推力。其材料可以是浆砌片石圬工,也可以用混凝土或片石混凝土。近年来也有墙上增设竖向和横向锚杆锚入滑动面以下稳定地层中以增加墙的抗滑能力的做法。

抗滑挡土墙的布设位置一般是放在滑坡前缘出口处,充分利用滑坡抗滑段的抗滑力以减少挡墙的截面尺寸。在工程开挖中出现的滑坡,有条件局部改移线路位置,留出空间填土反压,结合抗滑挡土墙,更可节省挡墙圬工。或在滑坡前缘地下水发育时,墙后设置支撑盲沟(沟底放入滑面下的稳定地层中),盲沟既排水又支挡与抗滑挡土墙共同承担滑坡推力,可减小墙身截面。

3. 加筋边坡加固

加筋土是一种在土中加入加筋材料而形成的复合土。在土中加入加筋材料可以提高土的强度,增强土体的稳定性。因此,凡在土中加入加筋材料而使整个土工系统的力学性能得到改善和提高的土工加固方法均称为土工加筋技术，形成的结构亦称为加筋土结构。

加筋土技术从广义上讲是一门土工增强技术，或称土工补强技术。土工增强技术常见有加筋土、纤维土、复合土、改性土等。

加筋土技术应用于工程结构中形成加筋结构，目前在工程中应用较多的是加筋挡土墙、加筋土边坡和加筋土地基，以及加筋路面。

加筋土边坡一般由加筋材料和土体填料组成，坡面比较陡，根据工作条件和需要，坡面可设面板，也可不设面板。加筋土挡墙一般由基础、面板、加筋材料、土体填料、帽石等主要部分组成。

第四节　公路边坡工程加固与防护施工

一、一般规定

(1)公路边坡工程应根据其安全等级、边坡环境、工程地质和水文地质等条件编制施工方案，采取合理、可行、有效的措施保证施工安全。

(2)对土石方开挖后不稳定或欠稳定的边坡，应根据边坡的地质特征和可能发生的破坏等情况，采用自上而下、分段跳槽、及时支护的逆作法或部分逆作法施工。严禁无序大开挖、大爆破作业。

(3)不应在边坡潜在的坍塌区超量堆载，危及边坡稳定和安全。

(4)边坡工程的临时性排水措施应满足地下水、暴雨和施工用水等的排放要求。有条件时宜结合边坡工程的永久性排水措施进行。

(5)边坡工程开挖后应及时按设计实施支护结构或采取封闭措施，避免长期裸露，降低边坡稳定性。

二、锚固法施工

锚杆施工质量的好坏将直接影响锚杆的承载能力和边坡的稳定安全，一般在施工前应根据工程施工条件和地质条件选择适宜的施工方法，认真组织施工。在施工过程中如遇与设计不符的地层，应及时报告设计人员，以作变更处理。锚杆施工包括施工前的准备工作、造孔、锚杆制作与安装、注浆、锚杆张拉与锁定五个环节。

1. 施工前的准备工作

施工前的准备工作包括施工前的调查和施工组织设计两部分。施工前的调

查是为施工组织设计提供必要资料,其内容有:

(1)锚固工程计划、设计图、边坡岩土性状等资料是否齐全。

(2)施工场地调查,施工对交通的影响情况,对于新建中的公路可不考虑。

(3)施工用水、用电条件调查。

(4)边坡工程周边可能对施工造成影响的各种状态调查。

(5)对于城区公路边坡,考虑施工噪声、排污的影响。

(6)其他条件的调查,如施工用便道、气象、安全等条件。

在对上述内容作调查并掌握详细资料后,应制订施工组织设计,确定施工方法、施工顺序、施工机械、工程进度、质量管理和安全管理等事项。施工组织设计书包括工程目的、工程概要、设计锚杆规格和锚固力的要求、进度编制表、使用机械、历时设施、使用材料、作业程序及人员配备、施工管理与质量控制计划、安全管理计划、应交付工程验收的各种技术资料、施工管理程序表13个方面的内容(图6-7)。

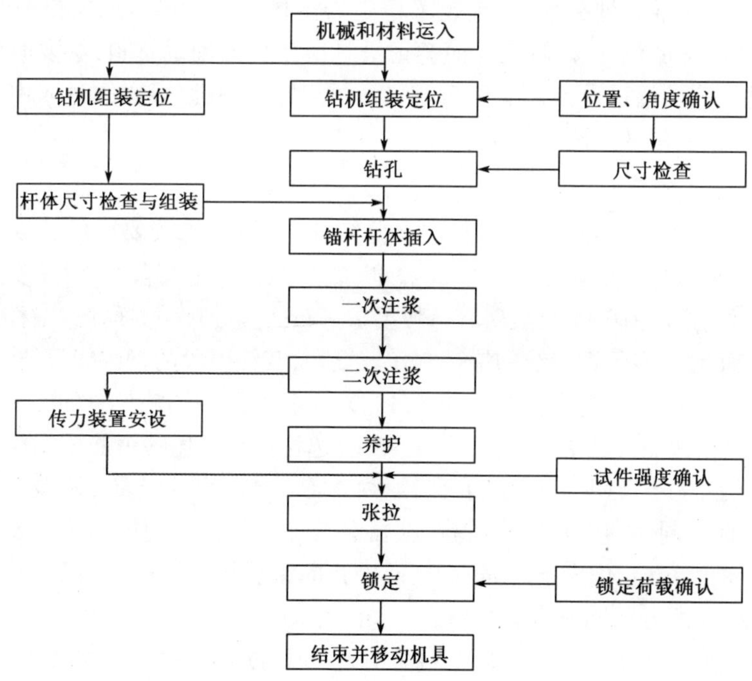

图6-7 锚杆施工管理程序示意图

2. 造孔

锚杆(索)施工的第一步就是按照施工图的要求钻孔,钻孔时锚固工程费用最高、控制工期的作业,因而是影响锚固工程经济效益的主要因素。锚杆钻孔应满足设计要求的孔径、长度和倾角,采用适宜的钻孔方法确保精度,要使后续的杆体插入和注浆作业顺利地进行。一般要求如下:

(1)在钻机安装前,按照施工设计图采用经纬仪进行测量放线确定孔位以及锚孔方位角,并作出标记。一般要求锚孔入点水平方向误差不应大于50mm,垂直方向误差不应大于100mm。

(2)确定孔位后根据实际地层及钻孔方向取适当的钻孔机具并确定机座水平定位和立轴倾角(即锚孔倾角),钻机立轴的倾角与钻孔的倾角应尽量相吻合,其允许的误差只能是岩芯管倾角大于立轴倾角,不允许有反向的偏差出现。开孔后,尽量保持良好的钻进导向。在钻进过程中根据实际地层变化情况,随时调整钻进参数,以防造成孔斜偏差。

(3)在边坡锚固的钻孔过程中应注意岩芯的采取,并尽量提高岩芯的采取率,以求不断地准确划分地层、确定不稳定岩土体厚度,判断断裂破碎带、滑移面、软弱结构面的位置和厚度,从而验证设计所依据的地勘资料,必要时修改设计。锚孔深度应超过设计长度0.5~1.0m,同时锚孔锚固段必须进入中风化或更坚硬的岩层,深度一般不得小于5m。

3. 锚杆制作与安装

在锚杆制作上,棒式锚杆的制作十分简单,一般首先按要求的长度切割钢筋,并将外露端加工成螺纹以便安放螺母,然后在杆体上每隔2~3m安放隔离件以使杆体在孔中居中,最后对杆体按要求进行防腐处理,这样棒式锚杆的制作便完成。而对于多股钢绞线的锚杆制作较复杂,其锚固段的钢绞线呈波浪形,自由段的钢绞线必须进行严格的防护处理。对于各种形式的锚杆总的要求如下:

(1)严格按照设计进行钢筋(或钢绞线)选材。对进场的钢筋或钢绞线必须验明其场地、生产日期、出厂日期、型号,并核实生产厂家的资质证书及其各项力学性能指标。同时须进行抽样检验,以确保其各项参数达到锚固施工要求。对于预应力锚固结构,优先选用高应力、低松弛的钢绞线,保证其与混凝土有足够的黏结力(握裹力),同时应保证预应力损失后仍能建立较高的预应力值。

(2)严格按照设计长度进行下料。对进场钢筋检验达到上述技术要求后,即可进行校直、除锈处理,然后,按照施工设计长度进行断料,其长度误差不应大于50mm。一般实际长度应大于计算长度的0.3~0.5m,但不可下得过短,以致

无法锁定或者给后续施工带来不便。

(3)锚杆组装可在严格管理下由熟练人员在工地制作。对于Ⅱ、Ⅲ级钢筋连接时宜采用对接焊或双面搭接焊,焊接长度不应小于8倍钢筋直径,精轧螺纹钢筋定性套筒连接。锚杆自由端必须按照设计做防腐处理和定位处理。

(4)锚束放入钻孔之前,应检查孔道是否阻塞,查看孔道是否清理干净,并检查锚索体的质量,确保锚束组装满足设计要求。安放锚束时,应防止锚束扭压、弯曲,注浆管宜随锚体一同放入钻孔,注浆管端部距管底宜为50~100mm,锚束放入角度与钻孔角度保持一致,在入孔过程中,注意避免移动对中器,避免自由长度段无黏结护套或防腐体系出现损伤。锚束插入孔内深度不应小于锚束长度的95%。

4. 注浆施工

锚固的注浆是锚杆施工过程中一个重要环节,注浆质量的好坏将直接影响锚杆的承载能力。锚孔一般采用水泥浆或水泥砂浆灌注,浆液的拌和成分、质量和灌注方式在很大程度上决定了锚杆的黏结强度和防腐效果。因此在锚杆注浆施工中应当严格把握浆材质量、浆液性能、注浆工艺和注浆质量。一般要求有:

(1)按规定选择水泥浆体材料。选用水泥强度等级应为灌浆浆液强度等级的1.5~2倍,且不宜低于32.5MPa的新鲜普通硅酸盐水泥,对进场水泥应复查力学性能。搅拌浆液所用水中不含影响水泥正常凝结、硬化的有害物质。选用砂浆的含泥量按重量级不得大于3%,砂中有害物质(如云母、轻物质、有机物、硫化物等)含量应低于1%~2%,砂的粒径以中砂(平均粒径0.3~0.5mm)较好,但含水量不应大于3%。外加剂的品种与用量由试验确定,一般情况下加速浆液凝固的水玻璃掺量为0.5%~3%;提高浆液扩散能力和可泵性的表面活性剂(或减水剂,如三乙醇胺等,其掺量为水泥用量的0.02%~0.05%);提高浆液的均匀性和稳定性,防止固体颗粒力系和沉淀而掺加的膨润土,其掺量不宜大于水泥用量的5%。

(2)锚束浆液在28d龄期后要求抗压强度达到设计强度等级;当注浆为水泥浆时,一般选用灰砂比为1∶1~1∶2,水灰比为0.38~0.48,且砂的粒径不得大于2mm,而二次高压注浆形成的连续球型锚杆的材料宜选用水灰比0.45~0.50的纯水泥浆。对于配置好的浆液应稳定性好,常温、常压下较长时间存放,不易改变其基本性质,不发生强烈的化学反应特点,同时浆液对注浆设备、管路、橡胶制品无腐蚀性、易清洗,浆液固化时无收缩现象(或收缩性小),固化后有一定的黏结性,能牢固地与岩石、混凝土及砂等黏结。除此之外,还要求浆体配置方便操作、容易掌握、原料来源丰富,价格便宜,能够大规模使用。

(3)注浆作业应连续紧凑,中途不得中断,使注浆工作在初始注入的浆液仍具塑性的时间内完成;在注浆过程中,边灌边提注浆管,保证注浆管头插入浆液液面下50~80cm,严格将导管拔出浆液面,以免出现断杆事故。实际注浆量不得少于设计锚索的理论计算量,即注浆充盈系数不得小于1.0。

(4)二次高压注浆形成连续球型锚杆的注浆还应注意:一次常压注浆作业应从孔底开始,直至孔口溢出浆液;对锚固体的二次高压注浆应在一次注浆形成的水泥结石强度达到5.0MPa时进行,注浆压力和注浆时间可根据锚固体的体积确定,并分段以此由下至上进行。

5. 锚杆张拉与锁定

锚杆的张拉,其目的就是要通过张拉设备使锚杆杆体自由段产生弹性变形,从而对锚固结构施加所需求预应力值。在张拉过程中应注重张拉设备选择、标定、安装、张拉荷载分级、锁定荷载以及量测精度等方面的质量控制,一般要求如下:

(1)张拉设备要根据锚杆体的材料和锁定力的大小进行选择。选择时应考虑它的通用性能,从而使得它具备除可能张拉配套锚具外,还能张拉尽可能多的其他系列锚具的通用性能,做到一项多用。同时张拉设备应能使预应力的拉力既能从已有荷载上增加或降低,又能在中间荷载下锚固,最后张拉设备还能拉锚以确定预应力荷载的大小。

(2)张拉前对张拉设备进行标定。对1000kN以下的千斤顶,可用2000kN的压力机标定,标定的数据与理论数据误差应小于2%。

(3)安装锚夹具前,要对锚具进行逐个严格检查。锚具安装必须与孔道对中,夹片安装要整齐,裂缝要均匀,理顺注浆管后依稀套入锚垫板、工作锚、限位板,在限位板上用千斤顶预拉,每根预拉一定荷载后,再套入千斤顶、工具锚、工具夹片等。

(4)张拉前,必须待锚固段、承压台(或梁)等构件的混凝土强度达到设计强度方能进行张拉,同时必须把支撑构件的面整平,将台座、锚具安装好,并保证和锚索轴线方向垂直(误差<5°)。

(5)张拉应按一定程度和设计张拉速度(一般为40kN/min)进行。正式张拉前进行二次预张拉,张拉力为设计拉力的10%~20%。正式张拉荷载要分级逐步施加,不能一次加至锁定荷载。分级施加荷载和观测变形的时间可按表6-12执行。

锚杆张拉荷载分级及观察时间表　　表 6-12

张拉荷载分级	观测时间(min)		张拉荷载分级	观测时间(min)	
	砂质土	黏性土		砂质土	黏性土
$0.10N_t$	5	5	$1.00N_t$	5	5
$0.25N_t$	5	5	$1.10N_t \sim 1.20N_t$	10	15
$0.50N_t$	5	5	锁定荷载	10	10
$0.75N_t$	5	5			

注:N_t 为锚索设计拉力,即最终锁定荷载。

三、注浆法施工

1.注浆施工前期工作

为了使注浆施工能顺利完成并达到合理、有效的加固目的,在进行注浆施工前必须进行如下一些准备工作:

(1)施工前的原位现场调查

调查的内容包括土质调查、地下水调查、环境调查、地下埋设物调查。土质调查主要调查土质构成、地层强度、颗粒成分、压缩特性、渗透特性等,这对于选择施工方法和注浆工艺是极其重要的;地下水调查系测定调查孔的自然水位和实施渗水试验,求取地层的渗透系数,应特别注重地下水对注浆效果的影响,如水的流向和酸碱性对浆液的影响;地下埋设物调查一般是指地下管网或地下建筑物,对于非城市道路的公路边坡通常较少涉及该项内容;环境调查是指灌注区及其附近地区的地下水、井、动物园、公用水域、生活环境等调查,防止施工废水、有毒化学浆液、施工噪声等对环境的影响。

(2)现场原位注入试验

注浆工程正式施工前,应在现场进行注入试验,并调查注浆是否达到预期的设计要求。通常情况下,原位现场调查和现场原位注入试验是进行注浆工程设计前需要进行的工作,作为施工阶段来讲,掌握这些资料对制订详细合理的施工计划也是极其有利的。

(3)制订施工计划

根据注浆设计、原位试验和现场调查资料,策划制订施工计划,注浆施工必须按照计划进行顺序施工。施工计划通常应当包括施工工艺(如注浆顺序、注浆速度、注浆压力、节长等)、施工材料及关系(如注入材料的配合比和凝胶时间等)、施工进度、施工组织管理等。

2. 注浆施工管理

注浆工程中对浆液的要求是压入地层中的浆液能确实高效硬化,并在地层中形成加固效果的固结物。迄今为止,开发过多种主剂和硬化剂,而这些浆材中有些是有毒的。特别是1974年日本发生注入有机高分子浆液污染地下水等严重问题后,政府部门对安全性加倍重视,为此制定了《有关建设工程中的化学注浆工法的施工暂行准则》(以下简称《暂行准则》)。建议浆液材料(从纺织污染地下水观点出发)只限于使用水玻璃类浆液,水玻璃以外的浆液几乎被禁用。随着新技术的开发,注浆施工自身的安全性也在提高。为了在地层内确实生成固结物,必须对注入量、注入压力的状况和凝胶时间等有关参数进行切实的施工管理。

在《暂行准则》中对工法的选择、设计、施工和水质监测等项目做了如下规定:

(1)注浆工法中使用的浆液,目前为水玻璃类浆液(主剂是硅酸钠的浆液),不允许使用有毒物或氟化物。

(2)关于注浆工法的设计和施工,要求注浆地点周围的地下水和公共水域应维持在一定的水质标准,应切实地掌握该地区地层的性质、地下水和公共水域等状况。

(3)注入机器的清洗水,浆液注入地点的涌水等废水排向公共水域时,其水质必须达到相应标准。

(4)为了防止注浆造成的地下水和公共水域的水质污染,施工单位必须监视主注浆周围的地下水和公共水域的水质污染状况。

在制定注浆施工的管理具体办法时,通常应当包括现场质量和数量管理(浆液质量、数量的有关证明、运输、使用等)、注入量和材料使用量的确认(含相关报表)、合同与施工计划的相关事项及相应措施等。

在边坡注浆加固中如采用纯水泥浆液,则上述问题可以避免。

3. 注浆施工的常用方法

注浆施工按照注浆方式可分为钻杆法、花管法、双层管双栓塞注浆法、同步注浆法、压实注浆法、布袋注浆法、高压喷射搅拌注浆法等,简要叙述如下:

(1)钻杆法

钻杆法是把钻机钻杆的内管直接作为注浆管进行注浆的方法。这种方法的优点是操作简单、经济;缺点是浆液易从钻杆和孔壁间的空隙中窜出,通常只用来注入单一浆液,且在注浆时钻机不能离开,钻机的使用效率低,早期的注浆均是采用这种方法。近年来兴起的压实注浆原则上归属于这类方法。

(2)花管法

花管法注浆是钻孔形成后,拔出钻杆,插入一端上面开有多个小孔的注浆管

(俗称花管,也叫过滤管),然后进行注浆的方法。这种方法因注浆是通过许多小孔分散进入地层,所以浆液能够比较均匀地植入到地层中。但是在埋设花管时要防止堵塞花管上的小孔,更不能使土颗粒从小孔逆流进入注浆管造成管路堵塞,近年来这种方法的使用率也在下降。

(3)双层管双栓塞注浆法

该方法是在钻孔成型后,拔出钻杆撤走钻机,然后向钻孔中插入一根套管(也称外管)。该套管的节长为33～50cm,其上开有小孔(即注浆孔),孔内外侧用胀圈(橡胶圈)包好,胀圈的作用是当孔内加压注浆时,胀圈胀开浆液从小孔中喷出进入土层,不注浆时胀圈封闭喷射口,故土和地下水均被胀圈挡在喷射口外,不会逆向进入注浆管内。注浆把两端都装有密封栓塞的注浆芯管插入上述外管内,由于注浆压力的作用,浆液从两组栓塞的中间经喷射口胀开胀圈进入土层中,逐次提升(或下降)芯管,即可实现逐段分层注浆。

这种方法的特点是:①注入不受时间限制,故可以进行多次注浆以提高注浆的加固效果;②注入不受深度限制,可深可浅;③可根据不同地层,有选择地进行分层注浆;④钻孔和注浆两步工艺分开进行,故缩短了施工周期;⑤因注入的是长凝浆液,故注入效果理想。同时因注入压力小,故对周围环境的影响小。该方法的缺点是工序复杂,成本稍高一些。

(4)同步注浆法

在钻杆管上开设 n 个直径相同的小孔,用高压压送浆液,将两种浆液分别从上下喷射口的混合室按不同比例混合后,从上部喷射口喷出瞬结浆液,同时从下部喷口喷出缓结浆液,从而实现同步注入。图6-8所示为同步注浆法的施工顺序。

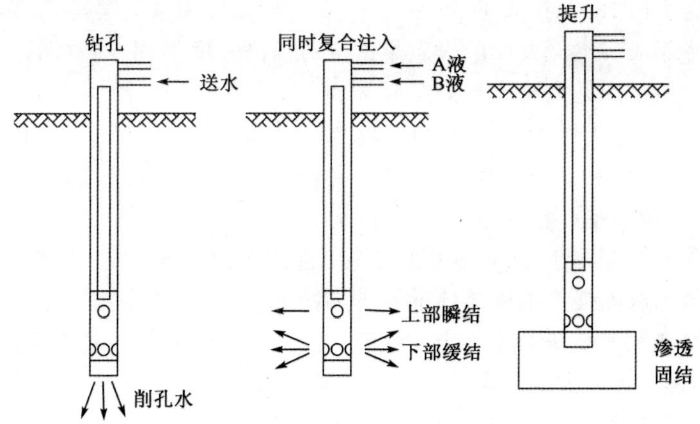

图6-8　同步注浆法施工顺序

(5)压实注浆法

压实注浆是一种把不易流动的惰性材料压入地层中,在形成匀凝固结体的同时,压密周围土体的方法,即 CPG 工法。图 6-9 为几种注入法的比较,除压实注浆法外,其他的方法均使用易于流动的材料。而这种方法使用坍落度近似为零的不流动的惰性水泥浆,这是这种施工方法与其他施工方法的根本差异。因为材料的不流动,故不易向地层中流动,所以可以在预定的地点准确地形成固结体。这种施工方法以前只停留在理论上,最近几年美国在硬件(泵、拌和器、机械设备等)方面的改进速度极快。

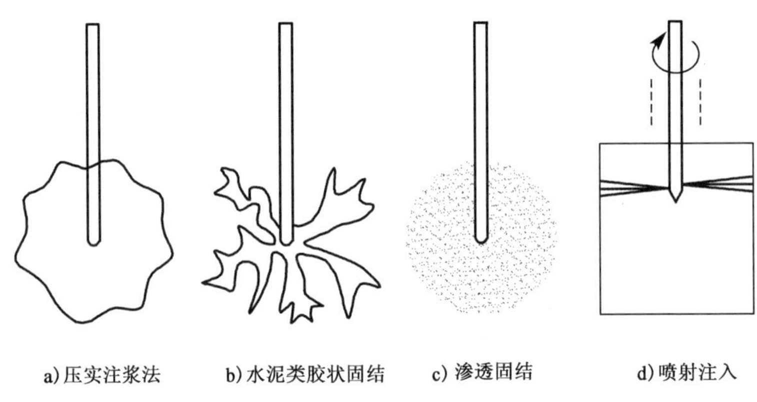

图 6-9 注入法比较

该方法由于注入浆液必须是不宜流动的坍落度趋于零的惰性浆材,这是压实注浆工法成功的关键因素之一,因此一般浆材由水泥、粉煤灰、砂、石灰粉、掺入适量膨润土(占水泥投入量的 1% ~10%),再添加少量的缓凝剂、膨胀剂及适量的水配置而成。水泥及砂的投放量太少对提高强度不利。砂料的级配较为关键:砂粒太粗,浆液易失水出现固结断裂、损伤注浆泵及堵塞注浆管;砂浆太细,浆液不易控制,耐久性差。理想的砂料为天然圆粒砂,以能 100% 的通过 8 号筛,小于 50m 的细粒成分不得超过 20% 为好。

(6)高压喷射搅拌注浆法

高压喷射搅拌注浆法,是利用高压射流破坏土体结构,使土体与固化浆材混合拌和后凝结成高强度的固结体的一种加固地层的方法。若高压射流是旋转喷射,则称为旋喷;若高压射流是定向喷射,则称为定向喷射;若高压射流是成一定角度的摆动喷射,则称为摆喷。

高压喷射搅拌注浆法的优点有:

①因高压喷射的浆液局限在土体破坏的范围内,也就是说浆液的注入部位

和范围是可以控制的。

②可调节注入参数(切削土体的压力、固化材的注入速度、注入量等参数),获得满足设计需求的(强度和抗渗性)固结体。

③与以往的注入法相比,除高压泵和特殊喷嘴不同外,其他设备基本相同。也就是说高压喷射搅拌法仍然具有设备轻便、施工方法简单、操作容易、施工所需的空间小、占地小等优点。

④由于注入浆液多使用水泥和水玻璃类浆液,故成本低,且不污染环境。

高压喷射搅拌注浆法适用于砂土、黏土、人工回填土,而对含有大砾石(直径大)、纤维质的腐殖土层及地下水流过快的地层,高压喷射搅拌注浆法不适用。

高压喷射搅拌注浆法可以分为:CCP 工法(单重管或单介质施工法)、JSG 工法(双重管或双介质施工法)、RJP 工法[高压射水(气)旋喷浆液施工法]、SUPERJET 工法(大流量整流喷射法)、X-Jet 工法(交叉喷射法)、MJS 工法(全方位超高压喷射法)、JACSMAN 工法(机械搅拌交叉喷射法)、SMW 工法(土体搅拌混合成墙施工技术)。这些方法是软土地层加固的良好方法,具体施工工艺可参阅有关专著,在此不再赘述。

4.边坡注浆施工的一般要求

边坡注浆加固施工包括施工组织、钻孔浆液配置、注浆等过程,一般要求为:

(1)钻孔采用机械回转或潜孔锤钻进,严禁采用泥浆护壁。土体宜干钻,岩体可采用潜水或空气钻进。

(2)随钻进作好地质编录,尤其是对洞穴、塌孔、掉块、漏水等各种情况进行详细编录。

(3)岩土体空隙大时,可改用水泥砂浆。砂为天然砂或人工砂,要求有机物含量宜不大于3%,SO_3 含量宜小于1%。

(4)双管法灌浆:浆液从内管压入,外管返浆。浆液注入后,通过返浆管检查止浆效果、测压及控制注浆压力,主要是通过胶塞挤压变形止浆。

(5)单管法灌浆:利用钻杆直接向试段输浆,可利用胶塞止浆。主要用于止浆段孔壁不完整、利用胶塞止浆困难的试段。

(6)采用自上而下分段注浆法。每段4m,孔口至地面以下1~2m留空。

四、排水法施工

排水工程是一项综合性的工作,要消除各种水源对滑坡体稳定性的影响,提高滑坡稳定安全系数,保护滑坡区建筑物免遭破坏,应做好以下几项工作:

(1)认真设计,精心施工,及时维护,三者密不可分。任何工程,设计是前提,施工是关键,维护是补充。只有做到认真设计,精心施工,及时维护,才能建立和保持完善的排水系统,保证滑坡堤外的水流不会流入滑坡体内,也能保证滑坡体内的地表水和地下水随时排除,以提高滑坡体的稳定性。

(2)充分调查,合理布置,综合治理。进行地面排水设施和地下排水设施设计时,应进行全面、详细的调查研究,查明地表水和地下水的分布状况和大小,分析水对滑坡的影响程度,做到地面排水设施和地下排水设施相互配合,相互协调,同时做到排水工程与其他处治工程相互配合,最大可能排除影响滑坡的各种水源。

(3)因地制宜,经济适应。设计时,应结合地形、地质情况和水文情况,因地制宜,合理设计,尽量选择有利的地形和地质的区域设置排水工程,即可起到排除、疏干滑坡堤范围的地下水和地表水,又可对滑坡体起到加固和保护作用。同时,设计时,要注意就地取材,以降低工程造价。

1.地表排水体系施工

在滑坡区域内修筑的地表水排水措施主要有截水沟、排水沟和截水沟、排水沟组成的树杈状、网状排水系统等设施。这些设施的修筑基本上是在滑坡体坡面外或坡面内进行的。由于其尺度一般较小,且土石方开挖量较小,其施工较为简单。施工时关键要细致,各个施工程序应到位。

1)截水沟的施工要求

截水沟常用的横断面形式有梯形、矩形和三角形等,用得最多的还是梯形和矩形。它一般是设在滑坡体外适当的地方,用以拦截上方来水,防止滑坡体外的水流入滑坡体内。施工应注意:

(1)当山坡覆盖层较薄,又不稳定时,截水沟的沟底应设置在基岩上,以拦截覆盖土层与基岩面间的地下水,同时保证截水沟的自身稳定和安全。

(2)在截水沟沟壁最低边缘开挖深度不能满足断面设计要求时,可在沟壁较低的一侧培筑土埂,土埂顶宽1~2m,背水面坡坡率采用1:1~1:1.5,迎水面坡则按设计水流速度、漫水高度所确定类型加强。如土埂基底横向坡度陡于1:5时,应沿地面挖成台阶,台阶宽度应符合设计要求,一般不小于1.0m。

(3)截水沟的出口处应与其他排水设施平顺衔接,同时要注意防渗处理,必要时可设跌水或急流槽,避免排水在山坡上任意自流,造成滑坡角稳定土体的冲刷,影响滑坡体的稳定性。

(4)截水沟应结合地形地质合理布置,要求线形顺直舒畅,在转弯处应以平滑曲线连接,尽量与大多数地面水流方向垂直,以提高截水效果和缩短截水沟长度。若因地形限制,截水沟须绕行,工程艰巨,附近又无出水口,可分段考虑,中部以急流槽衔接。

(5)截水沟应与侧沟、排水沟、桥涵沟通,达到沟涵相连,以便有效地、全面地控制地表水,使之迅速流出滑坡范围之外。

(6)截水沟布置应避免距滑坡裂缝太近,招致开裂破坏。必须经过坡裂缝区时可用临时性的折叠式木槽沟或混凝土板和砂胶沥青柔性混凝土预制块板水沟。它容许有一定的伸缩,以防止山坡变形拉断截水沟。它既能防冲、防渗,且较经久耐用,便于施工和养护。

(7)采用浆砌片石、混凝土修筑截水沟时,每隔4~6m应设沉降缝,缝内用沥青麻筋仔细塞实,表面勾缝,发现断裂,及时修补。在滑坡地段中,水量丰盈时,浆砌的截水沟上侧应增设泄水孔,泄水孔背后设反滤层,必要时还应在水沟底设石磕或卵石垫层。

(8)在砂黏土、黏砂土或黄土质砂黏土的路堑边坡上,流速不大于2.5m/s时,可采用1:3石灰砂浆抹面,厚度3~5cm,表面再用1:3水泥砂浆抹面,厚度3cm,或用1:1:5(石灰:黏土:炉渣)三合土,或用1:3:6:9(水泥:石灰:河砂:炉渣)四合土铺面作防渗层。在岩层破碎、节理发育的坡面上修筑截水沟,为减少造价,可以在沟壁、沟底采用2:3水泥砂浆抹面或采用1:3:6和1:3:6:9配合比的三合土、四合土铺面,勾缝等方法处理,以减少雨水沿岩层裂隙渗流。

(9)施工过程中要注意施工质量,沟底、沟壁要求平整密实,不滞水,不渗水,必要时要予以加固,防止渗漏和冲刷。

2)排水沟的施工要求

排水沟的作用主要在于引排截水沟的汇水和滑坡体附近及其滑坡体内低洼处积水或出露泉水等水流。

排水沟平面线形应力求简捷,尽量采用直线,必须转弯时,可以做成圆弧形,其半径不宜小于10~20m。

在滑坡体内修筑排水沟时,应采取防止渗水的措施,如采用浆砌片石、混凝土板或沥青板铺砌,砂胶沥青堵塞砌缝等,避免沟内排水深入滑坡体内。

利用地表凹形部位设置排水沟时,每隔20~30m应设置一个连接箍,特别是在地基松软的情况下,有时还要用桩来固定。对于土质松软的坡面,可就地夯成沟形,上铺黏性土或石灰三合土加固。裂缝处,可采用搭叠式木质水槽、混凝土槽或钢筋混凝土槽,以防坡变形拉断水沟,使坡面水集中下渗。

排水沟的末端应设置端墙,并将水排到滑坡体以外的渠河或河道等处。

排水沟的施工要求与截水沟的施工要求相似,其施工质量应符合相关工程质量检验评定标准。

2. 地下排水体系施工

地下排水体系主要是拦截、排引或排除地下水含水层的水分,降低地下水位,疏干滑坡体内含水,提高滑坡的稳定性。

地下排水体系设施主要有截排渗沟、集排水暗沟与明沟、平孔排水和排水隧洞等。这些设施一般距地面较深,土石方开挖量较大,施工难度也较大,有的需要专门的施工队伍才能保证其施工质量。有的在进行施工时,还会对滑坡的稳定性产生一定的影响。因此,施工时一定要有周密详细的施工方案、正确合理的施工顺序,既保证施工质量,又不会降低滑坡的稳定性安全系数。

1)明沟施工

明沟主要是对滑坡体上层滞水或埋藏很浅的潜水进行引排,并可兼作地面排水措施。其断面形式常用梯形和矩形。梯形断面一般适用于地下水埋藏很浅,深度仅在2m范围内,或水沟通过的地层稳定且能够进行较深的明挖的地方。矩形槽式断面则适用于引排地下水埋藏较深,或地质不良、水沟边坡容易发生坍塌的地方,其深度可达3m左右。

明沟的开挖,一般采用人工或机械进行,施工时必须注意安全,防止塌方,尤其在边坡较高时。当土质均匀、地下水位低于沟底高程,且沟槽开挖深度符合表6-13要求时,其开挖边坡可不加设支撑。当开挖深度较深,土质又较差时,则必须进行支撑。沟槽挖好后,应立即进行衬砌块石等结构的施工。

沟槽开挖要求　　表6-13

土质情况	可不支撑的允许深度(m)
密实、中密的砂土和碎石类土(充填物为砂土)	1.0
硬塑、可塑的轻亚黏土及亚黏土	1.25
硬塑、可塑的黏土及碎石类土(充填物为黏性土)	1.5
坚硬的黏土	2.0

在迎水侧沟壁上设置集水的泄水孔处,其孔后应设滤水层,防止坡内岩土颗粒等流出,引起坡面坍塌。滤水层应符合设计要求,确保施工质量。

2)集排水暗沟施工

集水暗沟用来汇集其附近的地下水;而排水暗沟则是与地表沟连接起来,把汇集的地下水作为地表水排除。

集水暗沟是在挖到预定深度的沟中砌成石笼,或是在沟中铺填碎石和安设透水混凝土管的盲暗沟。为了防止漏水,在底部铺设杉皮、聚乙烯布或沥青板,

在暗沟的上面和侧面则设置树枝及砂砾组成的滤水层，以防淤塞。在集水量特别多的情况下，也可用有孔的管道。集水暗沟过长时，会使已汇集的水再渗透，也会引起管道淤塞，所以一般每隔 20 ~ 30m 设置一个集水池或检查井，其端头则与地表排水沟或排水暗沟连接起来。

排水暗沟是用有孔的钢筋混凝土管、波纹管、透水混凝土管等制成，有时也在一定程度上有集水暗沟的作用。排水暗沟在端墙及集水池等处，与地表排水相连接。

暗沟易受滑坡运动引起的地基变形的影响，而使其作用显著降低，同时由于检修困难，所以暗沟的长度应尽量短，坡度应大一些，最好使其尽快地与容易检修的地表排水沟连接起来。施工时应特别注意，当暗沟埋设较深时，则要注意由于这些暗沟的开挖，可能会加剧滑坡体的滑动，使滑坡土体丧失稳定。必要时可先在滑动面出口设置阻止滑坡滑动的支挡构筑物后，再进行施工。

3）渗沟施工

渗沟属于隐蔽工程，埋置于地下，不易维护，因此施工时必须确保施工质量，保证渗流畅通，引排有效。施工时要求：

（1）沟内用于集水和排水的充填料级配应满足设计要求，填料应经过筛选和清洗。

（2）渗沟的封闭层通常采用浆砌片石、干砌片石水泥砂浆勾缝和黏土夯实。黏土层下面应铺设双层土工布或草皮，在冰冻地区应设保温层，保温层可采用炉渣、砂砾、碎石等铺筑。

（3）渗沟的出水口宜设置端墙，端墙下部留出与排水通道大小一致的排水沟，端墙排水孔底面距排水沟沟底的高度不宜小于 20cm，在冰冻地区不小于 50cm，端墙出口的排水沟应进行加固，防止冲刷。

（4）渗沟的排水沟与沟壁间应设反滤层和隔渗层。沟底置于不透水层上时，反滤层设在迎水侧，隔渗层设在背侧；若沟底设在含水层时，两侧沟壁及沟底均应设置反滤层。反滤层的结构及材料级配应符合设计要求。

（5）隔渗层采用黏土、砂浆片石或土工薄膜等防渗材料。土工薄膜的渗透系数要小于 10^{-11}cm/s，其横向强度要求大于 0.3kN/m。

（6）隔渗的开挖宜自下游向上游进行，并随挖随填，即支撑后迅速回填，不可暴露太久，以免造成坍塌。当渗沟开挖深度超过 6m 时，须选用框架式支撑。在开挖时自上而下随挖随支撑，施工回填时自下而上逐步拆除支撑。

4）平孔排水施工

平孔排水也是滑坡治理中一种常用的地下水排水措施，其具有施工简便、工期短、节省材料和劳动力且经济有效的特点。平孔排水施工要求专门的施工机具和施工队伍，其施工程序可按以下步骤进行：

(1)用钻孔 75～150mm、钻深可达 180m 的钻机(具体可根据设计要求选用)，在挖方边坡平台水平向钻入滑坡体含水层，钻孔的仰斜坡度可为 10%～20%。然后在钻孔内推进直径 50mm、带槽孔的塑料(PVC)排水管(有钻机也可将塑料排水管放在钻杆内一起钻入，然后抽回钻杆)。

(2)带孔的排水管的圆孔直径为 100mm，纵向间距 75mm，沿管周分三排均布排列，一排在管顶，其余两排在管的两侧，顶排圆孔位置与侧排圆孔交错排列。

(3)靠近出水口 1～10m 的长度范围内，应设置布袋槽孔的塑料排水管，在靠近出水口至少 60cm 长度范围内，应用黏土堵塞钻机与排水管之间的空隙，防止泉水外渗而影响滑坡的稳定。

(4)钻孔时应注意：一般在夹砾石的砂土层或不均匀地层中，钻孔容易弯曲。因此，要正确地达到预定的地层，就必须慎重地钻井。

(5)如果钻到了含水层，在含水层部分的钻孔上面的侧面要用带过滤的保护管保护钻孔。在钻机前端有时也安装聚乙烯网状管。为了防止保孔管漏水造成的渗透水引起孔口崩塌，而在排水管的出口处，用石笼或混凝土加以保护。从透水性弱的地基中集水时，有时整个保孔管都要安装过滤器。

(6)此外尚需注意，当穿过滑动面时，由于滑坡运动，有可能塌孔。另外，有时在钻进过程中，碰到坚硬的孤石或软硬悬殊的岩石，容易引起钻杆弯曲，而不能钻到预定的位置，从而达不到排水效果，就应采取其他工程措施来排除地下水，达到治理滑坡的目的。

第七章　公路边坡工程监测及预警技术

岩土工程的一个重要研究课题，就是岩土体的变形与稳定问题。公路边坡工程作为岩土工程的一个方向，其全寿命周期内的变形与稳定性一直是公路工程实践中时刻需要关注的问题之一。采用各种监测方法对公路边坡全寿命周期内的内、外部变形进行监测与预警，是了解和掌握公路边坡变形与稳定特征及规律的一种必要的途径，是提高全寿命周期内公路边坡安全性的重要技术手段。

第一节　公路边坡工程监测目的与原则

有效预防和减轻公路边坡失稳及事故，一直是工程师的重大任务，但至今仍难以找到准确评价的理论和方法。比较有效的处理方法是理论分析、专家群体经验知识和监测控制系统相结合的综合集成理论和方法。因此，公路边坡监测是研究公路边坡工程的重要手段之一。公路边坡工程的监测是一个复杂的系统工程，它不仅取决于监测手段的高低和优劣，更决定于监测人员对公路边坡岩土体介质的了解程度和对工程情况的掌握程度。

一、公路边坡工程监测的目的

公路边坡工程的监测目的在于获取公路边坡变形与力学性质的真实信息，以判断公路边坡变形的趋势和进行边坡稳定性预测预报。

公路边坡工程监测的目的必须根据工程条件确定。根据公路边坡岩土体的性质、状态和施工、设计的要求，其侧重点各有不同。一般情况下，公路边坡工程监测的目的具体内容包括：

(1)监测最基本和最重要的目的是提供所需要的资料，用于评价各种不利情况下公路边坡工作性能，并在道路施工期、运行期对边坡工程安全进行评估。即由监测工作所取得的信息来分析判断公路边坡的变形趋势和进行稳定性预测预报。

(2)进行公路边坡工程的修改设计或反馈设计。在勘测、设计和施工阶段即对边坡工程进行监测，采集资料和数据，及时反馈到设计中，指导和改进设计，即所谓动态设计与施工。

(3)改进分析技术。工程技术一般需要根据岩土、材料特性和结构性能的假设来进行严密而复杂的力学分析。监测提供的资料及各种因素对公路边坡工程运行性能影响的分析评价,将有助于减少假设中的不确定因素,进一步完善和改进分析技术及工程试验,使未来的各种设计参数的选择更加趋于经济合理。

(4)提高对公路边坡工程性能受各种参数影响的认识。对可能危害公路边坡工程安全的早期或发展中险情提供预先警报,在设计、施工中采取预防和补救措施。

二、公路边坡工程监测的依据

《公路路基设计规范》(JTG D30—2015)中,给出了高路堤和深路堑两个术语。即路基填土边坡高度大于20m的路堤为高路堤,土质挖方边坡高度大于20m或岩石挖方边坡高度大于30m的路堑为深路堑。其中第3.7.11条规定:高速公路、一级公路深路堑及不良地质、特殊岩土地段挖方边坡应进行施工监测,监测设计应明确监测路段、监测项目、监测点的数量及位置、监测要求等,监测项目和内容可按《公路路基设计规范》(JTG D30—2015)中附录表F-1(表7-1)、表F-3选定。监测周期应为公路建成运营后不少于一年。附录表F-1路堑边坡或滑坡监测中,监测内容包括地表监测(水平位移、垂直变形、裂缝)、地下位移监测、地下水位监测、支挡结构变形及应力四大部分。表F-3则主要给出了预应力锚固工程原位监测内容和项目。

《公路路基设计规范》(JTG D30—2015)附录表F-1 表7-1

监测内容	监测方法	监测目的
地表水平位移监测	全站仪、光电测距仪	监测地表位移、变形情况
地表垂直变形监测	水准仪	监测地表位移、变形情况
地表裂缝监测	标尺、直尺或裂缝计	监测裂缝发展情况
地下位移监测	测斜仪	探测相对于稳定地层的地下岩体位移,证实和确定正在发生位移的构造特征,确定潜在滑动面深度,判断主滑方向,定量分析评价边(滑)坡的稳定状况,评判边(滑)坡加固工程效果
地下水位监测	人工测量	监测地下水位变化与降雨关系,评判边坡排水措施的有效性
支挡结构变形、应力	测斜仪、分层沉降仪、压力盒、钢筋应力计	支挡构造物岩土体的变形监测,支挡构造物与岩土体间接触压力监测

三、公路边坡工程监测的原则

公路边坡工程监测是一个系统工程，需要应用多种学科，需要各方面的人员参与协助。同时，公路边坡监测数据必须与实际边坡地质条件、环境因素和工况情况等相结合进行分析，才能够准确地进行预测、预警。因此，公路边坡工程监测应遵循以下原则：

(1)可靠性原则：包括全寿命期内监测方法的可靠性和监测仪器的可靠性。

(2)多层次原则：指采用多种监测手段以便互相补充和校核。如采用地表监测和地下监测相结合的立体监测。

(3)以位移为主的监测原则：变形监测是边坡监测的主要手段，也是变形破坏分析的基本依据。

(4)关键部位优先原则：通过分析各种有关资料，确定监测的关键部位和敏感部位等重点部位，优先布置监测点。

(5)整体控制原则：保证监测系统对整个边坡的覆盖。

(6)遵照工程需要原则：监测系统的布置要充分考虑工程特点和道路工程对边坡的要求。

(7)方便适用原则：监测方法和仪器要便于操作和分析，力求简单易行。

(8)经济合理原则：监测系统要考虑信息丰富性和造价合理性两方面的要求。

四、公路边坡工程监测的特点

公路边坡工程按岩土介质可分为土质边坡与岩质边坡两大类。对于不同的工程，由于场区范围较大，岩土介质的复杂性和特殊性、地质构造和地应力分布的不同，公路边坡工程的监测具有以下特点：

(1)岩土体介质的复杂性。对于某一具体工程而言，整个监测区域范围较大，其应力分布不均，很难形成一个统一的理论模型，所获得的监测参数往往有一些矛盾，因而监测人员不仅仅是简单的采集数据，更为重要的是判断和对所取得的数据加以整理后进行整体分析。

(2)监测的内容相对较多。主要有地面变形监测和地下变形监测，物理参数如应力等监测，环境因素如地下水、天气、地震因素监测；监测的工作量大，工种复杂，对于监测人员而言，必须是多面手，对不同的工作都能适应。

(3)监测的周期较长。一般不少于一年或更长时间，有时是贯穿于整个工程建设过程中，即在工程的可行性研究阶段开始，在建设施工过程和工程运行中

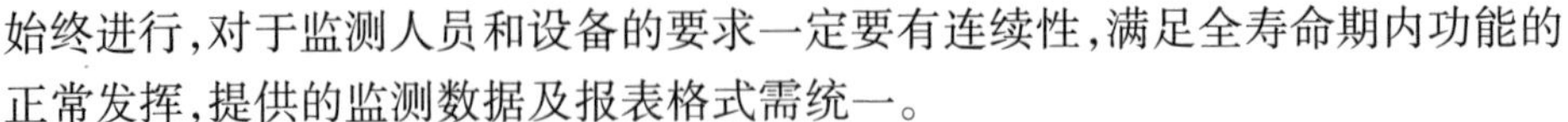

始终进行,对于监测人员和设备的要求一定要有连续性,满足全寿命期内功能的正常发挥,提供的监测数据及报表格式需统一。

第二节　公路边坡工程监测基本理论

公路边坡失稳是规模较大、数量多、危害严重、性质复杂,而且具有一定规律的一种不良地质现象。在交通和建筑等各个建设领域存在着大量的边坡工程,这些边坡具有规模大、数量多、环境和地质条件复杂的特点。为了发现边坡隐患,消除危害,有效而经济地采取整治措施,必须对各种边坡进行监测。边坡监测是分析边坡地质结构、变形动态特征的依据,是边坡整治工程信息化设计及灾害预测、预报的可靠技术保障。

对边坡变形进行监测,是科学管理边坡和正确处理潜在问题的依据,边坡监测可以提供可靠的监测资料以识别不稳定边坡的变形和潜在破坏的机制及其影响范围,以制定防灾、减灾措施。

通过边坡工程的监测,可以达到以下作用:

(1)评价边坡施工及其使用过程中边坡的稳定程度,并提供有关预报,为业主、施工方及监理提供预报数据。跟踪和控制施工进程,对原有的设计和施工组织的改进提供最直接的依据,对可能出现的险情及时提供报警值,合理采用和调整有关施工工艺和步骤,做到信息化施工和取得最佳经济效益。

(2)为防治边坡滑坡及可能的滑动和蠕动变形提供技术依据,预测和预报今后边坡的位移、变形发展趋势,通过监测可对岩土体的时效特性进行相关的研究。

(3)对已经发生滑动破坏和加固处理后的公路边坡,监测结果也是检验崩塌、边坡滑坡分析评价及滑坡处理工程效果的尺度。

(4)为进行有关位移反分析及数值模拟计算提供参数。对于岩土体的特征参数,由于通过试验无法直接取得,通过监测工作对实际监测的数据(特别是位移值)建立相关的计算模型,进行有关反分析计算。

掌握公路边坡变形的发展和变化规律,进而对其进行预报,防止公路边坡的失稳或减小边坡失稳时人员和财产的损失是十分必要的。

一、公路边坡工程监测基本理论与技术

公路边坡监测主要是通过对坡体表面和内部一些力学参数、几何参数的量测,评判被监测坡体的稳定程度,确定变形发展速率,据此划分坡体的安全状态,

为工程建设、设计规划及施工提供技术支持。因此,可以被用来监测的参数主要有变形(速率)、地声变化、应力应变、孔隙水压力等。另外,外界因素(如降雨量、地震动、人工爆破等)也能够促使边坡失稳。一般情况下,公路边坡监测内容有见表7-2。

公路边坡监测内容　　表7-2

序　号	监测项目	监测内容
1	裂缝监测	1. 地表裂缝监测; 2. 建筑物裂缝监测
2	位移监测	1. 地表位移监测; 2. 地下位移监测
3	滑动面监测	滑动面位置测定
4	地表水监测	1. 自然沟水的观测; 2. 河、湖、水库水位观测; 3. 湿地观测
5	地下水监测	1. 钻孔、井水的观测; 2. 泉水监测; 3. 孔隙水压力监测
6	降水量监测	降雨量、降雪量监测
7	应力监测	滑带应力监测、建筑物受力监测
8	宏观变形迹象监测	

1. 裂缝监测

1)地表裂缝监测

地表裂缝是坡体变形的主要外在反映,通过观测裂缝宽度的变化(扩大、闭合)判断裂缝的发展,常用的地表裂缝监测方法有:

(1)在监测部位用水泥砂浆敷平,选择若干个点,做好测量基点标志。埋入土中的深度不小于1.0m,用红油漆编号,定时用钢尺测量两个基点标志间的距离变化,就能够求出裂缝的变化规律。

(2)在垂直裂缝方向,位于裂缝的两边埋设"骑马桩","骑马桩"用水泥砂浆和钢筋固定,钢筋上刻十字线,用钢尺测量两个刻画线间的距离,反映裂缝的张合变化。

2)建筑物裂缝监测

如果要保护坡体上的建筑物,可以在建筑物上的裂缝两侧设置固定点,用钢尺测量距离,也可在裂缝上贴水泥砂浆片,观测水泥砂浆片被拉张、错开的情况,但无法反映裂缝的微小变化。

3)公路边坡产生滑坡时的裂缝和位移监测

根据裂缝开、合的变化情况,可以使用滑坡记录仪,或称为伸缩计、滑坡计。用法类似于"骑马桩"式的监测方法。一般裂缝简易观测装置见图7-1。

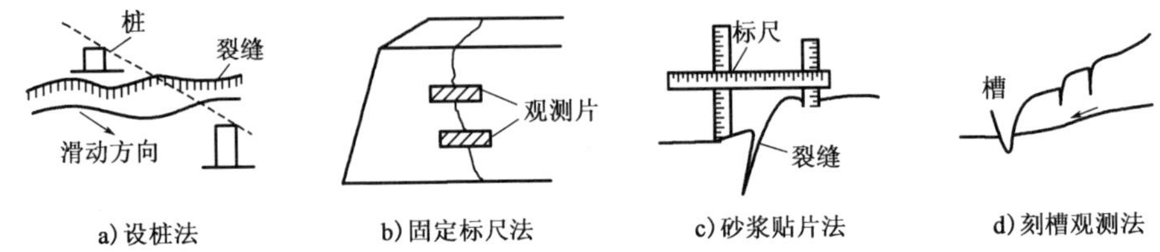

图7-1　裂缝简易观测装置示意图

2.地面位移监测

地面位移包括水平位移和垂直位移,两者组合起来就能反映地面点的三维空间变化,因此可以采用单一的位移变形监测,或采用空间测量方法。

1)地面倾斜仪监测

当边坡的边界裂缝不很明显、滑坡范围不清楚,或者想对滑坡的影响和扩展范围作进一步了解时,可用倾斜仪观测。

2)地面观测网法

对于自然的或人工边坡的位移变形监测,通常有常规监测和GNSS监测两种方法。常规监测方法是使用经纬仪、测距仪或全站仪等仪器,采用前方交汇法、边角网、极坐标差分等方法获取监测点的观测数据,通过处理后得到监测点的位移变化量。该监测方法的优点是观测数据直观可靠,近距离情况下获取数据的精度高、投资少。地表表面位移观测网示意图见图7-2。

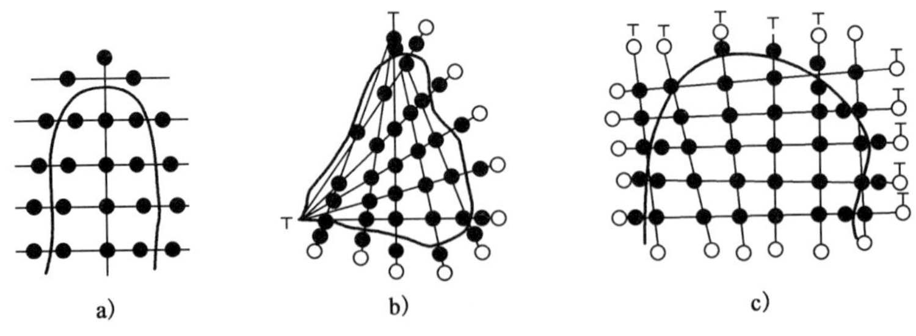

图7-2　地表表面位移观测网示意图

3)自动全站仪测量法

自动全站仪,也称测量机器人,集成了步进马达、CCD 影像传感器。由于测量机器人的自动扫描测量,节约了大量的人工操作,可以在拟观测的边坡表面布置大量的监测点。测点沿每阶台阶及框架式护坡边缘均匀分布,覆盖到整个坡面。图 7-3 为公路边坡变形测量机器人监测点布置图。

a)

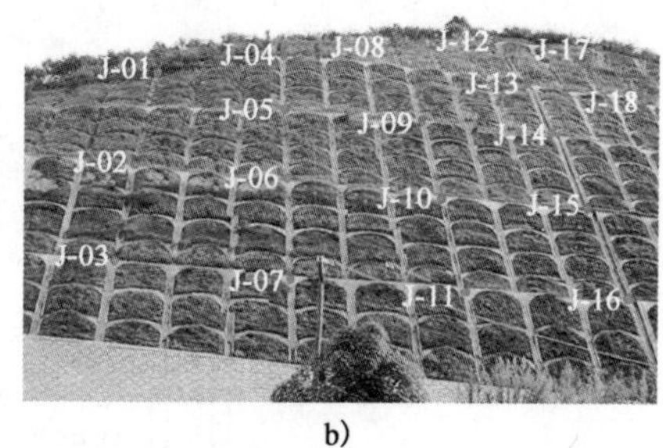

b)

图 7-3 公路边坡变形测量机器人监测点布置示意图

3. 坡体内部位移监测

坡体表面的位移只能反映各个孤立点的变化情况,对于坡体内的位移,根据边坡滑动体结构的不同,可以和坡面位移一样,也可以不一样。当滑动体结构是板状顺层滑动或滑动体相对密实、含水量少时,多呈整体滑动。此时滑动面到地面各点的位移量基本相同或非常接近。如果滑动体的含水量较高或滑动体出现旋转滑动时,滑动体内的位移和地面处的位移常常不一致。为了确定滑动面的位移,需要监测坡体内部的位移。以前常常采用埋入管节监测、塑料管—钢棒观测。目前主要采用固定式钻孔测斜仪法和活动式测斜仪法,两者的测量原理一样。

钻孔测斜仪本质上是测量边坡体内部某点的水平位移,是在忽略该点垂直位移情况下,以及假设坡体的位移变化比较小情况下。然而实际情况并非如此,坡体内部也有垂直位移,即位移变化是空间性质的,这时就可以采用拉线式地下位移监测方法,采用的设备是多点位移计。钻孔倾斜仪原理图见图 7-4。

4. 地声法监测

声发射监测最早应用在矿山行业,用来测定岩石破坏时的噪声,以估算山体压力的大小和可能产生的破坏程度。20 世纪 60 年代中期,美国人 Goodman、Black 等将该技术应用到边坡研究中。

岩体从开始受力到破坏的整个过程,一般都会有不同强弱等级的声发射信号。但是在岩体临近破坏前,声发射的频度和幅度会显著增加,而在破坏后,这种程度就会减少。通过接收这种声音信号,根据频率和振幅分析就能推断岩体的破坏程度,最终评价破坏带的位置、范围、破坏程度。岩石中的地声频率范围一般在 50 ~ 1000Hz 之间,而在土质坡中的地声频率一般只有 20 ~ 40Hz。

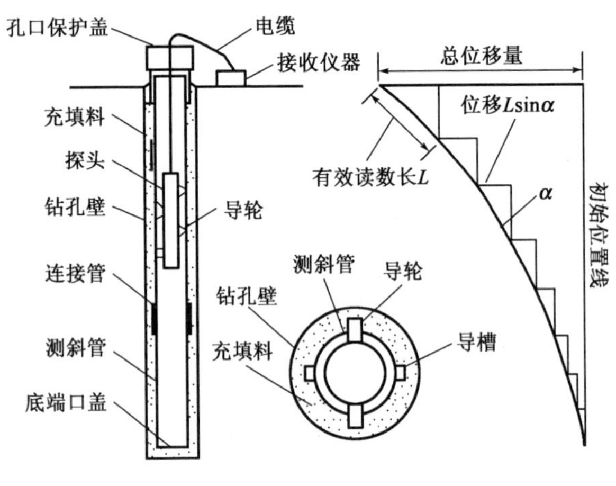

图 7-4 钻孔倾斜仪原理图

5. 孔隙水压力监测

一般的孔隙水压力监测主要是监测天然地层中的孔隙水压力,利用不同高度水柱时的压力大小进行间接测定,这种压力通过作用在振弦上,使振弦的张紧程度发生变化,导致振动频率发生改变,由监测到的频率数值能够反算出压力大小。

6. 其他环境量监测

边坡失稳常伴随着外界因素的异常变化,如降雨量较大,可以通过降雨量、降雨强度的监测,对边坡监测及稳定性分析做辅助说明。

二、公路边坡工程监测常用仪器设备

公路边坡监测常需要用到专门的、高精度的仪器设备,常用仪器设备如下。

1. 滑坡记录仪

滑坡位移自动记录仪是用于对滑坡、边坡、建筑物变形的位移变化进行长期

自动监测记录的设备。适用于野外各种自然环境,每年仅需要更换记录纸和电池一次,是一种长期无人值守的位移监测仪器。

2. 倾斜仪

固定式倾斜仪是固定在岩(土)体或建筑物(如大坝、基础、挡墙等)上,长期监测其倾斜微小变化的高精度监测仪器,适用于人工或自动化监测。其基本原理是利用安装在被测结构物上的倾斜传感器精确测量倾斜度。

振弦式固定倾斜仪内部是由悬挂的摆块和弹性铰组成,振弦应变针支撑着摆块,应变针感应由摆块重心偏转而产生力的变化。

3. 测斜仪

滑动式测斜仪广泛用于检测坝体、边坡的内部水平位移及其分布。通过预先在被测工程中埋设测斜管,利用测量探头逐段量测测斜管的倾斜变化,来反映坡体的水平位移。

滑动式测斜仪由装有高精度传感元件的测头、专用电缆、测读仪和测斜管等组成。

固定式测斜仪分类方法和安装方法同滑动式测斜仪,只是在具体安装方法上稍有不同,它是采用连接杆来连接若干个测斜仪探头。

4. 水准仪

水准仪主要用于常规的水准测量,目前已从光学水准仪发展到电子水准仪。电子水准仪一般配条码尺,并且能够自动读数、自动记录,使作业精度、功效明显提高。

5. 全站仪

全站仪具有测角、测距离的功能,集水准仪和经纬仪的功能于一体。全站仪的生产厂家和型号较多,使用较多的有:徕卡、拓普康、索佳、宾得等。目前精度较高的自动全站仪有 Leica TM30 和 Leica TCA2003,精度可达到0.5″、1mm,具有自动照准、自动读数功能,测量工作的效率和精度较高。

6. GNSS(全球导航卫星系统)接收机

全球导航卫星系统,即 GNSS。其接收机主要用于接收卫星的 GNSS 信号,一般最少要有四颗卫星,对地面点进行三维测量,可以得到地面目标的三维坐标。通过对坐标的变化分析,评价位移变化。

7. 多点位移计

多点位移计是主要应用于边坡内部任意方向不同深度处的轴向位移及分布

的变形监测仪器,类似于土体中的分层沉降仪或沉降环,精度较高。可实现自动化监测、遥测。多点位移计安装如图7-5所示。

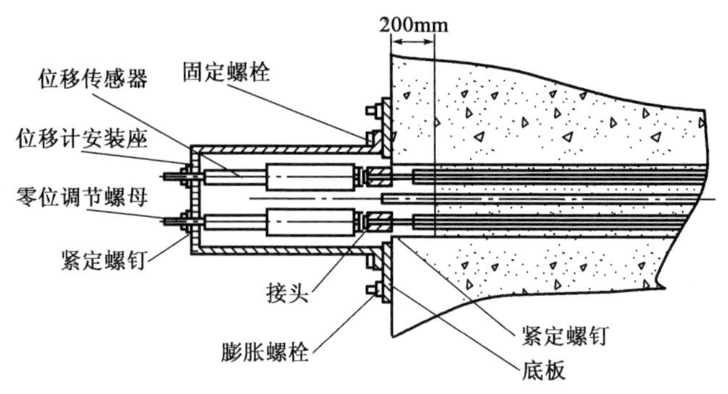

图7-5 多点位移计安装示意图

多点位移计通过埋设在坡体钻孔内,进行深层位移监测,能够监测任意钻孔方向不同深度处的轴向位移,从而了解岩体变形和松动范围,为合理确定岩体加固参数及稳定性判断提供科学依据。最大观测深度可达到百米。多点位移计由测头、传感器、读数仪、测杆和锚头组成。电流式传感器有振弦式、线性电位器式、差动电阻式等。测杆有不锈钢杆、玻璃纤维柔性杆两种;锚头常采用灌浆式。

多点位移计的工作原理是当相对埋设于钻孔内不同深度的锚头发生位移时,经测杆将位移传递到测头内的位移传感器,就可获得测头相对于不同锚固点深度的相对位移、绝对位移。

8. 渗压计

渗压计根据传感器的不同可分为钢弦式、差动电阻式和压阻式等,目前常用的是钢弦式渗压计和差动电阻式渗压计。钢弦式渗压计由透水石、承压膜、压力传感器、线圈和外壳组成。当水压力经过透水石传递到承压膜上时,承压膜和传感元件一同变形,就能将液体压力转变为与之对应的电信号,经由率定参数就可得到渗透压力。

9. 锚索测力计

当边坡上做了锚杆加固时,就可通过锚索(杆)力值的变化,反映锚杆的工作状态,间接反映边坡体的稳定情况。锚索测力计主要由承重筒、保护桶、敏感元件、电缆和密封件组成。敏感元件一般由振弦式应变计或差动式应变计组成。

三、公路边坡工程监测常用方法

1. 宏观地质观测法

宏观地质观测法，是用常规的地质路线调查方法对崩塌、滑坡的宏观变形迹象和与其有关的各种异常现象进行定期的观测、记录，以便能随时掌握崩塌、滑坡变形动态及发展趋势，达到科学预报的目的。该方法具有直观性、动态性、适应性及实用性强的特点，不仅适用于各种类型的崩塌滑体不同变形发展阶段的监测，而且监测内容比较丰富、面广，获得的前兆信息直观可靠，可信度高。结合仪器监测资料综合分析，可初步判定崩塌滑体所处的变形阶段及中长短期滑动趋势，作为崩塌、临滑的宏观地质预报判据。

2. 简易观测法

简易观测法是在变形体及建筑物的裂缝处设置骑缝式简易观测标志，用长度量具直接观测裂缝变化与时间关系的一种简单观测方法。监测内容及方法主要包括：在边坡体关键裂缝处埋设骑缝式简易观测桩；在建（构）筑物（如房屋、挡土墙、浆砌块石沟等）裂缝上设置简易玻璃条、水泥砂浆片、贴纸片；在岩石、陡壁面裂缝处用红油漆画线作观测标记；在陡坎（壁）软弱夹层出露处设置简易观测标桩等，定期用各种长度量具测量裂缝长度、宽度、深度变化及裂缝形态、开裂延伸的方向。

该方法监测的内容比较单一，观测精度相对较低，劳动强度较大，但是操作简单，直观性强，观测数据资料可靠，适合于在交通不便、经济困难的山区推广应用，并适合于崩滑体处于速变、剧变状态时的动态变形监测。

3. 设站观测法

设站观测法是指在充分了解了工程场区的工程地质背景的基础上，在边坡体上设立变形观测点（呈线状、格网状等），在变形区影响范围之外稳定地点设置固定观测站，用测量仪器（经纬仪、水准仪、测距仪、摄影仪及全站型电子速测仪、GNSS 接收机等）定期监测变形区内网点的三维（X、Y、Z）位移变化的一种行之有效的监测方法。此法主要指大地测量、近景摄影测量及 GNSS 测量与全站式电子速测仪设站观测边坡地表三维位移的方法。

4. 大地测量法

常用的大地测量法主要有两方向（或三方向）前方交会法、双边距离交会法、视准线法、小角法、测距法、几何水准测量法，以及精密三角高程测量法等。常用前方交会法、距离交会法监测边坡变形的二维（X、Y 方向）水平位移；常用视准线法、小角法、测距法观测边坡的水平单向位移；常用几何水准测量法、精密三角高程测量法观测边坡的垂直（Z 方向）位移，采用高精度光学和光电测量仪器，如精密水准仪、全站仪等仪器，通过测角和测距来完成。

大地测量法网型布置一般有三种，见图7-6。

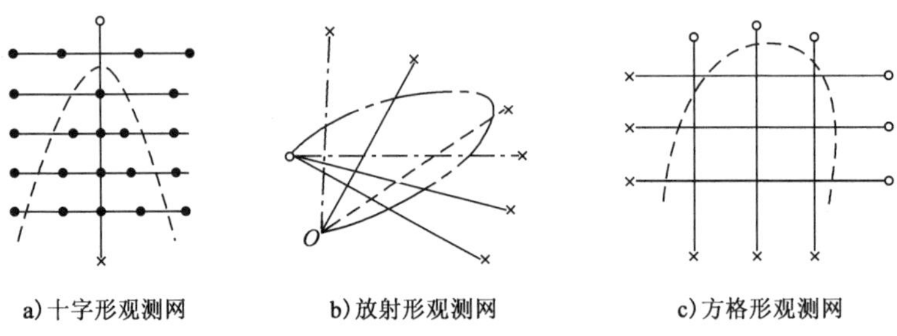

a）十字形观测网　b）放射形观测网　c）方格形观测网

图7-6　大地测量法网型布置图

○-测站；×-照准点；●-观测点

5. GNSS测量法

GNSS是随着现代科学技术的迅速发展而建立起来的新一代精密卫星定位系统。在测量工作方面这一定位技术在大地测量、工程测量、工程与地壳形变监测、地籍测量、航空摄影测量和海洋测绘等各个领域的应用，已甚为普遍。GNSS测量法的基本原理是用GNSS卫星发送的导航定位信号进行空间后方交会测量，确定地面待测点的三维坐标。图7-7为某公路边坡GNSS监测点布置图。

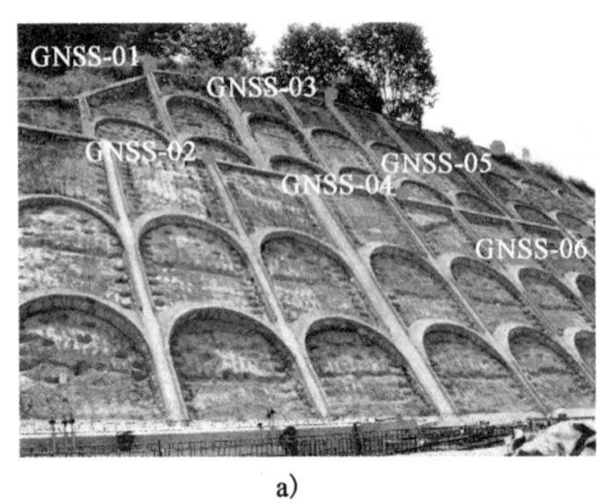

a）

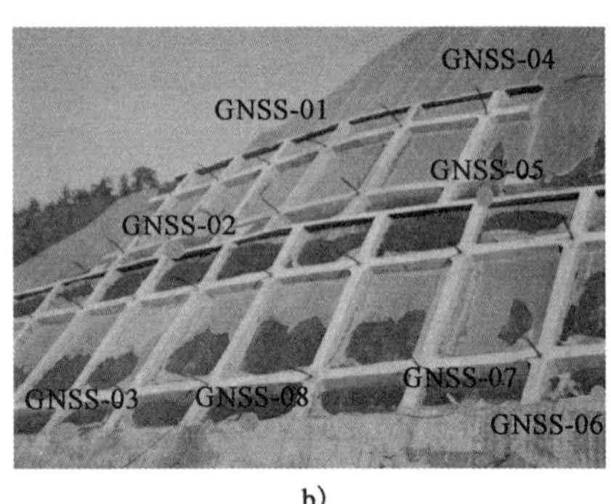

b）

图7-7　公路边坡GNSS监测点布置图

6. 近景摄影测量法

该方法是把近景摄影仪安置在两个不同位置的固定测点上，同时对边坡范围内观测点摄影构成立体像对，利用立体坐标仪量测相片上各观测点三维坐标的一种方法。其周期性重复摄影方便，外业省时省力，可以同时测定许多观测点

在某一瞬间的空间位置，并且所获得的相片资料是边坡地表变化的实况记录，可随时进行比较。

大地测量法、近景摄影测量法、GPS（全球定位系统）测量法三种方法的优缺点比较见表7-3。

三种方法的优缺点比较　　表7-3

测量方法	优　　点	缺　　点
大地测量法	1. 能确定边坡地表变形范围； 2. 量程不受限制； 3. 能观测到边坡体的绝对位移量	受到地形通视条件限制和气象条件的影响，工作量大，周期长，连续观测能力较差
近景摄影测量法	1. 其周期性重复摄影方便； 2. 外业省时省力； 3. 可同时测定多点在某一瞬间的空间位置，相片资料可随时进行比较	在观测的绝对精度方面还不及某些传统的测量方法
GPS测量法	1. 观测点之间无须通视，选点方便； 2. 观测不受天气条件的限制； 3. 观测点的三维坐标可以同时测定，对于运动的观测点能精确测出它的速度； 4. 测量精度高	GPS接收机价格较昂贵

7. 仪表观测法

仪表观测法是指用精密仪器仪表对变形斜坡进行地表及深部的位移、倾斜（沉降）动态，裂缝相对张、闭、沉、错变化及地声、应力应变等物理参数与环境影响因素进行监测。目前，监测仪器的类型，一般可分为位移监测、地下倾斜监测、地下应力测试和环境监测四大类。按所采用的仪表可分为机械式仪表观测法（简称机测法）和电子仪表观测法（简称电测法）。

8. 远程监测法

伴随着电子技术及计算机技术的发展，各种先进的自动遥控监测系统相继问世，为边坡工程，特别是边坡崩塌和滑坡的自动化连续遥测创造了有利条件。电子仪表观测的内容，基本上能实现连续观测，自动采集、存储、打印和显示观测数据。远距离无线传输是该方法最基本的特点，由于其自动化程度高，可全天候连续观测，故省时、省力和安全，是当前和今后一个时期公路边坡监测发展的方向。

9. 声发射方法

岩石或岩体受力作用时会不断地发生破坏,主要表现为裂纹的产生、扩展及岩体断裂。裂纹形成或扩展时,造成应力松弛,储存的部分能量以应力波的形式释放出来,产生声发射(Acoustic Emission,简称 AE)。通过对监测到的岩体声发射信号进行分析和研究,可推断岩石内部的形态变化,反演岩石的破坏机制。因此,声发射作为一种探测岩体内部状态变化的手段,近年来越来越多地为人们所重视。岩体声发射水平一般可用以下参数来表征:

(1)岩音频度(总事件频度):即单位时间内,声发射事件累计次数(次/分)。

(2)大事件频度:单位时间内,振幅较大的声发射事件次数(次/分)。

(3)岩音能率:单位时间内,声发射释放能量的相对累计值(能量单位/分)。

10. 时域反射法(TDR)

时域反射测试技术(Time Domain Reflectometry,简称 TDR)是一种电子测量技术。早在 20 世纪 30 年代,美国的研究人员开始运用时间域反射测试技术检测通信电缆的通断情况。从 20 世纪 70 年代起开始应用于岩土工程领域,主要应用于测定土体含水量,监测岩体和土体变形、边坡稳定性及结构变形等方面。到 20 世纪 90 年代中期,美国的研究人员将时间域反射测试技术开始用于滑坡等地质灾害变形监测的研究,针对岩石和土体滑坡曾经做过许多的试验研究。TDR 技术以方便、安全、经济、数字化及远程控制等优点而广泛应用于边坡稳定性监测方面。目前,TDR 技术在国内边坡监测领域的应用还处于起步阶段,基本的理论分析和大量室内试验是将其应用于实际工程必不可少的阶段。

11. 光时域反射法(OTDR)

OTDR 检测方法源于光学检测和测距及激光雷达技术,后来又被发展用于光纤通信中的故障定位,现在普遍用于分布式光纤传感系统中。这一方法的实质是:传感器输出信号反映了被测参数(如裂缝)在空间上的变化情况,输出信号主要沿光纤前向传输,但还有部分光信号被后向散射并与所经历的传输时间有关,再考虑光波的传输速度,即可确定光源到被测验点距离的信息。

四、公路边坡工程监测常用预警技术

对于公路边坡,人们关心的首要问题是边坡是否稳定,会不会滑坡,什么时候可能失稳或滑坡等。这些问题需要人们对边坡的稳定性进行预测、预警。边坡的预测、预警研究,是在 20 世纪 60 年代才开始起步的,已成为一个热门课题。

由于其具有复杂性，现仍是世界性的科学难题。

预警是人们通过对预警事件发生、发展规律的了解、描述，对该类事件进行合理评价，分析其可能引发的危机及影响，并对其后效提供预测与警报，以便提供应变的准备和预案，从而控制或避免该类事件。

公路边坡失稳灾害的预警以边坡失稳灾害为预警目标，以灾害控制为目的。建立在灾害规律研究、监测信息准确分析的基础上，从自然、社会、经济等方面，在时间和空间的尺度上对灾变过程提供预测。选取有关要素作为指标因素，对可能的灾害事件提供报警，以便采取必要的措施进行消灾或避灾，从而保证交通的安全。

20 世纪 80 年代以来，由于现代数理力学理论和计算机技术的迅速发展，研究者利用相关学科的先进理论和方法进行边坡失稳灾害的预警，建立了不少的定量预警模型，取得了大量的成果。然而，由于边坡失稳产生的机理非常复杂，对边坡失稳灾害的预测、预警，还存在诸多困难。

公路边坡的变形破坏具有阶段性。处于不同变形阶段的边坡，其距离整体破坏的时间也不相同。边坡失稳灾害发生时间的预测、预警是要确定滑坡在未来可能发生的时间区段或确切时间，为提前采取必要的预防措施提供科学的依据。根据对边坡变形速率进行理论分析，可将边坡失稳灾害发生时间的预测、预警分为四类，即长期预测、预警，中期预测、预警，短期预测、预警和临滑预测、预警。通常，所要预测、预警的时间越长，所能依据信息的可靠度就相应地下降，预测、预警结果的可靠度也就越低。

(1)长期预测、预警：是指边坡尚处于初始变形阶段时进行的未来整体破坏时间预测、预警。预测、预警的时间一般是数十年甚至上百年。

(2)中期预测、预警：是指边坡处于稳定变形阶段时进行的未来整体破坏时间预测、预警。预测、预警的时间一般是数年至数十年。

(3)短期预测、预警：是指边坡处于加速变形初期阶段时进行的未来整体破坏时间预测、预警。预测、预警的时间一般是数月。

(4)临滑预测、预警：是指边坡进入加速变形末期后进行的整体破坏时间预测、预警。预测、预警的时间一般是数天。

以上是按照边坡变形理论分析给出的划分标准和定义。实际上，公路边坡的变形破坏受各种因素的制约，是一个十分复杂的随机的非确定性过程。它既受到内在因素(如坡体结构、地应力等)的制约，又受到各种外在环境条件(如风化、卸荷、降雨、地震等)的影响，各种因素还会发生相互耦合、交叉和变化，导致边坡的变形破坏随时间发展变化出强烈的分叉和多重选择。这些会增加边坡预测、预警的难度,特别是对处于初始变形阶段的边坡进行的长期预测、预警,很难确保准确性。而且,初始变形和稳定变形阶段的判断、加速变形初期和末期的判断都较为困难。

第三节　现代监测与预警技术

一、现代监测技术

科学技术发展到今天,边坡工程变形监测技术也有了跨越式的发展,正由过去的人工皮尺简易的监测过渡到精密仪器监测,如今又向着自动化、高精度、全寿命期及远程监测系统飞速发展。不单是常规的大地测量方法,近几年 GNSS(全球卫星导航系统)测量法和近景摄影测量法也得到了很好的应用,取得了令人满意的监测效果。另外,随着科学技术的发展,3S 集成技术、合成孔径雷达干涉测量技术、三维扫描技术、无人机与数字摄影测量结合技术等也发展成熟并应用于公路边坡工程的监测中。

1.测量机器人自动监测技术

常规的大地测量法在边坡工程的地表监测中是占主导地位。特别是随着测量机器人的出现,它克服了以前监测工作量大、观测周期长、连续观测能力较差等弱点。以测量机器人为核心的智能化监测系统,极大地削弱了人为因素的影响。凭借着其高度的自动化,较强的时效性连续观测,能在各种恶劣的条件下,全天候无人看守的高精度反复监测,极大地提高了监测工作的效率。

快速、实时自动获取监测数据是目前边坡监测工程中首先需要满足的要求。测量机器人自动监测系统通过获取监测点三维坐标值,比较不同时间的变形值、移动速度等。能快速而准确地掌握边坡稳定性信息,与传统的监测技术相比,其在监测精度、时效性及自动化程度上均具有一定的优势。通过有线或无线方式进行远程遥控监测,节省监测人力物力。

在实际的边坡监测中,首先将测量机器人安置在测站上,在各固定监测点和控制点处设置反射棱镜,获得各固定监测点的初始三维坐标,利用各固定监测点的初始三维坐标对测量机器人进行学习训练,同时,设定测量机器人的观测程序(测量次数、正倒镜、时间间隔、通信参数、限差等);其次启动自动测量功能,测量机器人就自动按系统设置的时间间隔和设定的程序进行各固定监测点的三维坐标循环测量,根据各固定监测点的三维坐标值的变化趋势,可以判断边坡的稳定性。

2. GNSS 监测技术

GNSS 测量技术利用 GNSS 定位原理测定地面监测点的三维坐标,在边坡稳定性监测领域已经有很成熟的理论和应用。在测程大于 10km 时,其水平位移量的相对精度可以达到毫米级,优于精密光电测量。正是由于 GNSS 的大跨度高精度的优越性,很多国家都建立了长期的变形监测网。将 GNSS 测量法用于公路边坡工程监测有以下优点:

(1)观测站之间无须通视,选点方便。既要保持良好的通视条件,又要保障测量控制网的良好结构,这一直是经典测量技术在实践方面的困难问题之一。而 GNSS 测量在此方面的优点既可减少测量工作的经费和时间,又使点位的选择变得较为灵活。

(2)定位精度高。现已完成的大量试验表明,在小于 50km 的基线上,其相对定位精度可达$(1\sim2)\times10^{-6}$,而在 100 ~ 500km 的基线上可达$10^{-7}\sim10^{-6}$。随着观测技术与数据处理方法的改善,可望在大于 100km 的距离上,相对精度达到或优于10^{-8}。

(3)观测时间短。目前,利用经典的静态定位方法,完成一条基线的相对定位所需要的观测时间,根据要求的精度不同,一般为 1 ~ 3h。为了进一步缩短观测时间,提高作业速度,近年来发展的短基线(20km 左右)快速相对定位法,其观测时间仅需数分钟。观测点的三维坐标可以同时测定,对于运动的观测点还能精确测出它的速度。GNSS 测量,在精确测定观测站平面位置的同时,可以精确测定观测站的大地高程。

(4)全天候、全寿命期作业。GNSS 观测工作,可以在任何地点、任何时间连续地进行,一般不受气候条件的影响。

GNSS 监测技术的缺点是 GNSS 信号接收器价格昂贵,该技术应用之初,一套 GNSS 仪器只能监测一个点位,大量点位监测需要较大投入,应用成本较大。虽然随着 GNSS 一机多天线系统应运而生,一台 GNSS 信号接收器能同时连接多个天线,从而使得一套 GNSS 仪器可以监测多点位置,应用成本大大降低。但 GNSS 测量法仍存在着不足,即监测数据精度受卫星信号和解算时间间隔的影响。

3. 3S 集成技术

RS、GIS、GNSS 的应用在公路边坡工程研究中起到了很重要的作用,也是当今滑坡研究的一个热门课题。众所周知,现在的滑坡预测预报都是建立在历史数据基础之上,要得到比较准确的监测数据,先进手段的运用是其中的一个方

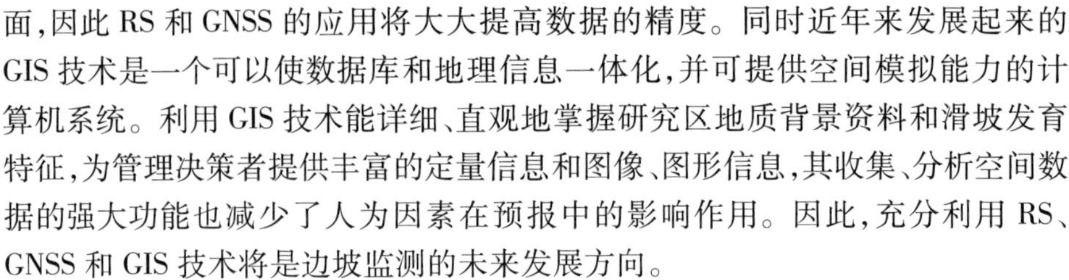

面,因此 RS 和 GNSS 的应用将大大提高数据的精度。同时近年来发展起来的 GIS 技术是一个可以使数据库和地理信息一体化,并可提供空间模拟能力的计算机系统。利用 GIS 技术能详细、直观地掌握研究区地质背景资料和滑坡发育特征,为管理决策者提供丰富的定量信息和图像、图形信息,其收集、分析空间数据的强大功能也减少了人为因素在预报中的影响作用。因此,充分利用 RS、GNSS 和 GIS 技术将是边坡监测的未来发展方向。

4. 光纤传感器监测技术

光纤传感器是最近几年出现的新技术,可以用来测量多种物理量,还可以完成现有测量技术难以完成的测量任务。由于光纤传感器不受电磁干扰,传输信号安全,可实现非接触测量,具有高灵敏度、高精度、高速度、高密度,适于各种恶劣环境下使用以及非接触、非破坏和使用简便等特点。

光纤技术具有多路复用分布式、长距离、实时性、精度高和长期耐久等特点。与常规滑坡监测技术相比,光纤技术的主要优势是价格低廉、监测时间短、数据提供快捷、可遥测等特点,通过合理的布设,可以方便地对目标体的各个部位进行监测。由于光纤技术还存在抵抗破坏能力较弱、量程小的缺点,所以多用于对滑坡滑面的探测。

5. 无线传感器网络技术

无线传感器网络是由部署在监测区域内的大量智能传感器节点组成的网络系统,其目的是协作地感知、采集和处理网络覆盖区域中被感知对象的信息。

无线传感器网络的实时性、大范围、自动化、全天候,恰好可以有效地弥补边坡监测领域所存在的不足,以先进的技术手段提升群测群防和专业化监测的水平。对地质灾害的发生发展进行更为有效的预报,以便根据险情采取相应的防治措施,在发生地质灾害时能及时地进行抢险救灾,保证交通的通畅和人身财产安全。无线传感器网络的这些特点使其能够有效地提升边坡监测的技术水平。

6. 合成孔径雷达干涉测量技术

合成孔径雷达(Synthetic Aperture Radar,简称 SAR)是一种微波传感器,具有全天候、全天时和监测范围大、无须监测人员进入现场等优势。差分合成孔径雷达干涉技术(Differential Interferometric Synthetic Aperture Radar,简称 DInSAR)是 SAR 的一个重要分支,在近十几年中得到了迅速的发展,利用 SAR 影像中的相位信息提取地面点的形变分量,在地表形变监测中取得了广泛的应用。空基(AB-InSAR)和地基合成孔径雷达干涉技术(GB-InSAR)是 InSAR 的两种应用形式。近些年国外一些学者已经开展了利用 GB-InSAR 实现边坡变形监测的应用

研究,理论上,这一方法可以探测到视线向毫米级的形变精度,可以实现监测对象基于面的形变场提取,明显优于 GNSS 等技术基于点的缺陷,具有监测成本低、监测范围广、监测周期短的优势,为边坡工程监测提供了更有利的选择。

7. 边坡三维激光扫描技术

在 20 世纪 90 年代中期出现了一种高新监测技术,它就是地表三维激光扫描技术(实景复制技术)。测量过程中激光雷达通过发射红外激光,直接测量雷达中心到地面点的角度和距离信息,地面点的三维数据以点云的形式返回,并直接被完整地采集到电脑中,进而快速重构出目标的三维模型及线、面、体、空间等各种数据。

三维激光扫描技术最大的优势是测量精度高、测量速度快、模型逼近原型。但是影响三维激光扫描测量技术的因素较多,主要包括仪器的测时精度、步进器的测角精度、激光信号的反射率、回波信号的强度、激光信号的信噪比、背景辐射噪声的强度、激光脉冲接收器的灵敏度等。在中、远程测量中采用地表三维激光扫描仪,通常情况其精度为几厘米。地面三维激光扫描仪因为是非接触式高速激光测量,在高陡边坡地形测量等工程中具有明显优势。

地表三维激光扫描技术在众多研究与实际应用中积累了较多的经验,但是仍然存在较多难以解决的问题:第一,由地表三维激光扫描技术测得的数据是离散性的点云,且其数量极大,无法直接利用这些离散的点云数据;第二,三维激光扫描仪器设备制造成本较高,测量仪器硬件、软件欠缺成熟;第三,地表三维激光扫描技术采集数据时也会受到气候条件和地形通视条件的限制;第四,其测量扫描距离有限,很难实现对大型边坡的有效扫描监测。

8. 无人机与数字摄影测量结合技术

近年来,无人机技术和数字摄影测量技术快速发展,使得无人机航测进入了实用化阶段。在公路方面,无人机航测技术可用于公路勘察,尤其是大比例尺的带状地形图测绘以及公路的日常养护和地质灾害应急测绘。

由于地形和地质条件的制约、雨季降水多等原因,公路路堤和边坡极易发生崩滑,严重影响公路使用者的安全,因此及时了解公路路堤边坡崩滑的几何形态和崩滑的土方量对于公路的迅速修复具有关键作用。通常,崩滑发生后,由于作业设备及人员难以接近滑坡体,故采用传统的地面测绘手段费时、费力,困难很大。若采用无人机技术进行测量,则可以快速飞临公路边坡的滑坡体上空,利用机载数码相机快速获取现场影像,无须与地面目标发生直接接触,既可迅速获取测区的测绘信息,且外业作业也相对安全。

无人机航测系统除无人机本身外，一般需在飞控系统上集成卫星导航定位系统（GNSS）、气压高度计、磁力计和惯导电路等导航设备以帮助其实现程控飞行。此外还需有地面控制站系统，其控制无人机的起飞、降落，监控无人机的程控飞行和航摄过程。数码相机是无人机航测的重要组成部分，对于小型无人机和超轻型无人机，目前一般采用单反相机或者价格更为便宜的微型单反相机。此外，无人机航线规划设计软件也是无人机航测的重要组成部分。目前有公开文献报道的精度评估显示，测区平面中误差为5cm，而高程方向精度稍差，为0.12m。无人机航测技术可以基本满足公路路堤、公路边坡崩滑监测的基本要求。

边坡是一项复杂的岩土工程项目，对其进行准确、全面的监测是对其进行预测预报的一个前提条件。但是要得到比较准确及时的监测数据，单凭几种先进的仪器或方法手段是不能完全解决的。因此监测技术未来发展的另一个方向应该是实现综合性的监测方法，即同时采用多种监测手段对边坡进行多测点、多参数的监测。随之产生的一个问题便是监测信息的协同利用问题。因此综合性监测方法与现场综合处理平台的集成运用便能协调好这个问题。然而进一步的研究表明，专家的经验知识在科学研究中特别是在预测科学中起着举足轻重的作用。专家往往具有不可思议的预见能力，而这种经验直觉几乎不可能用一般的数学方法建立定量模型。因此，可再附以专家系统以完善边坡工程的监测。

二、现代预警技术

边坡动态监测项目繁多、工作量大，特别是边坡变形破坏产生滑坡的临滑前，在滑坡险区作业存在极大风险。近年来，随着电子技术和通信技术的进步和发展，边坡监测预警新技术得到了广泛的研究和应用。

边坡或滑坡远程、全寿命期预测报警系统的开发与应用，是边坡监测现代化技术的重要进程之一，它可以实现无人值守和计算机控制，便于集中管理和决策，加强和提高边坡灾害防治技术水平，特别适用于地形复杂和困难的边坡场区，以及临滑前作业危险的情形。下面介绍几项边坡监测预警新技术。

1. 边坡 GNSS 监测预警系统

GNSS 监测预警系统通常由空间导航卫星、地面控制站、GNSS 用户定位设备和地面通信网等部分组成。GNSS 的用户设备简称 GNSS 接收机，由天线、接收机、信号处理器和显示器组成。监控系统由监控中心、网络中继站、现场分控站、GNSS 基准站和移动远端等部分组成。

GNSS 技术具有覆盖面广、全天候、全寿命期、速度快、可连续、同步、全自动监测的优点，在滑坡移动速度快、人员不宜进入时也能监测，因此是有发展前景

的一种方法,但其监测成本相对较高。表7-4为常用一般GNSS监测预警系统的配置。

GNSS监测预警系统参考配置　　表7-4

序号	系统名称	产品名称	数量	单位	备　注
1	监测点	GNSS接收机	*N*	套	含天线等相关配件,必须保证系统能正常运行
		辅助传感器	*N*	套	指湿度计等设备,包含标准配件
		太阳能供电设备	*N*	套	
		避雷针	*N*	套	
2	控制中心	核心解算软件	1	套	包含实时+后处理功能,*N*个GNSS站点授权,*N*个辅助传感器授权
		专用服务器	1	台	
		专用交换机	1	台	
		专用防火墙	1	台	
3	通信系统		*N*	套	各站点和数据处理中心的通信设备,必须保证控制中心和各个测站点的数据通信正常

2.边坡安全故障自动监测告警系统

边坡安全故障自动监测告警系统适用于监测山区公路边坡岩土体变形和破坏。对某边坡场地可以预先埋置多路光纤,因为光纤周围的岩土体变形破坏将导致光纤变形或破坏,基于OTDR监测光纤变形或断裂破坏等故障事件定位边坡岩土体的变形破坏位置,通过告警门限设置报警,实现边坡安全故障自动监测报警。

从OTDR检测曲线图上看到忽然急速上升又急速下降的斜线小尖峰,即为光纤断裂破坏所引起反射事件,或者呈下降的台阶状,即为光纤变形所引起反射事件。这些反射事件可以被准确定位,即故障定位,其定位精度达1m,从而准确定位边坡安全故障。

3.基于物联网的公路边坡体监控预警系统

将物联网技术中的RFID(Radio Frequency Identification)技术、GPRS技术

等,与多种公路边坡灾害时空预报模型相结合进行边坡体崩塌预警的技术路线,在此基础之上建立一个基于物联网的公路边坡体监控预警系统。

物联网(Internet of Things),一般来说就是指物物相联的网络。其标准定义是:通过条码二维码、射频标签(RFID)、各类传感器技术设备以及全球定位系统技术,使物体与互联网等各种网络相连,广泛获取各种信息,以实现定位、跟踪、监控等综合智能化技术的一种网络。

将物联网技术引入到公路边坡监测预警系统,以物联网技术为基础,开发公路边坡灾害信息管理系统,物联网监测到的信息经无线/有线/卫星通信网络传输到监测预警决策支持平台,实现四大功能:一是灾害点数据的信息化管理,实现快速查询和更新;二是群测群防终端结合现场观测和图片图像拍摄功能,通过无线网络传输监测数据,确保监测信息的有效和可靠;三是日常监测数据自动分析处理,使得灾害防治工作变被动为主动,做到灾情早发现,早处理;四是根据分析结果,实施预警短信的分级告警。监测预警物联网系统架构一般分为数据感知层、网络承载层、应用层。

4. WEB-GIS 预警技术

WEB-GIS 是一种典型的 GIS 技术和计算机网络技术结合的产物,是利用万维网技术对传统 GIS 的扩展和完善。它提供广泛的基于 Web 的 GIS 服务,以支持在分布式环境下实现空间地理数据的存储、管理、制图、地理处理、空间分析和地图可视化等 GIS 功能。将 WEB-GIS 技术应用在边坡地质灾害预测预报领域,可以很方便地提供各种预测预报模型的网络在线计算以及灾情信息实时发布等功能,能够很大程度上提高预测预报效率和准确性。

WEB-GIS 是网络化的 GIS,是应用 Internet 技术对传统 GIS 软件的改造和发展,主要具有空间数据资料的发布、空间模型的分析、查询检索及联机、空间资料的可视化、Web 资源的共享共五个方面的功能与特点。

5. 边坡集成预警系统

1)边坡集成预警系统的基本原理

边坡监测基站向预警平台传输位移、含水率、孔隙水压力及土压力等监测数据。预警评价系统对位移监测数据进行参数反演分析,分析出边坡现有的抗剪强度参数(黏聚力和内摩擦角)。基于边坡抗剪强度参数和边坡其他指标数据,利用边坡稳定等级评价标准对边坡稳定状态进行评价,确定边坡的稳定等级。如果边坡稳定等级过低,存在危险时,即通过预警发布系统进行及时预警。

2)边坡集成预警系统的基本框架

根据集成预警系统的基本原理,构建其基本流程框架,如图7-8所示。

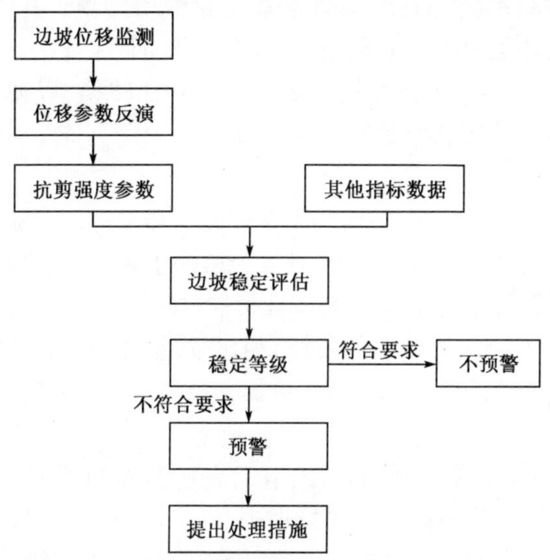

图7-8　边坡集成预警系统基本流程框架

3)边坡集成预警平台功能

边坡集成预警平台应提供以下功能:

构建系统数据库,实现实时测量数据及边坡稳定状态数据的动态存储;提供友好界面,实时、可视化显示边坡当前各项性能状态;为高权限用户提供边坡各项细部评价指标和历史数据的查询、处理入口及可视化界面;实现实时、自动处理接收到的边坡位移、含水率、孔隙水压力及土压力等实时监测数据,对边坡稳定状态进行实时评价,并将评价结果存入数据库。

4)高精度传感器系统

基于无线传感网络,采用对边坡稳定性、山体滑坡、裂缝和落石等的主动式智能监测,通过专业的高精度传感系统实现专业的山体安全监测,其中边坡稳定性、山体滑坡监测建议采用山体滑坡预警系统(固定式测斜传感),裂缝监测采用裂缝监测系统,山体落石监测采用落石预警系统(全移动视频事件扫描监测系统)。传感系统的有效精度实现为毫米级,根据现场需要选定。

关于边坡的安全监测(山体滑坡、落石)自动采集现场主要通过安装在高速公路危险路段边坡、山体内的山体滑坡预警高精度传感器采集的监测效应量(山体、边坡的断裂位移等),并直接利用无线(移动)网络自动将数据输入到指定管理机构的远程计算机的数据库。高速公路一处山体裂缝安全监测则由专门的裂缝监测系统完成现场数据采集和主动监测。其中,自动化数据采集系统实现道路边坡、山体数据实时采集,半自动化采集为定期采集。数据采集系统包括高精度传感器和测控装置,完成 A/D 转换,以便监测的数字量能无线远距离输送。传感器数据采集和传输供电采用高能电池或者太阳能电池供电选择。

岩质边坡滚石、山体滚石的监测因投资成本和发生地点随机性特点,不适合采用固定位移及应力传感系统监测,其安全监测主要通过三种方式实现:

(1)落石预警系统(全移动视频事件扫描监测系统)实时监测落石。与传统的落石监测方法(GNSS,视频图像监控)相比较,系统的可靠性完全不受天黑、天气和声音及噪声振动影响,自动报警,更加安全可靠、准确先进,具有创新性和实用性。

(2)通过高精度的移动图像自动侦测监测,监测到落石自动抓拍图像并通过移动网络实时将图片和数据传回管理中心,进行安全管理。该方法缺陷是天黑或者雾雪等天气影响时错误报警太多,管理麻烦,如果增加夜视和照明系统,综合成本将不利于推广使用。

(3)通过布设光纤分布式的振动监测系统,对区域进行监测,当发生落石情况,自动监测并自动发送报警数据到管理中心。该方案精度高,但成本很高,覆盖范围小,工程使用上有局限性。

以上三种系统配置应用方法完全需要根据当地现场的实际情况而设计应用,既可以独立系统设置,也可以根据需要同时组合在重点路段主动可视化监测山体滚石,效果更佳。

5)无线数据传输系统和数据安全

高速公路山体监测和边坡山体滑坡落石监测无线数据传输系统采用 GPRS/CDMA 公共移动数据网络,特殊应用场合建议采用高度安全传输和高速度的军用散射数据电台实现区域内无线数据通信。从数据测控采集系统直接接入 GPRS/CDMA 公共网络,将数据无线传送到指定管理机构的数据采集计算机中。在危险山体边坡路段的无线视频监控系统图像通过 CDMA1X 移动公共数据网络,将图像传输到各管理处或者同时传到管理部门。

6)基于 GIS 网络的管理系统

系统采用 B/S 的系统架构,安装在各级操作管理人员的终端上,在 GIS 系统上现场综合展现山体情况、边坡的地理信息,传感器的位置、状态,视频监

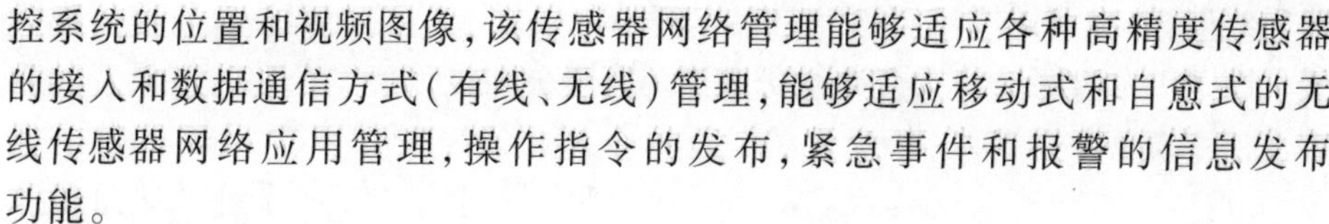

控系统的位置和视频图像，该传感器网络管理能够适应各种高精度传感器的接入和数据通信方式（有线、无线）管理，能够适应移动式和自愈式的无线传感器网络应用管理，操作指令的发布，紧急事件和报警的信息发布功能。

7）数据管理系统

该系统安装在高速公路管理局或者管理分局的指定服务器中，具有数据汇总功能，由数据采集系统采集的数据进入计算机数据库后，由数据管理系统对其进行科学有序的管理。包括将电容、电感、电阻、电压、频率等数据转换为位移、场压力、渗流量、应力应变、裂缝开合度以及温度等安全相关数据，及它们的误差识别和处理，并将监测量按有关监测规范进行整编和初分析；编制月报和年报，以及数据库管理和数据备份功能。

8）分析评价系统

分析评价系统是对监测资料进行分析评价，从中识别异常值或不安全因素，并对其进行成因分析和辅助决策。系统根据监测到的数据，进行观测资料的分析和反分析，结构和渗流正、反分析，建立各类监控模型算法和拟定监控技术指标等；实时综合性地评价山体裂缝、山体滑坡落石的裂缝安全度和落石危险等级，并根据变化提出不同的报警和决策建议。辅助决策功能依据异常或险情的程度，首先提出报警级别，然后提出辅助决策的建议。

9）全移动 PDA 安全软件

采用高端的 PDA，通过 PDA 中的软件实现全移动环境下的各种视频图像监控和安全精细管理的主动安全信息查询、报警实时信息自动接收、每天固定安全信息通知和紧急指挥。

10）无线视频监控系统

利用 CDMA/GPRS 公共移动数据网络的视频监控系统每秒 10 ~ 15 帧的画面稍有跳动，但基本能够达到无线安全监控的服务要求。无线视频图像的监控方式有三种：①在管理中心用计算机系统全面监控；②管理人员使用 PDA 实现移动监控、录像控制和云台控制；③安装于路政管理车辆上，在路政巡查和管理过程中随时进行监控、录像控制和云台控制。系统提供的移动视频监控系统同时需要附带 GNSS 实时跟踪定位系统和多路数据的接口，配置上 GNSS 终端就与车辆定位调度系统整合成为功能完整强大的可视路政路查定位综合系统，便于用户接入其他应用系统资源共享。若本地移动基础运营商开通 3G 移动公众通信系统（TD-SCDMA 或者 WCDMA）网络服务，则应可在最短时间内提供符合 3G 要求的可达每秒 25 帧的高速移动视频监控系统。无线监控系统既可用于固定无线监控,也可以应用于移动路政车辆的无线视频监控管理整合监控工作方式。图7-9为招商局重庆交通科研设计院有限公司在重庆某公路边坡设置的视频监控系统。

图7-9 重庆某公路边坡视频监控系统

11)数据信息管理系统及紧急指挥系统

信息管理系统包括:

(1)中心管理系统计算机产生安全管理或服务信息后,自动通过数据定位发送终端将信息、文字或数据通过GPRS移动网络自动发送到各高速公路监控系统的可变信息板上,清晰的实时通知出行者关注安全出行信息。该功能需要对原可变情报板系统改造和设备安装。

(2)中心管理系统计算机产生安全管理或服务信息后,自动通过数据定位器发送终端将信息、文字或数据通过GPRS移动网络自动发送到设定的管理手机号码或者出行公众的手机上,及时通知该路段的安全通行状况,也可与移动广播系统关联。

系统应支持管理中心的值班人员通过安全管理中心的计算机利用移动网络直接将紧急指挥指令发送到任意注册到高速公路管理中心的电视墙或者视频监控显示器上。

12)公路边坡集成预警系统硬件构成

(1)外场系统

整个前端外场监测系统由不同的专业高精度传感器套件,根据不同监测目的按实际情况确定配置,具体可包括:

边坡落石监测预警系统(全移动视频事件落石监测系统);裂缝监测传感系统(边坡、山体和桥梁应用);边坡裂缝全移动视频事件监测系统;山体滑坡预警传感系统;无线视频监控系统 ;数据测控采集仪;GPRS/CDMA传输模组;保护机箱;数据发布通信终端;太阳能供电系统;专用视频远程传输线揽等。

(2)管理中心系统

管理中心系统包括以下部分:PC服务器(通信服务器、移动视频监控服务器);电视墙或视频监控显示器;监控指挥中心。

第四节 监测数据分析方法

一、监测数据的检核

受观测条件的影响,任何变形监测资料都可能存在误差,只不过误差的大小和性质不同而已。在测量中,一般将观测值的误差分为三类:

(1)粗差(也称错误)。它是由于观测中的错误所引起的,例如,GPS 观测值中的周跳现象,水准观测时的读错、记错等。

(2)系统误差。它是在相同的观测条件下作一系列的观测,而观测误差在大小、符号上表现出系统性,例如,钢尺量距时存在系统性的尺长改正误差,测距仪的固定误差等。

(3)偶然误差(也称随机误差)。它是在相同的观测条件下作一系列的观测,而观测误差在大小、符号上表现出偶然性,例如,仪器测角时的照准误差,测量读数时的估读小数误差等。

在变形监测中,观测中的错误是不允许存在的,系统误差可通过一定的观测程序得到消除或减弱。如果在监测资料中存在错误或系统误差,就会对后续的变形分析和解释带来困难,甚至得出错误的结论。同时,在变形监测中,由于变形量本身较小,临近于测量误差的边缘,为了区分变形与误差,提取变形特征,必须设法消除较大误差(超限误差),提高测量精度,从而尽可能地减少观测误差对变形分析的影响。

监测数据检核的方法很多,要依据实际观测情况而定。一般来说,任一观测元素(如高差、方向值、偏离值、倾斜值等)在野外观测中均具有本身的观测检核方法,如限差所规定的水准测量线路的闭合差、两次读数之差等,这部分内容可参考有关的规范要求。进一步的检核是在室内所进行的工作,具体有:

(1)校核各项原始记录,检查各次变形值的计算是否有误。

(2)原始资料的统计分析。

(3)原始实测值的逻辑分析。

二、公路边坡工程监测数据分析方法

随着现代科学技术的发展和计算机应用水平的提高,各种理论和方法为变形分析和变形预报提供了广泛的研究途径。由于变形体变形机理的复杂性和多样性,对变形分析与建模理论和方法的研究,需要结合地质、力学、水文等相关学

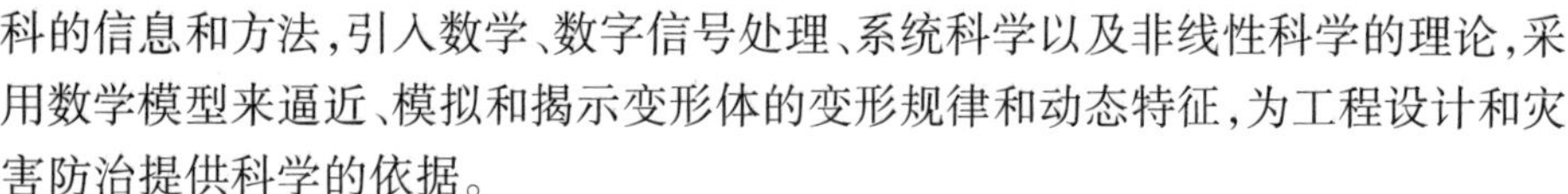

科的信息和方法,引入数学、数字信号处理、系统科学以及非线性科学的理论,采用数学模型来逼近、模拟和揭示变形体的变形规律和动态特征,为工程设计和灾害防治提供科学的依据。

1. 回归分析法

1)曲线拟合

曲线拟合是趋势分析法中的一种,又称为曲线回归、趋势外推或趋势曲线分析,它是迄今为止研究最多,也最为流行的定量预测方法。

人们常用各种光滑曲线来近似描述事物发展的基本趋势,即

$$Y_t = f(t,\theta) + \varepsilon_t \tag{7-1}$$

式中:Y_t——预测对象;

ε_t——预测误差;

$f(t,\theta)$——根据不同的情况和假设,可取不同的形式,而其中的 θ 是代表某些待定的参数,下面是几个典型的趋势模型。

多项式趋势模型:

$$Y_t = a_0 + a_1 t + \cdots + a_n t^n$$

对数趋势模型:

$$Y_t = a + b\ln t$$

幂函数趋势模型:

$$Y_t = at^b$$

指数趋势模型:

$$Y_t = a\mathrm{e}^{bt}$$

双曲线趋势模型:

$$Y_t = a + b/t$$

修正指数模型:

$$Y_t = L - a\mathrm{e}^{bt}$$

逻辑斯蒂(Logistic)模型:

$$Y_t = \frac{L}{1 + \mu\mathrm{e}^{-bt}}$$

龚伯茨(Gompertz)模型:

$$Y_t = L\exp(-\beta\mathrm{e}^{-\theta t}),\beta > 0,\theta > 0$$

皮尔曲线(Pearl-Reed Growth Cuvre)数学模型:

$$Y_t = \frac{L}{1 + a\mathrm{e}^{-bt}}$$

以上式中：L——函数增长上限；

a、b——系数。

2）多元线性回归分析

经典的多元线性回归分析法仍然广泛应用于变形观测数据处理中的数理统计中。它是研究一个变量（因变量）与多个因子（自变量）之间非确定关系（相关关系）的最基本方法。该方法是通过分析所观测的变形（效应量）和外因（原因）之间的相关性，来建立荷载—变形之间关系的数学模型。其数学模型是

$$y_t = \beta_0 + \beta_1 x_{t1} + \beta_2 x_{t2} + \cdots + \beta_{\mathrm{p}} x_{t\mathrm{p}} + \varepsilon_t$$
$$(t = 1,2,\cdots,n),\varepsilon_t \sim N(0,\sigma^2) \tag{7-2}$$

2. 时间序列分析模型

时间序列分析方法是20世纪20年代后期开始出现的一种现代数据处理方法，是系统辨识与系统分析的重要方法之一，是一种动态的数据处理方法。时间序列分析方法的特点在于：逐次的观测值通常是不独立的，且分析必须考虑到观测资料的时间顺序，当逐次观测值相关时，未来数值可以由过去观测资料来预测，可以利用观测数据之间的自相关性建立相应的数学模型来描述客观现象的动态特征。

时间序列分析的基本思想是：对于平稳、正态、零均值的时间序列$\{x_t\}$，若x_t的取值不仅与其前n步的各个取值x_{t-1}、x_{t-2}、…、x_{t-n}有关，而且还与前m步的各个干扰a_{t-1}、a_{t-2}、…、a_{t-m}有关（n、m=1、2、…），则按多元线性回归的思想，可得到最一般的ARMA模型：

$$x_t = \varphi_1 x_{t-1} + \varphi_2 x_{t-2} + \cdots + \varphi_n x_{t-n} - \theta_1 a_{t-1} - \theta_2 a_{t-2} - \cdots - \theta_m a_{t-m} + a_t$$
$$a_t \sim N(0,\sigma_a^2) \tag{7-3}$$

式中：φ_i——自回归参数，$i=1,2,\cdots,n$；

θ_j——滑动平均参数，$j=1,2,\cdots,m$；

$\{a_t\}$——白噪声序列。

式（7-3）称为x_t的自回归滑动平均模型，记为ARMA（n,m）模型。

3. 灰色系统分析模型

在灰色系统理论中，由GM（1,N）模型描述的系统状态方程，提供了系统主行为与其他行为因子之间的不确定性关联的描述方法，它根据系统因子之间发展态势的相似性，来进行系统主行为与其他行为因子的动态关联分析。

GM(1,N)是一阶的、N 个变量的微分方程型模型，令 $x_1^{(0)}$ 为系统主行为因子，$x_i^{(0)}(i=2,3,\cdots,N)$为行为因子，即

$$x_1^{(0)} = (x_1^{(0)}(1), x_1^{(0)}(2), \cdots, x_1^{(0)}(n)) \tag{7-4}$$

$$x_i^{(0)} = (x_i^{(0)}(1), x_i^{(0)}(2), \cdots, x_i^{(0)}(n)) \tag{7-5}$$

式中：n——数据系列的长度，记 $x_i^{(1)}$ 是 $x_1^{(0)}(i=1,2,\cdots N)$的一阶累加生成序列。

则 GM(1,N)白化形式的微分方程为

$$\frac{dx_1^{(1)}}{dt} + ax_1^{(1)} = b_1x_2^{(1)} + b_2x_3^{(1)} + \cdots + b_{N-1}x_N^{(1)} \tag{7-6}$$

将上式离散化，且取 $x_i^{(1)}$ 的背景值后，便可构成下面的矩阵形式

$$\begin{bmatrix} x_1^{(0)}(2) \\ x_1^{(0)}(3) \\ \vdots \\ x_1^{(0)}(n) \end{bmatrix} = a\begin{bmatrix} -z_1^{(1)}(2) \\ -z_1^{(1)}(3) \\ \vdots \\ -z_1^{(1)}(n) \end{bmatrix} + b_1\begin{bmatrix} x_2^{(1)}(2) \\ x_2^{(1)}(3) \\ \vdots \\ x_2^{(1)}(n) \end{bmatrix} + \cdots + b_{N-1}\begin{bmatrix} x_N^{(1)}(2) \\ x_N^{(1)}(3) \\ \vdots \\ x_N^{(1)}(n) \end{bmatrix} \tag{7-7}$$

式中，$z_1^{(1)} = 0.5x_1^{(1)}(k) + 0.5x_1^{(1)}(k-1), k=2,3,\cdots,n$。

令

$$\underset{n-1\times1}{\boldsymbol{y}_N} = \begin{bmatrix} x_1^{(0)}(2) \\ x_1^{(0)}(3) \\ \vdots \\ x_1^{(0)}(n) \end{bmatrix} \underset{n-1\times N}{B_N} = \begin{bmatrix} -z_1^{(1)}(2) & x_2^{(1)}(2)\cdots x_N^{(1)}(2) \\ -z_1^{(1)}(3) & x_2^{(1)}(3)\cdots x_N^{(1)}(3) \\ \vdots & \vdots \quad\quad \vdots \\ -z_1^{(1)}(n) & x_2^{(1)}(n)\cdots x_N^{(1)}(n) \end{bmatrix}$$

$$\underset{N\times1}{\hat{\boldsymbol{a}}} = [a \quad b_1 \quad b_2 \quad \cdots \quad b_{N-1}]^{\mathrm{T}}$$

则上式可写成下面的形式

$$\boldsymbol{y}_N = B\hat{\boldsymbol{a}} \tag{7-8}$$

由最小二乘法，可求得参数 $\hat{a}$ 的计算式为

$$\hat{\boldsymbol{a}} = (\boldsymbol{B}^{\mathrm{T}}\boldsymbol{B})^{-1}\boldsymbol{B}^{\mathrm{T}}\boldsymbol{y}_N \tag{7-9}$$

将求得的参数值 $\hat{a}$ 代入式(7-8),解此微分方程,可求得响应函数为

$$\hat{x}_1^{(1)}(k+1)=\left[x_1^{(1)}(1)-\frac{b_1}{a}x_2^{(1)}(k+1)-\cdots-\frac{b_{N-1}}{a}x_N^{(1)}(k+1)\right]\mathrm{e}^{-ak}+\frac{b_1}{a}x_2^{(1)}(k+1)+\frac{b_2}{a}x_3^{(1)}(k+1)+\cdots+\frac{b_{N-1}}{a}x_N^{(1)}(k+1) \tag{7-10}$$

由式(7-10),便可以根据 k 时刻的已知值 $x_2^{(1)}(k+1)$,$x_3^{(1)}(k+1)$,…,$x_N^{(1)}(k+1)$来预报同一时刻的 $\hat{x}_1^{(1)}(k+1)$。并求其还原值

$$\hat{x}_1^{(0)}(k+1)=\hat{x}_1^{(1)}(k+1)-\hat{x}_1^{(1)}(k) \tag{7-11}$$

第五节　监测实施和监测资料汇总及分析

一、监测工作的实施

在监测方案和测点布置工作完成后,公路边坡监测就进入实施阶段,在该阶段中元件的埋设和初始的调试工作较为复杂,这涉及钻孔、元件埋设及各个单位、部门之间的协调工作,往往工作的实施在该阶段较为困难,应根据实际情况对方案进行相关调整和补充。实施阶段的有关工作可归于以下几个方面。

1. 地面位移监测工作

该工作包括地面测点选点及有关标点的埋设和标记的制作,以及相关保护措施的进行,在这些工作完成后即可进入测量实施,在各次测量完成后,将资料汇总形成报表。具体归纳如下:

(1)地面选点及布置。

(2)监测点制作。

(3)测量实施。

(4)资料汇总及报表形成。

2. 地下位移监测和滑动面测量

该工作的关键是钻孔工作,地下位移的监测孔在钻孔的技术要求上较高,对于孔径、孔斜及充填材料都有专门的要求,如同样是测斜孔的测斜管在土质边坡

中其周边通常采用填砂的办法，在岩体边坡中不可采用砂填，而应根据岩体的物理力学性质配制相应的充填材料，这样才能在测试中准确反映岩土体的实际变形值。

在钻孔完成后可进行有关的埋设工作，有关的元件在进入现场前均应进行标定，埋设完成后应及时进行初测，对相关的测试孔位要进行必要的保护，以免在施工和边坡使用过程中监测孔位及元件发生破坏，在这些工作完成后即可进入量测实施。

在各次量测完成后，可将资料汇总并形成报表。

以上工作可归纳如下：①钻孔；②元件埋设及初始测量；③测量实施；④资料汇总及报表形成。

3. 环境因素监测

环境因素监测一般没有一个统一的实施步骤，如降雨量可根据当地气象部门的有关资料进行统计，水位观测可利用已有监测孔（如测斜孔）进行。在此也将它们归纳为以下几类：①地下水位长期观测；②降雨量统计；③其他，如地温及地下水浑浊程度等；④声波测试；⑤振动测试；⑥其他测试的实施。

二、监测资料汇总及分析

公路边坡工程的监测资料主要包括以下四个方面，即每次的监测报表、监测总表、监测的相关图件及阶段性的分析报告。

1. 监测报表

对于不同的监测内容，每完成一次测量和进行到关键阶段都应给委托方提供监测报表。

（1）监测日报表。监测日报表一般是最为直接的原始资料，是将野外所得的监测数据直接汇总形成的原始文件。

（2）阶段性报表。在监测工作进行到一定的阶段工作后，对该工程的一些监测数据，监测人员对原始数据加以处理后，应提出阶段性的数据报表及有关建议，如最大位移表、位移速度表等。

（3）监测总表。监测总表是在一个监测周期的工作完成以后，提出对该项边坡工程监测中规律性的归纳和建议，如地表变形汇总成果、地下变形汇总成果、降雨量实测统计表等。

2. 相关图件

一般对于监测的报表由于数据堆积较多，当资料大量集中后必要的图件是很能够说明问题的，如地表位移矢量图、各时段深度-水平位移曲线及各时段深度-垂直位移曲线图等。

3. 分析报告

监测工作进行到一定的阶段，一般应向委托方提供分析报告，在分析报告中应提供监测数据总表、相关图件和监测资料的分析和最终结论，对于监测的有关数据在时间允许的情况下，还可进一步进行有关反分析及其他数值计算方法的验证，进一步进行理论与实际的类比，并提出建议及反馈意见。

由于不同的公路边坡工程对监测有不同的要求，在提供报告时的深度应结合有关要求进行，对于利用监测数据进行超前预报工作的报告，其分析报告将提至每一次监测过程中进行有关分析和反馈。对于公路边坡工程，业主更加关心边坡的稳定性，因而分析也应及时准确。

一般分析报告中应包含以下内容：

(1)工程地质背景。

(2)施工及工程进展情况。

(3)监测目的、监测项目设计和工作量分布。

(4)监测周期和频率。

(5)各项资料汇总。

(6)曲线判断及结论。

(7)数值计算及分析。

(8)结论及建议。

第六节　边坡变形监测与预警系统软件

由于公路边坡工程安全监测自身的特殊性和复杂性，产生了数量巨大的监测信息和监测数据。而传统的依靠人工来对监测信息和监测数据进行整理、计算和分析处理的方法，很难跟上实际工程项目的需要，不能及时从监测数据中发现边坡存在的安全隐患并及时预测预报、反馈给相关单位和个人，不能满足快速从监测数据中准确地获取边坡全面的监测结果情况并及时反馈给相关单位和人员的要求。

由于监测信息和监测数据中包含边坡当时的变化情况和变化趋势，对数据进行分析能找出监测数据中的异常信息，能及时获取到坡体发生破坏性变形前的异常现象。监测信息化是新一代监测数据整理和管理的技术，是未来发展的趋势。监测数据不仅反映了边坡当时的物理量，也能作为预测边坡变化趋势的依据,及时对监测数据进行整理分析和处理,能及时获取到坡体发生破坏性变形前的异常现象。因此,具有监测数据处理和分析等功能的软件是边坡安全监测工程的重要工具。

一、GNSS 监测与预警系统软件功能

一套公路边坡 GNSS 监测信息管理与预警系统软件,其大致应有以下功能:

(1)软件应具备 GNSS 基准站、监测站的自动化管理功能,即可以自动接入各站点的实时数据,并自动完成数据采集、基线解算、平差等功能,如果检测到监测站位移超过所设定的阈值,自动进行报警。

(2)软件应具备多星数据采集能力。

(3)软件应支持自定义坐标系统,可以将监测站位移转换到需要的坐标方向,更好地判断位移趋势。

(4)软件应支持为每组监测点分别设定位移报警阈值,而且报警阈值应至少分为两级——一般、严重,并在监测站位移超过报警阈值时自动进行报警,应支持邮件报警、手机短信报警等多种方式。

(5)软件配置完成后,应可实现无人值守、全自动运行。

(6)软件应支持集成网络摄像头,以方便在各监测站安装摄像头,保证设备安全。

(7)软件应具备接入多种传感器(如温度、湿度、压力、倾斜、应力、加速度等传感器,并可自定义传感器类型)的功能,以图表等方式显示数据,并将数据存储在软件的数据库中。

(8)软件应具备 Web 界面显示的功能,可以显示多种传感器位置,以图表方式显示多种传感器的数据,如折线图等;并可以在同一页面显示选定的多个传感器数据图表,以便进行对比分析;并支持远程访问。

二、边坡内部变形监测与预警系统软件功能

1. 数据采集监测软件

用于实时采集安装在边坡上的传感器输出信号数据,并将数据进行滤波、工程单位变换等一系列处理后,显示在用户界面上,并存储在数据库中。

2. 数据处理软件

用于对边坡实时监测数据进行处理,主要包括时域分析、频率分析、统计分析等。

三、边坡监测与预警系统软件实例

公路边坡监测数据的分析与预警,是公路边坡监测与预警系统软件的基本功能。

1. 边坡监测数据分析

数据分析功能项主要是对观测数据进行沉降过程、沉降速度、变形过程、变形速度加以计算,以折线图的方式显示出来,可显示最小二乘多项式拟合的参数。

1)测点垂直沉降速度分析

例如,在图 7-10 中,点击左边测点号,可显示该测点的沉降速度变化折线。

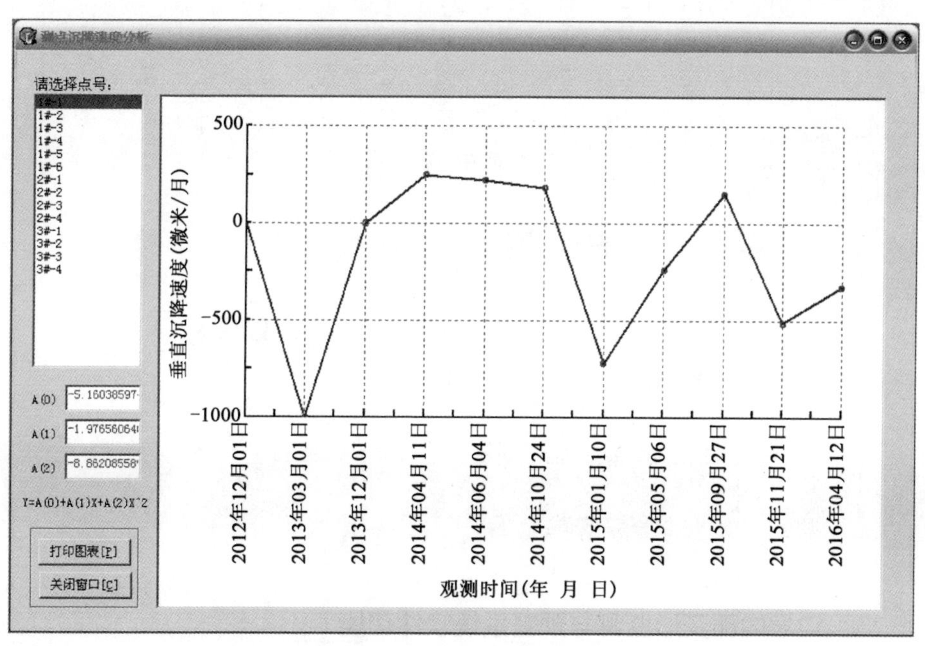

图 7-10 测点垂直沉降速度分析

2)测点水平变形速度分析

测点水平变形速度分析如图 7-11 所示。

2. 设置警戒变形值

设置警戒变形值是对变形或沉降量设置一个安全阀,以便计算机能自动标出超出阀值的观测数据和观测时间,人机交互对话框如图 7-12 所示。

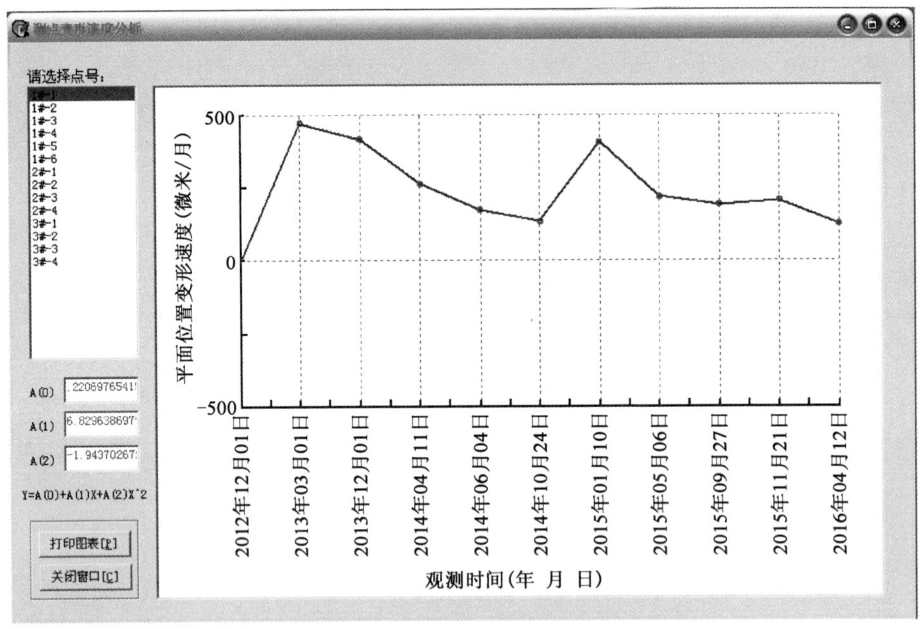

图 7-11　测点水平变形速度分析

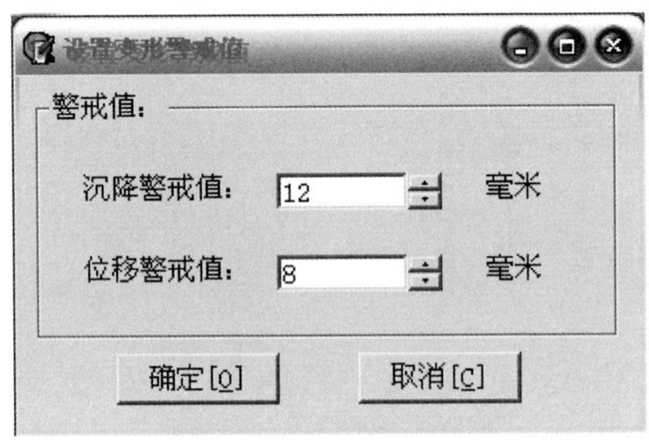

图 7-12　设置警戒变形值

3. 监测数据查询

监测数据就是查询显示某一测点的观测数据。在下图的对话框中,用户点击左边列表框中的测点点号,在右边即可显示该测点的观测数据,如图 7-13 所示。

4. 帮助信息窗口

窗口包括系统有关信息及帮助文件。

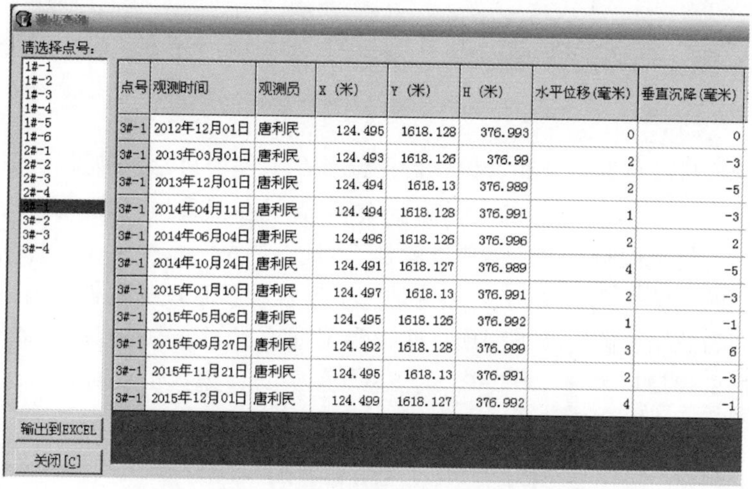

请选择点号：

1#-1
1#-2
1#-3
1#-4
1#-5
1#-6
2#-1
2#-2
2#-3
2#-4
3#-1
3#-2
3#-3
3#-4

点号	观测时间	观测员	X（米）	Y（米）	H（米）	水平位移(毫米)	垂直沉降(毫米)
3#-1	2012年12月01日	唐利民	124.495	1618.128	376.993	0	0
3#-1	2013年03月01日	唐利民	124.493	1618.126	376.99	2	-3
3#-1	2013年12月01日	唐利民	124.494	1618.13	376.989	2	-5
3#-1	2014年04月11日	唐利民	124.494	1618.128	376.991	1	-3
3#-1	2014年06月04日	唐利民	124.496	1618.126	376.996	2	2
3#-1	2014年10月24日	唐利民	124.491	1618.127	376.989	4	-5
3#-1	2015年01月10日	唐利民	124.497	1618.13	376.991	2	-3
3#-1	2015年05月06日	唐利民	124.495	1618.126	376.992	1	-1
3#-1	2015年09月27日	唐利民	124.492	1618.128	376.999	3	6
3#-1	2015年11月21日	唐利民	124.495	1618.13	376.991	2	-3
3#-1	2015年12月01日	唐利民	124.499	1618.127	376.992	4	-1

输出到EXCEL

关闭[C]

图 7-13 按点号查询

第八章　公路边坡工程工后评价与养护管理

工程项目可行性研究和工程项目评价是在工程项目建设前进行的，其预测和判断正确与否、工程项目的实际效益如何，需要在工程项目竣工投产后，利用实际数据资料来检验。这种再评价就是工程项目后评价，简称工后评价。作为项目周期的最后一个阶段，工后评价是整个工程项目管理的延伸。通过工后评价可以全面总结公路边坡工程项目建设和工程项目管理中的经验和教训，并为以后改进工程项目管理、制订科学的工程项目建设计划提供依据。

第一节　工后评价方法

为确保公路边坡的稳定性，对高风险边坡进行病害整治或应急抢险后，应及时开展工后评价工作，评价边坡稳定性及其发展趋势，并确定新的安全风险等级，将其纳入正常的边坡养护管理工作流程。

边坡工后评价的主要内容包括：边坡稳定性影响因素调查分析、边坡稳定性分析与安全风险评价以及主要边坡工程病害调查及其整治工程对策建议等。

边坡工后评价工作应采用资料收集与现场调查相结合、定性分析和数值计算相结合的系统工作程序，综合分析和评价有关边坡当前稳定性现状及其发展趋势，并针对重点复杂边坡进行防护加固工程结构检测和坡体变形监控。其主要工作内容和技术流程如图8-1所示。

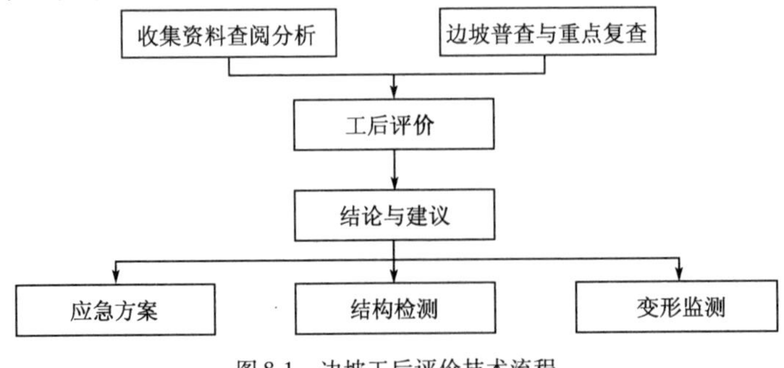

图8-1　边坡工后评价技术流程

边坡工后评价的核心内容为边坡稳定性分析与评价，常用的分析与评价方法有：工程地质类比法、地质数据图解分析法、数值分析计算法，以及近年来日益受到重视并开展应用的工程检测监测法。鉴于前文对前三种方法已有详细阐述，本章仅对工程检测监测法进行简单介绍。

工程检测监测法可分为工程检测评价法和动态监测评价法。工程检测评价法是对边坡工程质量及结构应力状态进行检测，通过对比边坡工程设计条件和工作状态要求，进行边坡稳定性安全校核评价。动态监测评价法是通过实时监控量测边坡坡体变形、结构应力及其他相关物理特征参数，研究分析其分布状态和发展规律，建立相应的边坡稳定程度分级标准，据此进行边坡稳定性分析和评价，必要时可建立预警阈值或进行预测预报。

工程检测评价和动态监测评价相结合，即工程检测监测综合评价方法，是边坡工程稳定性评价的重要发展方向。

第二节　工后评价等级与标准

一、边坡稳定等级

一般地，可以将边坡稳定程度划分为稳定（安全系数 $F_s \geq 1.2$）、欠稳定（$1.0 \leq F_s < 1.2$）和不稳定（$F_s < 1.0$）三个基本等级。

由于边坡实际情况呈现多样性，上述划分在应用时显得较为粗略，还需要进一步细化，以便更准确地描述边坡稳定状态和采取相应的工程措施，扩展细化后的边坡稳定等级可分为稳定、基本稳定、基本稳定但局部稳定性差、稳定性差、整体稳定性差且局部不稳定和不稳定六个等级。

二、边坡稳定评价标准

基于边坡不同稳定等级或状态的工程特点及变形规律，表 8-1 综合给出了边坡稳定性等级与评价标准。

边坡稳定性等级与评价标准　　表 8-1

稳定性等级	评级标准	
	定性描述	定量指标
稳定	无变形，无不利因素，防护加固措施充分，质量良好，稳固可靠	$F_s \geq 1.2$
基本稳定	基本无变形，无重大不利因素，防护加固措施可行	$1.1 \leq F_s < 1.2$

续上表

<table>
<tr><td rowspan="2">稳定性等级</td><td colspan="2">评级标准</td></tr>
<tr><td>定性描述</td><td>定量指标</td></tr>
<tr><td>基本稳定但局部稳定性差</td><td>基本无严重变形，局部或浅表层存在变形破坏迹象或其他不利因素，防护加固局部有待加强</td><td>$1.1 \leq F_s < 1.2$</td></tr>
<tr><td>稳定性差</td><td>存在局部坡面或防护结构变形，但无严重破坏，明确存在不利因素，或是防护加固设计不足、针对性不强</td><td rowspan="2">$1.0 \leq F_s < 1.1$</td></tr>
<tr><td>稳定性差且局部不稳定</td><td>局部坡面或防护结构变形破坏较严重，相应防护加固设计明显不足</td></tr>
<tr><td>不稳定</td><td>存在较严重的变形破坏，存在易滑地层或岩组、不利坡体结构条件、岩体不利结构面发育、坡体地下水丰富等重要因素影响，或防护加固措施明显不足</td><td>$F_s < 1.0$</td></tr>
</table>

第三节　养护管理与应急抢险

边坡养护是一项经常性的维护和管理工作，其目的是保证边坡及其防护加固设施始终处于坚实和稳固状态，从而保障公路交通安全运营。养护对象包括坡体、坡面及相关的防护加固设施。其中，坡体范围主要是指存在安全隐患的潜在滑坡区域，包括平面广度和竖向深度两个方面；坡面范围主要是指自然或人工边坡坡体浅表层，这是受外界影响最直接和显著的部位；防护加固设施主要包括排水设施、防护工程和支挡结构等。

一、边坡养护检查

1. 日常检查

边坡养护的日常检查主要采用目测的方式，辅以锤、望远镜、绳索等工具对沿线所有边坡进行粗略的检查，初步判断各边坡是否存在安全隐患，以及边坡截排水系统、巡检道、坡面防护等是否需要进行维护。每次检查后应及时做好相应的检查记录，对发现的病害和险情及时上报。日常检查一般由边坡养护承包单位实施。

1）检查项目

日常检查工作范围主要是路基边沟至坡顶外侧不少于20m的区域，其具体检查项目为：

（1）边坡坡面植草防护及绿化检查。

（2）边沟、急流槽、截水沟、平台、泄水孔等排水设施的检查。

(3)挡土墙、锚固工程等各种支挡加固结构的检查。

(4)坡面冲刷、落石、局部坍塌等坡面病害的检查。

(5)检修道、防护栏等附属设施损坏情况的检查。

(6)其他偶发的、可能对边坡安全不利的因素的检查。

2)检查频率

边坡日常检查频率应根据边坡安全风险等级确定,一般不少于表 8-2 所示的频率。不利季节(如汛期)或特殊时期(台风来临前)应加强重点坡段的检查力度。

边坡的日常检查频率　　表 8-2

序　号	风险等级	检查频率	备　注
1	Ⅰ类	2 月一次	—
2	Ⅱ类	1 月一次	—
3	Ⅲ类	1 月两次	—
4	Ⅳ类	1 周一次	严重时每天检查

3)检查记录

日常检查一般采用巡视目测的方法,也可配以简单工具进行测量和拍照,当场填写“边坡日常检查记录表”(表 8-3),记录所检查项目的完好状态、缺损情况、影响范围及产生原因等,提出相应的修护措施,为编制边坡小修保养计划提供依据。如发现边坡产生明显变形破坏或其防护加固工程结构存在明显缺损,应及时向上级部门提交专门报告。

边坡日常检查记录表　　表 8-3

路段名称:　　检查人:　　日期:

<table>
<tr><td>编号</td><td colspan="3"></td><td colspan="2">桩号</td><td colspan="3"></td></tr>
<tr><td>方向</td><td colspan="3"></td><td colspan="2">评定等级</td><td colspan="3"></td></tr>
<tr><td rowspan="2">序号</td><td rowspan="2" colspan="2">巡检内容</td><td colspan="6">位置</td></tr>
<tr><td>挡土墙</td><td>一级边坡</td><td>二级边坡</td><td>三级边坡</td><td>四级及以上边坡</td><td>坡顶</td></tr>
<tr><td rowspan="2">1</td><td rowspan="2">防排水工程</td><td>边沟、平台排水沟、急流槽、截水沟有无堵塞或杂物、开裂、变形</td><td></td><td></td><td></td><td></td><td></td><td></td></tr>
<tr><td>坡面泄水孔、深层泄水孔是否堵塞</td><td></td><td></td><td></td><td></td><td></td><td></td></tr>
</table>

续上表

<table>
<tr><td>编号</td><td colspan="2"></td><td colspan="3">桩号</td><td colspan="3"></td></tr>
<tr><td>方向</td><td colspan="2"></td><td colspan="3">评定等级</td><td colspan="3"></td></tr>
<tr><td rowspan="2">序号</td><td colspan="2" rowspan="2">巡检内容</td><td colspan="6">位置</td></tr>
<tr><td>挡土墙</td><td>一级边坡</td><td>二级边坡</td><td>三级边坡</td><td>四级及以上边坡</td><td>坡顶</td></tr>
<tr><td rowspan="3">2</td><td rowspan="3">普通防护工程</td><td>护面墙或框格等防护有无裂缝、倾斜、空鼓、变形、滑动、下沉,压顶有无破损,勾缝有无脱落</td><td></td><td></td><td></td><td></td><td></td><td></td></tr>
<tr><td>坡面有无漏水和渗水</td><td></td><td></td><td></td><td></td><td></td><td></td></tr>
<tr><td>基础是否有冲刷和下沉</td><td></td><td></td><td></td><td></td><td></td><td></td></tr>
<tr><td rowspan="3">3</td><td rowspan="3">柔性防护工程</td><td>SNS防护网及被动防护网有无破损</td><td></td><td></td><td></td><td></td><td></td><td></td></tr>
<tr><td>网内有无落石兜集</td><td></td><td></td><td></td><td></td><td></td><td></td></tr>
<tr><td>锚固点或锚头是否松动或锈蚀</td><td></td><td></td><td></td><td></td><td></td><td></td></tr>
<tr><td rowspan="3">4</td><td rowspan="3">喷浆防护工程</td><td>锚喷面有无裂缝</td><td></td><td></td><td></td><td></td><td></td><td></td></tr>
<tr><td>锚喷面有无掉块或鼓胀</td><td></td><td></td><td></td><td></td><td></td><td></td></tr>
<tr><td>锚喷面有无渗水</td><td></td><td></td><td></td><td></td><td></td><td></td></tr>
<tr><td rowspan="2">5</td><td rowspan="2">支挡工程</td><td>挡土墙、抗滑桩墙、桩板墙等有无裂缝、倾斜、空鼓、滑动、下沉,压顶有无破损,勾缝有无脱落</td><td></td><td></td><td></td><td></td><td></td><td></td></tr>
<tr><td>墙体有无漏水和渗水</td><td></td><td></td><td></td><td></td><td></td><td></td></tr>
</table>

续上表

<table>
<tr><td>编号</td><td colspan="4"></td><td>桩号</td><td colspan="3"></td></tr>
<tr><td>方向</td><td colspan="4"></td><td>评定等级</td><td colspan="3"></td></tr>
<tr><td rowspan="2">序号</td><td rowspan="2" colspan="2">巡 检 内 容</td><td colspan="6">位 置</td></tr>
<tr><td>挡土墙</td><td>一级边坡</td><td>二级边坡</td><td>三级边坡</td><td>四级及以上边坡</td><td>坡顶</td></tr>
<tr><td>5</td><td>支挡工程</td><td>基础有无冲刷和下沉</td><td></td><td></td><td></td><td></td><td></td><td></td></tr>
<tr><td rowspan="5">6</td><td rowspan="5">锚固工程</td><td>混凝土外锚墩是否有变形开裂</td><td></td><td></td><td></td><td></td><td></td><td></td></tr>
<tr><td>框架是否位移、下错</td><td></td><td></td><td></td><td></td><td></td><td></td></tr>
<tr><td>锚垫是否有移动，锚具是否脱落或松动</td><td></td><td></td><td></td><td></td><td></td><td></td></tr>
<tr><td>锚头有无积水、锈蚀</td><td></td><td></td><td></td><td></td><td></td><td></td></tr>
<tr><td>锚垫板有无生锈</td><td></td><td></td><td></td><td></td><td></td><td></td></tr>
<tr><td rowspan="2">7</td><td rowspan="2">植被防护工程</td><td>坡面绿化、植草或防护工程覆盖是否完好，有无局部坍塌或冲空</td><td></td><td></td><td></td><td></td><td></td><td></td></tr>
<tr><td>坡面有无雨水冲刷痕迹，有无明显渗水</td><td></td><td></td><td></td><td></td><td></td><td></td></tr>
<tr><td rowspan="2">8</td><td rowspan="2">边坡病害</td><td>坡面及坡顶有无裂缝、危石、冲刷</td><td></td><td></td><td></td><td></td><td></td><td></td></tr>
<tr><td>坡面有无坍塌、变形、隆起、滑动</td><td></td><td></td><td></td><td></td><td></td><td></td></tr>
<tr><td>9</td><td>其他</td><td>检修道及扶手是否完好，有无破损</td><td></td><td></td><td></td><td></td><td></td><td></td></tr>
</table>

巡查人员签字：　　　　　　　　　　　　　　巡查日期：

4)检查注意事项

(1)日常检查是以人工目测配合简单量测的方式检查边坡表观状况,根据管养路段实际情况,可聘用经过边坡检查知识培训的公路沿线村民或委托养护单位,成立边坡日常检查队。建议平均每30处边坡配置不少于2名检查队员,检查作业时两人一组,确保巡检员的安全。

(2)日常检查应携带安全帽、绳索、镰刀、锤子、钢卷尺、照相机、电子巡更棒、记录表,并做好防滑、防摔、防暑、防蛇工作。

(3)日常检查重点为坡顶、碎落台等部位,重点检查坡顶和坡面有无裂隙,坡面有无明显变形,有无跌落物迹象,并对防护体后方山体适度范围进行地表裂隙检查。

(4)如遇到台风或暴雨等恶劣天气,应加大对重点边坡的检查频率,边坡巡查重点由养护管理工程师根据重点边坡情况自行制定。

(5)日常检查记录表应每周向边坡养护工程师提交一次,发现可能危及边坡安全的异常情况应及时汇报。

2.巡检复查

巡检复查是指边坡养护管理工程师采取巡视检查的方式对边坡日常检查工作进行校核和复检,以抽查日常检查工作是否到位,确认日常检查发现的问题是否存在准确或遗漏,并对发现的问题提出处理意见。

1)巡检复查项目

边坡养护管理工程师在日常检查工作的基础上,需要采用巡检复查的方式开展验收复核工作,其主要巡检复查范围包括:

(1)排水设施。主要抽检符合路堑边沟、平台排水沟、截水沟和急流槽等是否淤积、是否破裂漏水、是否冲刷损毁,沟涵是否相连、排水是否顺畅、沟渠断面和尺寸是否满足排水要求、沟外边坡是否稳定、地表及地下排水设施是否有效。

(2)植草防护。主要抽检复核植物的发育状态以及病虫害,地下水及地表水流出状况;草皮护坡有无局部脱空;坡面及坡顶有无裂缝、隆起等异常现象;坡面及坡顶的砂土等堆积状况。

(3)圬工挡土墙。主要抽检复核挡土墙是否出现裂缝、倾斜、空鼓、变形、滑动、下沉,表面有无风化、压顶破损、勾缝脱落等现象;检查是否有漏水、渗水现象,泄水孔是否有效,基础是否受到冲刷或下沉。

(4)锚固工程。对锚杆(索)框架整治的边坡,主要抽检复核被加固的岩土体有无发生变形破坏;检查混凝土外锚墩是否有变形开裂,框架是否有位移、下错;检查锚垫是否有移动,锚具是否松动或脱落;检查框格内是否有积水,锚头是否有渗水、锈蚀,锚垫板是否生锈;检查框架是否有蜂窝麻面等现象,当框架出现断梁露筋时,应查明缘由。

(5)锚喷防护。主要抽检复核锚喷面是否出现裂缝;检查锚喷面是否出现掉块及鼓胀;检查锚喷锚筋是否出现露筋。

(6)柔性网防护。主要抽检复核 SNS 柔性网的锚头是否封闭锈蚀;柔性网内是否存在落石兜集;柔性网是否紧贴坡面;检查柔性网是否破坏。

(7)其他复核检查项目。主要包括检修道是否符合要求,是否有破损、变形;日常巡检是否满足要求;日常巡检发现问题后的维修是否满足要求等。

2)巡检复查频率

边坡养护管理工程师对日常检查发现的问题应在收到报告 10 日内进行现场复核检查。边坡养护管理工程师应采取巡检的方式复核检查日常检查工作效果与质量,巡检复查的频率一般为每季度一次。

边坡养护管理工程师对边坡进行巡检复查的频率也可以根据边坡安全风险等级确定,一般不少于表 8-4 中所示的检查频率。

边坡的巡检复查频率　　表 8-4

序　号	风险等级	检查频率	备　注
1	Ⅰ类和Ⅱ类	6 个月一次	—
2	Ⅲ类	3 个月一次	—
3	Ⅳ类	1 个月一次	严重时每天检查

3)巡检复查记录

边坡养护管理工程师对边坡巡检复查时应重点对日常检查结果进行复查和检验,以验证日常检查结果是否与实际情况相符,同时对发现的问题进行重点观察与分析。

边坡养护管理工程师巡检时应按照表 8-5 所列做好相应记录,对发现的问题提出应对措施,并及时向上级主管部门报告。

边坡养护管理工程师应于月底前完成当月计划的巡检复查任务,形成书面检查报告存档并提交至相关管理部门。

边坡巡检复查记录表 表 8-5

路段名称： 复查人： 日期：

<table>
<tr><td colspan="2">边 坡 编 号</td><td></td><td>边坡桩号、方向</td><td></td></tr>
<tr><td colspan="2">巡检日期</td><td></td><td>上次巡检日期</td><td></td></tr>
<tr><td colspan="2">天气</td><td></td><td>工程师签字</td><td></td></tr>
<tr><td colspan="5">对日常巡检的复核：
1. 日常巡检是否满足要求？请具体说明。
2. 日常巡检发现的问题是否需要采取工程措施？
3. 日常巡检发现问题维修是否满足要求？请具体说明。</td></tr>
<tr><td colspan="2">巡查项目</td><td colspan="2">工作情况</td><td>应对措施</td></tr>
<tr><td colspan="2">防排水工程</td><td colspan="2"></td><td></td></tr>
<tr><td colspan="2">普通防护工程</td><td colspan="2"></td><td></td></tr>
<tr><td colspan="2">柔性防护工程</td><td colspan="2"></td><td></td></tr>
<tr><td colspan="2">喷浆防护工程</td><td colspan="2"></td><td></td></tr>
<tr><td colspan="2">支挡工程</td><td colspan="2"></td><td></td></tr>
<tr><td colspan="2">锚固工程</td><td colspan="2"></td><td></td></tr>
<tr><td colspan="2">植被防护工程</td><td colspan="2"></td><td></td></tr>
<tr><td colspan="2">边坡病害</td><td colspan="2"></td><td></td></tr>
<tr><td colspan="2">检修道等附属设施工程</td><td colspan="2"></td><td></td></tr>
<tr><td rowspan="4">其他事项</td><td>崩塌</td><td colspan="2"></td><td></td></tr>
<tr><td>冲刷</td><td colspan="2"></td><td></td></tr>
<tr><td>长大裂缝</td><td colspan="2"></td><td></td></tr>
<tr><td>渗水</td><td colspan="2"></td><td></td></tr>
<tr><td>照片</td><td colspan="4"></td></tr>
<tr><td>位置图</td><td colspan="4"></td></tr>
<tr><td colspan="2">其他建议（是否需要特殊检查、增加巡检频率等）</td><td colspan="3"></td></tr>
<tr><td colspan="5">实施情况</td></tr>
</table>

4）巡检复查注意事项

（1）对边坡的巡检复查工作应以边坡养护管理工程师为主完成，边坡养护管理工程师资格应符合有关规定。

（2）巡查应携带绳索、钢卷尺、游标卡尺、铁锤、照相机、望远镜和记录表，必要时携带水平仪和全站仪等仪器。

（3）巡检复查作业应两人一组，注意复核并保障安全。

3. 定期检查

定期检查是指以目测结合仪器检查为主，对所有边坡各部位进行一次详细的检查，全面评价边坡的稳定程度和风险状态。检查后及时做好相应的检查记录，及时报告检查中发现的异常情况。

1）检查内容和方法

边坡的定期检查工作是基于风险管理的理念，开展边坡安全风险评估。定期检查一般由边坡养护管理单位组织实施，也可委托专业检测机构承担，或者采用养护单位初查和专业单位复查相结合的方式进行。检测人员需具备较为丰富的岩土与地质专业知识及边坡工程经验。

2）检查频率和要求

公路投入运营后一年内应组织一次边坡定期检查（即边坡安全风险评估），此后每隔三年需组织一次边坡定期检查。在遭遇特大台风暴雨等极端天气时或者经历具有破坏性地震（震级大于 3 级）后一年内，需要组织一次边坡定期检查。

3）检查记录和报告

定期检查一般是按照前述方法和标准进行逐项分级评分，对边坡稳定程度和风险状态进行综合分析评价，并提出相应的防护加固工程结构缺陷修复及边坡病害整治措施，为编制边坡养护计划方案提供科学依据。

定期检查报告主要包括以下内容：

（1）各处边坡安全风险等级划分，以及检查路段边坡安全风险分布状态与发展趋势。

（2）目标边坡是否需要开展特殊检查或实施专项治理（含评估、勘察、设计、监测、试验与检测等）。

（3）已实施的稳定性评价或治理措施是否足够，在对边坡稳定性进行合理评价或实施治理后，边坡技术状态是否发生了变动；如有变动，该变动是否影响了该边坡的稳定性。

（4）检查频率是否合适，边坡养护管理工程师提出的建议措施是否落实。

(5)其他必要的说明和建议。

定期检查应提交检查报告,及时上报和整理归档。

4.特殊检查

特殊检查是指根据日常检查和定期检查所发现的问题视实际需要而进行的特殊性或有针对性的检查。特殊检查一般应组织专业检测单位实施。

1)检查项目

边坡工程特殊检查(也称专项检查)通常是指在边坡定期检查的基础上,若发现边坡主体防护加固工程出现重大变形和破损,对其边坡稳定和安全存在显著的作用和影响,则需对其主体防护加固工程结构的工作状态和缺损状况进行评价,并应充分考虑相关结构设计的合理性和工程施工质量的可靠性,进行边坡稳定性综合分析和评价,得出可靠的评估结论。

特殊检查项目主要包括预应力锚杆(索)工程、挡土墙工程、抗滑桩工程等专项支挡加固工程结构的缺损评估。

除此之外,特殊检查也可以是应急检查或重点检查,如防汛应急专项检查和风险等级较高的高风险边坡的重点复查等。

2)检查频率

对日常检查或定期检查中,发现边坡异常状况区域、边坡出现变形或变形加大以及防护结构出现缺损时,应及时进行特殊检查(必要时开展动态监测、工程检测和专家会诊等),并提出处治工程对策。边坡工程防汛检查则根据具体公路路段防洪特点与要求,可安排在汛前、汛期或汛后进行。高风险边坡重点复查依据边坡安全风险评价结论酌情实施。

3)检查报告

特殊检查之前,应充分收集资料,包括勘察资料、设计文件、施工记录和试验报告等,以及历次特殊检查报告和历次维修资料。原资料如不全或存疑时,可现场测绘构造尺寸,测试构件材料组成及性能,补充地质勘察与水文情况等资料。

特殊检查之后应及时提交检查报告,其主要内容包括:

(1)概述检查的一般情况,包括被检专项工程结构的基本情况,检查的组织、时间、背景和工作过程等。

(2)当前被检专项工程结构技术状况的描述,包括现场调查、试验与检测项目及方法、检测数据与分析结果和被检专项工程结构技术状况评价等。

(3)详细阐述检查部位的缺损程度及原因,并提出有关结构部件和总体的缺损修复、补强加固工程方案。

二、边坡风险管理

1. 风险管理概念

风险管理是一个优先处理排序的过程,即将其中可能造成最大损失或者最可能发生的事情最优先处理,而对造成损失相对较小或发生可能性相对较低的事情依次延后处理。

首先,风险管理必须识别风险。风险识别是确定何种风险可能会对研究目标产生影响,最重要的是量化不确定性的程度和每处风险可能造成损失的程度。

其次,风险管理要着眼于风险控制,通常采用积极的措施来控制风险。通过降低其损失发生的概率,缩小其损失程度来达到控制目的。控制风险的有效办法就是制订切实可行的应急方案,编制多个备选方案,最大限度地对研究目标所面临的风险做好充分的准备。当风险发生后,按照预先的方案实施管理,可将损失控制在最低限度。

再次,风险管理要学会规避风险。在既定目标不变的情况下,改变方案的实施路径,从根本上消除特定的风险因素。

引入风险管理概念对降低损失具有非常现实的指导意义。边坡工程安全风险管理是基于工程经验和现场调查,采用合理的方法辨识边坡各阶段风险因子,分析主要风险因子作用方式及影响程度,建立相应的评价模型,对风险因子引发边坡灾害事故的可能性及其后果作出合理的判断,最终评价边坡工程安全风险,由此制订相应风险控制策略,将边坡风险控制在可接受范围内的过程。

2. 风险因素识别

风险识别是指在风险事故发生之前,运用各种方法系统地、连续地认识所面临的各种风险以及分析风险事故发生的潜在原因,是风险管理过程中的基础步骤。只有在正确识别出自身所面临的风险的基础上,才能够主动选择适当有效的方法进行正确的处理。

风险识别一方面可以通过感性认识和历史经验来判断,另一方面也可以通过对各种客观的资料和风险事故的记录来分析,进行归纳整理以及必要的专家咨询,从而找出各种明显和潜在的风险及其损失规律。

风险具有可变性,因而风险识别是一项持续性和系统性的工作,要求风险管理者密切注意原有风险的变化,并随时发现新的风险,不断对潜在风险体系进行反馈和更新。

总结分析边坡工程风险事故与实践,其风险因素主要来源于潜在滑坡的易发性因素、边坡病害发育严重程度的危险性因素和滑坡等地质灾害对公路设施和行车安全的易损性因素三个方面。

3. 风险评价方法

风险评价是在风险识别、风险估测的基础上，对风险的影响进行定量或定性的分析，从而找到该项目的关键风险，为重点处理这些风险提供科学依据，同时确定采取何种风险控制方法更经济可行。风险评价为风险处理方法的选择提供基础资料。

在项目实施过程中会出现各种不确定性，这些不确定性将对项目目标的实现产生积极或消极的影响。项目风险分析就是对将会出现的各种不确定性及其可能造成的各种影响和影响程度进行恰当的分析和评估。通过对不太明显的或不确定性因素的关注，揭示其风险影响程度，对潜在风险进行分析，采取相应的对策，从而达到降低风险的不利影响或减少其发生的可能性的目的。

对已经识别和分类的风险，可以采取不同方式进行分析和评估。目的是量化风险因素的不确定性，运用概率原理去分析评估风险发生的可能性和可能出现的后果。评估方法可以从定性和定量两个方向来量度。

定性的方法是直接用文字描述风险因素对目标影响的程度，如“轻微的”“有点影响的”“严重的”“非常严重的”和“灾难性的”等级别，以便识别管理。

定量方法与定性方法类似，但对事件的后果是用成本来衡量的，即用具有实际意义的数量描述。因而风险可以表述如下

$$R = f(p, q) \tag{8-1}$$

式中：R——风险量值；

p——风险发生的概率；

q——风险发生后造成的损失或获利的价值。

在这种定量方法模式中，p 和 q 通过对大量已完成的类似项目的数据进行分析和整理而获得，或通过一系列的仿真及预测得到。常用的方法有期望值法、蒙特卡洛分析法、德尔菲法、敏感性分析法和决策树法等，以量化项目蒙受风险的程度，并可确定应特别重视的风险，从而制订相应的风险应对措施。

风险定量分析及评估通常在风险定性分析排出优先级风险之后进行，风险定性分析和定量分析过程可以分别进行，也可以同时进行。

在确定风险应对计划后，风险定量分析需再次进行，以确定项目总风险已经降低至满意程度，重复风险定量分析，其结果趋势可指示需要增加或减少风险管理措施。

对于边坡或滑坡的风险管理，我国香港地区率先引入定量风险评价技术。

总体来说,量化风险分析(QRA)主要回答以下问题:

(1)何种原因引起灾害?

(2)发生的频率多高?

(3)失稳的后果多大?

(4)如何接受灾害风险?

(5)如何应对灾害风险?

4. 边坡风险管理

1)管理目的

随着我国山区高等级公路建设的快速发展,边坡工程数量不断增多。在各种不利环境因素作用下,其力学性能的弱化和结构功能的退化,使得边坡失稳发生滑坡等灾害事件频频发生。边坡工程项目结构复杂、投资大、周期长,尤其是要历经长期的运营考验,风险的产生几乎不可避免。

分析边坡失稳的主要影响因素,对正确评价边坡的稳定性、采取有效的边坡加固治理措施具有重要的现实意义。有鉴于此,我们有必要引入风险管理理念,加强风险管理意识,执行风险管理技术,落实风险管理措施,从而提高组织运作的完善性。风险管理理论的运用也是减少此类事件造成经济损失的有效途径。

边坡风险管理是公路边坡养护管理部门借以降低边坡安全风险的决策过程,通过边坡安全风险识别和评估,选择风险管理技术,对边坡安全风险实施有效控制并妥善处理风险所造成的损失,从而以最小的成本收获最大的安全保障。

2)管理对象、内容和目标

边坡风险管理的对象是边坡变形破坏产生边坡地质灾害,危害交通运营安全的风险。

边坡风险管理的内容包括边坡安全风险识别、边坡安全风险评估和边坡安全风险管理等。

边坡风险管理目标是以最小的边坡养护管理成本收获最大的公路运营安全保障。

三、边坡日常养护

1. 养护原则和要求

1)边坡养护原则

边坡养护应遵循以下原则:

(1)预防性和彻底性。高边坡的安全防控管理工作要按“早发现、早预防、早整治”的原则，做到“预防为主、防治结合、一次根治、不留后患”。

(2)全面性和协调性。边坡养护必须优先考虑边坡的稳定和安全，全面开展对边坡各构造物的养护，确保边坡构造物正常工作，同时应充分考虑构造物间的协调和边坡与自然地理、周边环境的协调。

(3)经常性和周期性。加强对边坡的巡检，掌握边坡的实际情况，开展边坡日常养护，结合季节特征开展周期性养护工作。

(4)持久性和经济性。对边坡养护应做到功效长久，养护方案持久有效，同时应兼顾方案的科学性和经济性，力争达到经济和社会效益的最大化。

2)养护技术要求

公路边坡养护技术要求主要包括以下几点：

(1)确保边坡及其各类附属构造物运行状态良好，避免安全隐患。

(2)经常进行边坡巡视检查工作，并做好巡视检查记录，发现问题及时上报和处理。

(3)边坡坡面应保持平顺、坚实、无冲沟、无裂缝，严禁在边坡上挖土取料、种植农作物或修建其他建筑物；及时清理边坡坍塌部分，避免侵占路面、堵塞边沟；整修边坡坡率应符合设计规定，如发现有危石、浮石，应及时处理。

(4)边坡截水沟、路基边沟、平台排水沟、急流槽等排水系统应保持完好，发现破裂、损坏、渗漏等情况应及时修复；排水系统设置不合理时应及时进行整改或重新设置。

(5)对各种边坡防护加固工程设施应经常检查维护，以保证其处于良好状况；边坡检修道、扶手应保持完好，发现破损及时修复。

(6)对有变形迹象的边坡应做好监测和观察工作，并做好记录与分析；发现边坡隐患应及时组织处理，对重大隐患要立即做好应急处理措施，并报告上级有关部门。

(7)边坡养护管理工作应注意现场作业安全，配备必要的安全措施，相应人员应进行岗前安全培训。

2. 边坡日常养护内容

1)边坡坡面养护

边坡坡面养护工作的目的是保持其稳定性，即边坡坡面应保持平顺、坚实、无冲沟和裂缝。严禁在边坡上及路堤坡脚、护坡道上挖土取料或种植农作物。

对于岩质路堑边坡，应经常注意边坡坡面岩石风化发展情况以及边坡上的危岩、孤石的变动，发现问题应及时采取适当的处理措施，如抹面、喷浆、勾缝、灌浆、嵌补、锚固等，以免堵塞边沟或危及行车和行人。

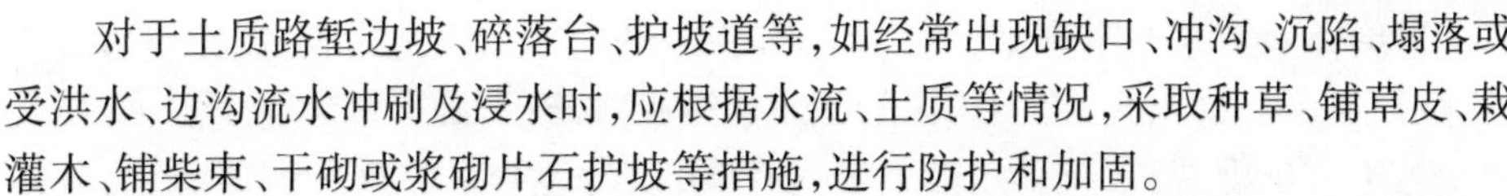

对于土质路堑边坡、碎落台、护坡道等，如经常出现缺口、冲沟、沉陷、塌落或受洪水、边沟流水冲刷及浸水时，应根据水流、土质等情况，采取种草、铺草皮、栽灌木、铺柴束、干砌或浆砌片石护坡等措施，进行防护和加固。

当边坡发生坍塌需要嵌补回填处理时，不能在边坡上贴土修补，应在毁坏的地段从上至下先挖台阶，再分层填土夯实，夯实后的宽度要超出原来的坡面，以便切出坡面，与原坡面平顺衔接。

边坡上的植被对保护边坡坡面和防止地表水入渗非常重要，不能随意铲除边坡植被，并禁止在边坡上割草、放牧。

2）排水设施养护

水是影响边坡稳定的主要因素之一，边坡滑塌等不稳定事故大都是由于水的原因引起的，排水可以增加土体的内在抗剪强度，从而提高边坡的稳定性。排水措施也是采用其他各类加固措施时都需要考虑的重要辅助措施。

边坡排水系统能否正常工作，直接影响到边坡的稳定性。因此，加强排水设施的日常养护与维修，是确保边坡稳定的关键环节。

对边沟、截水沟、排水沟、渗沟（盲沟）以及暗沟（管）等排水设施，应保持水流通畅，并防止水流集中冲刷边坡。特别是汛前，应进行全面检查；雨天必须上路巡查，及时排除堵塞、疏导水流；暴雨过后应进行重点检查，如有冲刷、损坏，需及时进行修理加固，如有堵塞应立即清除疏通。

对于临时性的土质沟坡，应保证设计断面满足排水要求。沟底应保持不小于0.5%的纵坡，在排水有困难的地段，不宜小于0.3%。水沟外边坡也应保持一定的坡度，以防坍塌，堵塞水沟。

在管养工作中，要针对现有排水系统不完善的部分逐步加以改进、完善，充分发挥各种排水设施的功能。例如：对有积水的边沟，应将水引至附近低洼处；对疏松土质或黏土的沟渠，需结合地形、地质、纵坡、流速等实际情况，综合考虑加固。

如发现渗沟、盲沟出水口处长草、堵塞，应进行清除和冲洗。对有管渗沟应经常检查疏通，以保证管内水流通畅。如发现反滤层淤塞失效，则应及时翻修，并剔除其中较小颗粒的砂石，以保证其孔隙，便于排水。如位置不当，则应另建渗沟或盲沟。

边坡的排水系统如截排水沟、路基边沟出现破损时，应及时组织人员采用浆砌片石或素混凝土进行修复，或对原有勾缝脱落进行重新勾缝。

若出现排水系统不畅、排水沟沉陷、排水出现断头或排水设施不完善，应立即组织改造或增设，确保排水系统畅通。

如坡体地下水非常丰富，坡面上常年潮湿或有泉水湿地现象，需设置边坡渗沟、盲沟或深层排水孔，将坡体内的积水通过引排疏干，确保边坡稳定。

若边坡出现裂缝，应采用黏土填塞夯实，以防地表水渗入边坡体内；当坡体出现潜流涌水时，应做好引排措施，确保潜水排出。

3）坡面植被养护

边坡的草皮或植物生长发育不良及有病虫害时，应及时组织施肥或治病杀虫，确保植被生长良好，根系牢固。

边坡挂网植草被冲刷破坏时，应在对冲刷部位进行清理后，重新进行挂网植草或喷播厚基材植草。

坡面上有土、砂等堆积物时，应及时组织清除。

4）素喷锚喷养护

素喷或锚喷坡面如出现裂缝，应及时进行修补封闭，同时进行简易观测。

素喷或锚喷坡面如出现小范围的掉块或鼓胀，首先应凿除鼓胀部分，然后采用混凝土或砂浆对掉块进行修补。

素喷或锚喷坡面如出现大量水迹或水流，应对原排水孔进行疏通，同时在水流大的部位增设排水孔。

锚喷坡面如出现露筋，应采用混凝土或砂浆对露筋部位进行封闭。

素喷坡面如出现破损，维修时可增设钢筋网，以加强其整体性和抵抗变形能力。

5）柔性防护网养护

柔性防护网（SNS）的锚头如未封闭或锈蚀，则应采用混凝土进行锚头封闭。

柔性防护网必须紧贴坡面，如柔性网内有落石兜集，必须及时组织人员对落石进行清除，以减轻柔性网及锚杆的拉力。

柔性防护网若发生破坏，应用原规格的柔性网进行修补，修补时应注意新老柔性网的连接，必要时增设锚杆，对柔性网加强固定。

6）圬工挡土墙养护

挡土墙是支承路基填土或山坡土体，以防土体发生失稳的构造物。挡土墙除应进行日常检查外，也应进行定期检查。另外，在气候反常或超载重车通过等特殊情况下，还应进行专项检查。如发现挡土墙开裂、断裂、倾斜、鼓肚、滑动、下沉、表面风化、泄水孔不通、墙后积水、周围地基错台或出现空隙等情况，应查明原因并观察其发展情况，采取有效合理的措施进行维修加固，同时建立技术档案。

浆砌片石圬工或混凝土挡土墙的裂缝、断缝，如已停止发展，应立即进行维

修加固,将裂缝缝隙凿毛,经清除碎渣、杂物后用水泥砂浆填塞;对混凝土或钢筋混凝土挡土墙的裂缝,可用环氧树脂黏合,也可用混凝土黏结剂涂抹缝壁,然后用混凝土或水泥砂浆填塞。

挡土墙的泄水孔应保持通畅,当挡土墙出现排水不畅或墙后积水时,应立即对原有排水孔进行疏通,必要时重新布设排水孔或增设墙后排水设施。

砖石、混凝土或钢筋混凝土挡土墙墙面出现碱蚀或风化时,可将风化表层凿除,露出新茬,然后用水泥砂浆抹面或喷涂。

挡土墙与边坡连接处易被雨水冲刷,形成沟槽或缺口,应及时填补夯实,恢复原状。

当挡土墙出现勾缝脱落或压顶损坏时,应立即组织养护单位采用原强度等级的混凝土重新勾缝或压顶,实施后做好养生工作,确保工程质量。

当挡土墙出现开裂、鼓肚、下沉等病害时,应及时对病害进行观测。如果挡土墙的整体稳定性满足有关规定或设计要求,且当前变形已趋于稳定,可采用注浆、拆除重砌等方法进行处治;如果挡土墙处于不稳定状态,应及时组织专家进行确诊,再进行加固处治。

7)锚固工程养护

锚杆(索)加固的边坡工程,需经常进行检查。仔细检查混凝土外锚头或框架是否有变形开裂、下错等,若有应用环氧树脂黏合,也可用混凝土黏结剂涂抹缝壁,再用混凝土或水泥砂浆填塞,使外锚头或框架处于良好工作状态。

检查锚头是否有积水、锈蚀等病害,若有应及时排水至干净,并封堵水源,然后进行除锈、防腐处理。同时,检查锚头是否有锚垫移动、锚头脱落、锚具开裂、锚筋断丝或损伤等现象,如有,应及时更换和维修,使锚杆(索)保持良好的工作状态。平时应经常对锚垫锚具进行除锈维修,锚垫板如有生锈,则应采用专用油漆进行除锈,防止松动。

框格内如有积水,应先将水体排出,并查明是由于坡体地下水过多还是降雨引起的。对于前者可以采取增设仰斜排水孔排出水体;对于后者,可采用嵌补框架内的凹坑,使每个框架内底梁与坡体接触处平顺,保证框架内雨水能顺畅排出。

框架如有蜂窝麻面等施工后遗症,应先清除松动硬块,然后凿毛、湿润,最后采用比原设计强度等级更高一级的混凝土填补、抹平。

当框架出现断梁露筋时,应查明原因。若是由于锚索锚固力设计不足导致毁锚断梁,在增加锚固力的同时,应重新设计框架;若是由于框架配筋不足或框架截面尺寸太小,则应考虑重新配筋及加大框架截面等措施。

8)砌石防护养护

浆砌片石骨架护坡或护面墙养护应观察护坡或护面墙有无局部脱落、沉陷、滑动、下沉、隆起、裂缝等现象以及坡面是否有涌水或渗水,泄水孔是否起作用等。对于这些病害,如果边坡整体稳定,一般可采用嵌补或翻修的方法处治。

四、边坡工程应急抢险及其工程对策

1. 应急抢险目的

为了保障公路运营安全,提高边坡灾害的应急抢险能力,最大限度地减少边坡灾害造成的损失,相关养护管理部门应完善公路边坡灾害应急抢险机制,落实边坡灾害应急抢险预案,组建边坡灾害应急抢险救援队伍。一旦遇有边坡灾害发生,抢险队伍应该能够在最短时间内到达现场,开展应急抢险作业,科学、有序、安全、快速地组织实施边坡灾害应急抢险,尽快恢复交通,确保交通安全。

2. 应急抢险体系

边坡灾害应急抢险体系应包括险情发现报告、应急抢险预案、应急抢险组织、应急抢险对策、工程效果评价以及公路交通恢复等主要工作内容和工作流程。

边坡险情检查与报告主要来源于三个渠道:首先是日常巡查发现险情直接报告;其次是通过边坡安全监测预警系统告警;再次是通过边坡安全风险评估确定。如遇到一级告警或拒绝接受风险,则提出险情发现报告。

一旦确认边坡险情,应根据险情性质、规模和等级立即启动相应的边坡灾害应急抢险预案,落实边坡灾害应急抢险组织与指挥体系。边坡灾害应急抢险组织主要包括公路交通布控与边坡安全监测、边坡灾害专业技术支持与决策、边坡工程专业抢险救援队伍组织三个方面。

(1)交通布控与边坡安全监测是边坡灾害抢险过程中的安全保障,主要提供监测预警成果,包括适用于应急抢险工程实施阶段的应急监测以及根治工程实施阶段的重点监测,并为竣工验收与工后评估提供依据。

(2)边坡灾害专业技术支持与决策包括专家快速评估险情,及时提出应急抢险工程方案,为边坡灾害根治工程方案设计奠定基础。

(3)边坡工程专业抢险救援队伍组织是边坡灾害应急抢险的重要主体,包括机械设备与施工人员的组织与管理,负责对应急抢险方案的组织与实施,直至根据根治方案实施全部整治工程措施。通过竣工验收或工后评估,确认边坡稳定,恢复交通,进入正常养护。

3. 应急抢险组织

1)指挥体系

指挥体系的指导思想是贯彻落实上级主管部门关于加强边坡灾害抢险应急救援的有关精神,提高边坡灾害抢险应急小组的响应速度和决策指挥能力,有效预防、及时控制、减小或消除边坡失稳造成的次生灾害,保障公路使用者的人身与财产安全。

边坡灾害应急抢险救援需要反应快速的养护队伍,因此必须要有完善的指挥体系才能保证抢险救援的顺利实施。一般应建立应急抢险指挥部,确保物资、设备、资金的供应。边坡灾害应急抢险需至少具备以下几个小组:

第一小组:边坡灾害快速评估与应急方案专家组,由边坡专业单位的专家或技术负责人担任组长,组员不少于3人,由滑坡专家、地质专家、工程专家等组成。

第二小组:边坡灾害监测预警组,由边坡专业的监测技术负责人担任组长,组员不少于3人。

第三小组:边坡抢险施工作业组,由具有多年地质灾害及公路施工经验的技术人员担任组长。小组成员应包含地质工程师、测量工程师、设备工程师及特种设备操作工等若干。

2)行动体系

(1)应急抢险救援队负责人在接到抢险指令后,应在第一时间上报抢险指挥长并同时安排抢险救援人员和设备立即赶赴现场。确保各组人员和设备能够在最短时间内到达指定抢险现场。

(2)应急抢险救援队受指挥部直接领导和指挥,各部门全力配合,在抢险救援的人力、物力、财力等方面给予充分保障。

(3)抢险救援队全体成员应经培训后上岗,并在平时进行不定期的教育培训工作。

(4)做好抢险设备及物资的必要保养和维护,在抢险队伍进场后,应做好物资的收支登记。

4. 应急抢险要点

(1)边坡灾害应急抢险前需要布置好交通防控措施,避免抢险施工造成交通拥堵、影响行车安全,注意抢险人员与设备的安全。

(2)抢险人员需要对边坡病害类型与性质进行快速评估判识,将边坡崩塌、坍塌病害与边坡较大规模的滑动变形区分开来,避免由于判断失误影响抢险决策和抢险效果。

(3)抢险人员需要准确判断崩塌坍塌、滑坡病害的稳定状态和发展趋势,尽快开展边坡变形破坏的监测预警,指导抢险救援工作,避免二次崩坍或滑动造成人员伤亡和财产损失。

(4)刷方减重与坡脚反压,对于滑坡的应急抢险往往是最直接有效的措施,如果滑坡滑动变形较大,更应尽早实施。

(5)滑坡病害常发生在雨季,因此截排水措施在滑坡抢险初期尤其重要。建立简易快速的截排水措施,将地表水引排至滑坡体外。此外,井点降水等措施也是简单易行且行之有效的措施。

(6)对于滑坡的变形监测需特别注意滑坡的滑动速度,建议建立地表监测、裂缝监测、深部位移监测等综合监测措施。如果出现滑坡变形加速或剧烈变化等情况,应立即启动应急预案,及时封闭交通,避免边坡大规模失稳造成更大危害。

5. 应急抢险的常见工程对策

1)崩塌坍塌抢险对策

(1)清理土石方。边坡发生崩塌坍塌病害后,一般应对坍塌体进行清理,尽快恢复交通,但在清理前需对坡体稳定性进行快速评估和判识。如果边坡有继续崩坍的危险,甚至可能产生较大规模边坡滑动变形和破坏时,不宜盲目地在坡脚大规模清坡刷方。如果坍塌堆积的土石能够起到反压的作用则应保留坡脚堆积体,否则应尽快清除坡脚及坡面松散的土石。

(2)堆沙袋拦挡隔离。采用在路肩上堆砌沙袋的方式,进行拦挡隔离,避免坍塌土石侵入路面。如有落石危害,可在沙袋中间设置彩钢板等增加拦挡高度。

(3)锚喷防护。锚杆挂网喷射混凝土具有快速便捷、施工后能快速发挥加固作用的特点。对于清理后的坡面,采用锚喷施工工艺能快速地保护裸露的岩土体表面,短时间内控制病害的进一步发展。避免雨水冲刷、下渗引起的破坏,结合系统锚杆或预应力锚杆能够对潜在的不利结构面或失稳块体起到有效的加固作用。

(4)柔性防护网。柔性防护网工程主要以拦石网为主,以覆盖(主动拦石网)和拦截(被动拦石网)两种基本形式防治各类坡面地质灾害和爆破飞石、坠物等危害,是一种柔性防护措施。同时,由于其施工工艺成熟,施工工期较短,能较快地发挥作用,对于崩塌的岩石边坡尤其适用。

(5)小导管注浆。采用外径为50mm的钢管,按一定间距在管壁上钻孔,将钢管打入或钻孔后再置入钢管。采用低压间歇注浆工艺对小导管周围松散岩土

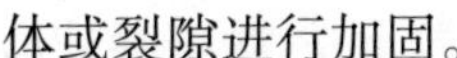

体或裂隙进行加固。

2)边坡滑坡抢险对策

(1)刷方减载。在滑坡土体的上部进行刷方减载是直接有效地减小滑坡推力的措施之一,上部刷方减载的土石方,还可以作为堆载反压的材料。刷方减载对于具备刷方条件的滑坡应用广泛、切实有效。

(2)堆载反压。在滑坡坡脚剪出口位置堆载反压,能增大滑坡的抗滑力,对于路基有隆起、剪出危险的滑坡则更加有效。

(3)封闭裂缝。对于滑坡变形过程中产生的裂缝需尽快封闭,避免雨水由此渗入滑坡体及滑动带内。

(4)地表地下排水。通过修筑截排水沟、仰斜排水孔或井点降水等措施,拦截地表水,排除地下水,降低地下水位,能有效提高滑动带的抗滑能力。

(5)微型桩。微型桩一般是指桩径不大于30cm、长细比大于30、桩长不大于30m的钻孔灌注桩。桩体主要由压力灌注水泥(砂)浆或细石混凝土与加筋材料所组成。根据其受力需求,加筋材料可以采用钢筋、钢棒、钢管或型钢等。微型桩具有灵活性,可根据工程需要做成垂直的或倾斜的,桩的布置可以是单根,也可以是成群的。微型桩具有施工较快、注浆水泥终凝后能快速发挥作用的特点,近年来在滑坡抢险中得到了广泛应用。

第四节　边坡养护信息化管理

一、边坡养护信息化管理概述

如何对已建成通车的公路边坡进行有效、科学的养护管理已引起有关部门,尤其是公路运营管理单位的高度关注和重视。

虽然我国每年在边坡养护中投入大量的人力、物力和财力,但仍然不同程度地存在着重建轻养、养护资金不到位、养护质量不合格等现象,养护体制仍存在着不少缺陷。为了使有限的养护资金充分发挥作用,避免养护资金流失,保质保量地完成边坡养护任务,保障公路运营通畅和安全,边坡工程养护部门需要建立一套完整的边坡养护管理体系,实现对边坡工程养护规范化、决策科学化和管理信息化。

目前,我国已出台了桥梁、隧道和公路养护的相关规范,桥梁和隧道等重要构筑物养护的信息化管理系统已经普遍推广应用,但由于边坡工程本身的特殊性和复杂性，至今仍未得有得到业界认可的边坡养护管理规范出台，边坡养护信息化管理的研究与应用仍处于起步阶段。

我国公路边坡养护现状是大多数公路管理单位将辖区内的公路边坡养护管理任务承包给相应的公路养护公司，但养护公司的养护人员对边坡的运营养护管理往往认识不到位，不仅分工不明确，而且对边坡养护管理没有针对性，生搬硬套其他公路构筑物养护办法对边坡进行养护管理。通常只是将日常简单巡检或暴雨雪等恶劣天气后巡检所发现的边坡病害记录后上报上级管理部门，待审批后才对边坡病害进行整治处理。边坡养护管理仍处于被动养护的局面。

因此，研究开发公路边坡养护管理系统，规范边坡工程资料管理，完善边坡检查制度，同时，建立一套边坡病害养护对策库，不仅能够改变目前边坡养护管理“无法可依”“杂乱无章”的状态，而且对于提高边坡养护管理的社会效益、经济效益和环境效益，也有十分重要的意义和价值。

目前，国内外对边坡信息管理系统、监测信息管理系统及地质灾害信息系统等的研究已经取得了一定成果。但是，对边坡养护管理系统的研究大多以信息管理为主，其实际操作性不强，对边坡的养护技术与评估决策研究不够深入，不能满足高等级公路对边坡养护工作的要求，需要加强其系统化、规范化和程序化的研究与应用。为此，应制定一套适应我国边坡工程实际情况的公路边坡养护信息化管理办法。因此，提高边坡养护决策和信息化管理水平，对于保障公路交通安全和服务质量具有重要的实际意义。

二、边坡养护管理系统

边坡养护管理系统利用网络联结起分布在各地的养护部、管理局(处)养护科等部门，实现对边坡养护过程的信息化管理，做到养护信息共享、资源共享，同时利用它来指导养护人员的工作，提高边坡养护工作质量，改善边坡养护工作成效。系统应能满足个性化服务的需要，满足操作方便、柔性扩展的需要，保证信息在各部门之间传递的准确、完整、高效、安全和稳定。

长沙理工大学等单位联合开发的“湖南省高速公路边坡养护管理系统”，集边坡静态信息录入与查询、边坡检查程序与记录、防护结构分析与风险评价、边坡稳定评估与工程决策、边坡养护计划与维修记录、边坡项目库电子档案管理于一体，实现高速公路边坡的经常性、及时性和超前性养护。该系统开发时经过了大量的调研，并经过了相关部门的长时间实际应用，因而具有很强的实用性。

1. 系统特点

(1)结构先进:系统采用三层结构建立,所有用户都根据权限,通过WEB中间件访问数据库,不能直接对数据库进行操作,保证了系统数据的安全性。

(2)使用方便:所有用户都直接使用IE进行边坡的统计和查询,客户端不需安装和部署任何程序和数据库软件。减少了系统投资和安装调试工作,操作简单,系统管理和维护方便。

(3)兼容性强:系统可基于专网、互联网或内部网使用,不受地点和距离限制,方便各级领导和相关部门随时管理边坡项目库数据。以后也可设定权限,向社会公众开放部分功能。系统跨平台能力强,在各种操作系统下都可使用,为以后的系统功能提升打下了良好基础。

(4)性能优越:系统采用了JAVA技术,其执行效率和编译速度都比常用的ASP高。

2. 主要功能

(1)边坡静态信息录入、边坡动态信息录入、日常巡查数据上报、重点边坡巡查登记。

(2)项目库入库申请管理、养护所紧急险情上报、重大变化数据上报。

(3)边坡风险评价管理、边坡风险预警、年度计划边坡养护维修申请。

(4)提供静态数据、动态数据导入本系统,供用户查看、修改、打印等管理操作。

(5)提供工作流业务驱动引擎,通过流程自动化与数据库集成,以及各类表单统计查询和流程跟踪功能,提高工作效率,方便及时决策。

3. 操作界面和系统模块介绍

如图8-2所示,用户登录是系统安全的第一道关口,输入工号和口令后,即可进入系统。图8-3为系统主窗口页面,可以看到,页面左侧是树状项目集,如"项目库入库申请""管理处指定重点巡查边坡""高管局指定重点巡查边坡""紧急险情养护所上报""日常巡查数据管理""重大变化数据上报""边坡养护维修申请"等。点击任一项目,右侧主窗口将显示该项目包括的所有内容或内容指针。此外,屏幕上方有任务处理的相关按钮,包括"待办任务""新建任务""任务跟踪""任务委托"等,同时,也包括"系统设置"和"返回主页"等选项。

图8-4为主页模块区界面,模块区共分为2个部分,包括:模块树状清单列表、模块内容。

图 8-2 系统登录页面

图 8-3 主窗口页面

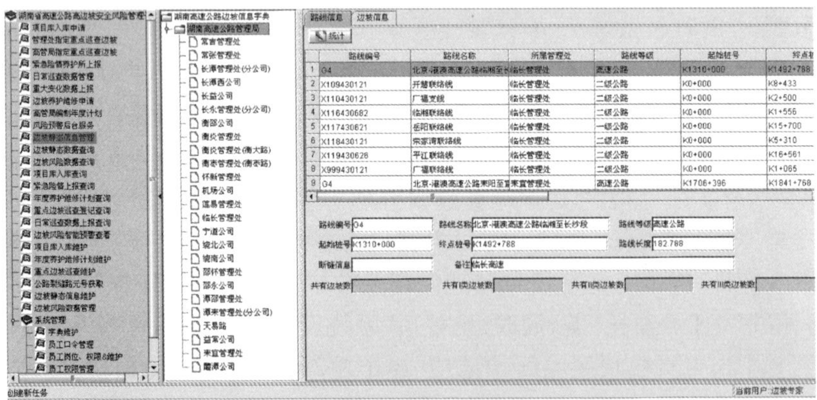

图 8-4 主页模块区界面

该系统主要功能模块介绍如下：

(1)边坡静态信息管理：静态数据录入、导入、查看和报表导出，可按管辖部门、边坡类型、边坡编号、所属标段、位置、路元号、起始桩号等任意组合条件模糊查询，并能统计某管理处或某管理处下某路线总边坡数或风险等级分类边坡数，实现静态数据原始导出。

(2)边坡风险数据管理：边坡风险数据录入、导入、查看和报表导出，可按管辖部门、路线编号、路线名称、边坡编号、所属标段、边坡位置、路元号、起始桩号、填挖类型等任意条件组合模糊查询，根据边坡安全风险检查数据对高边坡安全风险进行评价，给出评分和评价等级。并可按时间、路段、区域范围统计风险评价等级的边坡数量，实现安全风险评价报表的选择性评价数据导出。

(3)项目库入库申请：系统平台根据安全风险评价检查数据自动生成边坡项目库新入库申请列表。列表中的数据满足风险评分大于等于50分，且不在项目库的边坡。管理处向高速公路管理局（以下简称高管局）提交入库申请，入库申请表由系统自动生成，但维修对策初步建议由管理处提交。整个业务流程办理由工作流驱动引擎完成。

(4)重点巡查边坡：重点巡查边坡列表由安全风险检查单位填录，并由高管局或管理处提交养护所。重点巡查边坡列表实现动态管理，安全风险检查单位经项目库技术支持单位审核后，可根据实际情况修改重点巡查边坡列表，并在待办任务消息窗口告知养护所。

(5)紧急险情上报：养护所为一线险情上报中心，养护所一发现重大险情，直接上报高管局项目库管理中心，同时以消息任务告知管理处，并在管理处级平台备案。

(6)日常巡查管理：养护所应对辖区内的边坡进行日常巡查，特别是对于高边坡安全风险检查指出需要重点关注的边坡及其重要部位应加强巡查，并比较分析部分病害参数的发展变化情况，以供上级养护管理部门决策。同时，安全风险检查主要对路基高边坡而言，对于二级及二级以下边坡主要由养护所日常巡查，提供相关数据，由项目库技术支持单位根据巡查数据作出判断，填录安全风险评价表。

边坡巡查数据应及时填录，数据进入系统数据库。对于发生重大变化的边坡，由养护科通过系统上报到养护所（并上传相关照片），但是养护所不能对数据进行修改、增加和删除。

(7)重大变化数据上报：系统平台提供边坡状态重大变化数据上报页面，按固定格式进行。所有数据在数据库备份。上级接收到信息后返回养护所，养护所点开待办任务确认收到。

(8)年度计划养护维修:路基边坡下一年度的养护计划以边坡项目库为基本依据,根据资金安排情况,力求基本消除三级风险边坡,按不低于 3 年对二级风险边坡进行处理的原则,根据项目库专家建议费用,完成路基边坡下一年度养护计划的编制。养护计划不仅包括经费,还包括下一年度计划处治的边坡项目清单。项目清单由高管局通过系统平台下达管理处。

(9)风险预警后台服务:系统对于安全风险极高,且垮塌后容易造成严重不良后果的边坡进行预警提示。每次打开系统管理平台后,预警信息将自动弹出。图 8-5 为系统风险预警界面,风险预警后台服务由机器人在后台自动智能触发预警功能,不需要人工干预或人工发送。系统检测到预警信息时,高管局或管理处在登录时就会接收到该预警信息。边坡风险将会有闪烁预警,闪烁背景颜色划分如下:一级报警为红色预警;二级报警为橙色预警;三级报警为黄色预警。同时,鼠标右击时还会弹出窗口提示风险边坡明细列表。

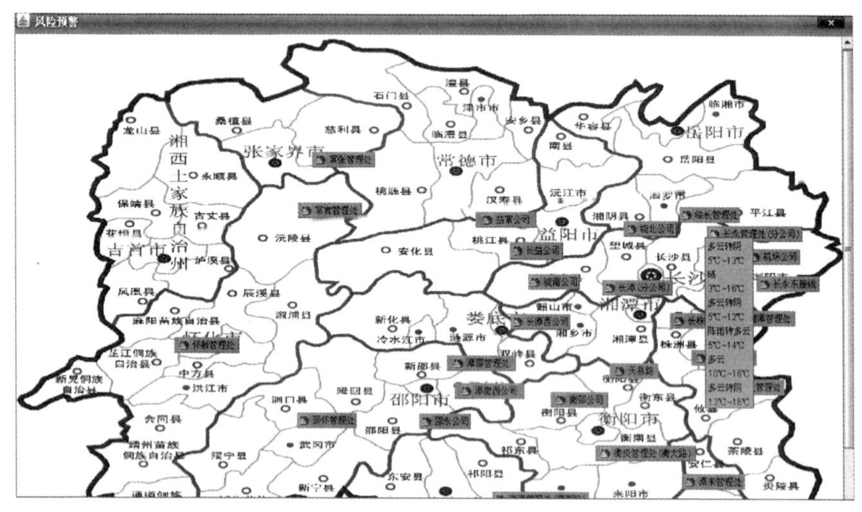

图 8-5　系统风险预警界面

“湖南省高速公路边坡养护管理系统”满足了高速公路各相关部门对边坡数据管理的实际需求,有效地实现了信息及资源共享,可帮助人们及时而准确地掌握边坡状况、快速查询边坡原始技术档案及养护维修资料,从而实现高速公路养护管理规范化、标准化、科学化。另一方面,可以建立科学、规范的养护数据分析、风险评价模型,为高速公路资源利用提供有效的分析途径。

总之,开发和应用“湖南省高速公路边坡养护管理系统”,对于规范边坡养护管理行为、增进养护管理决策水平和提高养护管理效率,都具有十分重要的工程意义和实用价值。

参考文献

[1] 赵明阶. 边坡工程处治技术[M]. 北京:人民交通出版社,2003.

[2] 郑颖人. 滑坡与边坡治理[M]. 北京:人民交通出版社,2010.

[3] 郭长庆,等. 公路边坡处治技术[M]. 北京:中国建筑工业出版社,2007.

[4] 邓卫东,等. 公路边坡稳定技术[M]. 北京:人民交通出版社,2006.

[5] 熊传治. 岩石边坡工程[M]. 长沙:中南大学出版社,2010.

[6] 张永兴. 边坡工程学[M]. 北京:中国建筑工业出版社,2008.

[7] 徐邦栋. 滑坡分析与防治[M]. 北京:中国铁道出版社,2001.

[8] 李智毅,唐辉明. 岩土工程勘察[M]. 武汉:中国地质大学出版社,2000.

[9] 李建林. 边坡工程[M]. 重庆:重庆大学出版社,2013.

[10] 佴磊,徐燕,代树林. 边坡工程[M]. 北京:科学出版社,2010.

[11] 罗国煜,李生林. 工程地质学基础[M]. 江苏:南京大学出版社,1990.

[12] 王洪涛. 高速公路边坡建设管理与实践[M]. 北京:人民交通出版社,2014 .

[13] 沈明荣. 边坡工程[M]. 北京:中国建筑工业出版社,2015.

[14] 汪晗. 公路边坡工程防治技术[M]. 合肥:合肥工业大学出版社,2014.

[15] 刘兴远,雷用,康景文. 边坡工程:设计·监测·鉴定与加固[M]. 北京:中国建筑工业出版社,2015.

[16] 张倬元,王士天,王兰生. 工程地质分析原理[M]. 北京:地质出版社,1981.

[17] 陈祖煜,等. 土质边坡稳定分析的原理和方法[M]. 北京:中国水利水电出版社,2003.

[18] 潘家铮. 建筑物的抗滑稳定和滑坡分析[M]. 北京:中国水利水电出版社,1980.

[19] 石根华. 块体系统不连续变形数值分析方法[M]. 北京:科学出版社,1993.

[20] 姚爱军,薛廷河. 复杂边坡稳定性评价方法与工程实践[M]. 北京:科学出版社,2008.

[21] 张飞. 高速公路边坡生态防护与加固研究分析[M]. 武汉:武汉理工大学,2005.

[22] 徐文远. 公路建设边坡生态防护技术应用原理与实践[M]. 北京:科学出版社,2013.

[23] 朱大勇，姚兆明. 边坡工程[M]. 武汉：武汉大学出版社，2014.

[24] 郑颖人，陈祖煜，王恭先，等. 边坡与滑坡工程治理[M]. 2版. 北京：人民交通出版社，2010.

[25] 郑健龙. 公路膨胀土工程理论与技术[M]. 北京：人民交通出版社，2013.

[26] 辛娟. 高速公路边坡生态防护技术研究[D]. 长安大学，2006.

[27] 赵方莹. 边坡绿化与生态防护技术[M]. 北京：中国林业出版社，2009.

[28] 刘成永. 公路边坡生态防护技术应用与研究[D]. 郑州大学，2013.

[29] 蒋鹏飞，李志勇，舒安平，等. 公路边坡防护技术[M]. 北京：人民交通出版社，2011.

[30] 赵明阶，何光春，王多垠. 边坡工程处治技术[M]. 北京：人民交通出版社，2003.

[31] 杨航宇，颜志平，朱赞凌，等. 公路边坡防护与治理[M]. 北京：人民交通出版社，2002.

[32] 中华人民共和国国家标准. GB 50330—2013 建筑边坡工程技术规范[S]. 北京：中国建筑工业出版社，2014.

[33] 中华人民共和国国家标准. GB 50843—2013 建筑边坡工程鉴定与加固技术规范[S]. 北京：中国建筑工业出版社，2012.

[34] 中华人民共和国行业标准. JTG/T D33—2012 公路排水设计规范[S]. 北京：人民交通出版社，2013.

[35] 中华人民共和国国家标准. GB 50021—2001 岩土工程勘察规范(2009版)[S]. 北京：中国建筑工业出版社，2009.

[36] 中华人民共和国行业标准. DZ/T 0218—2006 滑坡防治工程勘察规范[S]. 北京：中国标准出版社，2009.

[37] 浙江省地方标准. DB 33/T 899—2013 山区高速公路勘察设计规范[S]. 北京：人民交通出版社，2014.

[38] 中华人民共和国行业标准. JTG D30—2015 公路路基设计规范[S]. 北京：中国标准出版社，2015.

[39] 汤明高，许强，黄润秋. 三峡库区典型塌岸模式研究[J]. 工程地质学报，2006，14(2)：172-177.

[40] 汪洋，刘波，汪为. 滑坡速度的改进条分法[J]. 安全与环境工程，2004，11(3)：68-70.

[41] 张菊连，沈明荣. 高速公路边坡稳定性评价新方法[J]. 岩土力学，2011，12：3623-3629，3636.

[42] 巨能攀,赵建军,邓辉,等.公路高边坡稳定性评价及支护优化设计[J].岩石力学与工程学报,2009,06:1152-1161.

[43] 荣冠,王思敬,王恩志,等.强降雨下元磨公路典型工程边坡稳定性研究[J].岩石力学与工程学报,2008,04:704-711.

[44] 杨喜田,董惠英,黄玉荣,等.黄土地区高速公路边坡稳定性的研究[J].水土保持学报,2000,01:77-81.

[45] 胡晋川,谢永利,王文生.黄土公路阶梯状高路堑边坡稳定性研究[J].岩石力学与工程学报,2010,S1:3093-3100.

[46] 柳厚祥,廖雪,李宁,等.公路边坡稳定性分析的二维变分方法[J].中国公路学报,2007,04:7-11.

[47] 姚环,郑振,简文彬,等.公路岩质高边坡稳定性的综合评价研究[J].岩土工程学报,2006,05:558-563.

[48] 蒋鑫,凌建明,谭炜,等.高速公路填砂路基边坡稳定性分析[J].铁道工程学报,2008,09:1-6.

[49] 孙刚志,王永波,齐永华.降雨入渗影响下公路边坡稳定性分析[J].北方交通,2011,06:48-50.

[50] 郑颖人,赵尚毅,张鲁渝.用有限元强度折减法进行边坡稳定分析[J].中国工程科学,2002,4(10):57-61.

[51] 周少怀,杨家岭.DDA数值方法及工程应用研究[J].岩土力学,2000,21(2):123-125.

[52] 何忠明,林杭.节理岩体边坡稳定性的锚固支护影响分析[J].公路交通科技,2010,27(11):8-12.

[53] 许万忠,彭振斌,胡毅夫,等.岩体边坡锚注加固模拟实验研究[J].中国铁道科学,2006,27(4):6-10.

[54] 谭美辉,蔡建清.边坡工程研究中的新理论和新方法评述[J].有色金属,2001,(1):31-35.

[55] 陈尚法,佘成学,陈胜宏.大岩淌滑坡的弹粘塑性自适应有限元分析[J].岩石力学与工程学报,2002,21(2):169-175.

[56] 吴余生,冯道雨,陈胜宏.基于自适应有限元法和改进遗传算法的边坡临界滑动面搜索[J].水利水电学报,2006,25(2):6-10.